KB248202

민나노 독학 일본어 공부

해설 **박지현**

시사일본어사

머리말
Foreword

2001년, 「민나노 니홍고」 한국판이 출간된 지 10년. 지금도 여전히 그 인기는 독자들에게서 증명되고 있습니다. 이에 발 맞추어 좀 더 쉽고 효율적으로 「민나노 니홍고」를 독학할 수 있는 교재가 나왔습니다.

말하기 중심 교재

이 책은 「민나노 니홍고」가 중점을 둔 반복 연습을 더욱 살려 더 효율적으로 공부할 수 있도록 고안되어 있습니다. 본 내용은 살리되 구성을 새롭게 하여, 말하기 중심 교재로 탈바꿈하였습니다.

꼼꼼하게 짚어주는 핵심문형, 문법, 문형

기존의 바꿔 넣기 연습만 하던 것을 문형으로 제시하여 좀 더 머리속에 쏙쏙 들어오도록 구성하였으며, 꼭 필요한 문법 내용과 알아두면 좋을 표현도 첨가하였습니다. 여기서 확실히 배운 다음 그 뒤로 계속 입을 훈련하는 연습이 이어집니다.

특별 부록 두 가지 스타일의 MP3 CD 훈련용 · 도전자용

책을 보면서 네이티브의 음성을 듣는 것은 무엇보다 중요한 사항입니다. 이에 이 책에는 말하기 훈련용 MP3 CD를 부록으로 넣었습니다. 책을 보며 음성을 듣고 2번씩 따라해 보는 구성이라 독학자에게 아주 효율적입니다. 그리고 훈련용과 함께 도전자용도 따로 준비되어 있습니다. 훈련용으로 실력을 기르셨다면 이제 책을 덮고, 문장을 만드는 도전을 해볼 수 있습니다. 통학이나 통근 시 도전자용을 연습하면 한층 말하기가 업그레이드된 자신을 발견할 것입니다.
[회화랑 친해지기]는 A, B로 역할을 나눠서 말할 수 있도록 되어 있어 혼자서도 충분히 회화 연습을 할 수 있습니다.

친절한 정답, 본문 스크립트 해석

기존 교재에는 없었던 해석과 연습문제 정답을 별책에 담아 혼자서도 「민나노 니홍고」를 마스터할 수 있습니다.

이 책을 통해 일본어에 자신감을 가지시기를 바라며, 단계별로 차근히 올라가 마스터의 경지까지 이르시길 바랍니다.

Contents 목차

Structure 이 책의 구성과 특징

중요단어 파악하기

본 내용에 들어가기 전 중요 단어를 제시함으로써 그 과에서 배울 내용을 미리 예측해 봅니다.

여기서 주요 단어를 파악해 두면 본 내용을 이해하는데 큰 도움이 됩니다.

민나노 日本語 에는 없습니다.

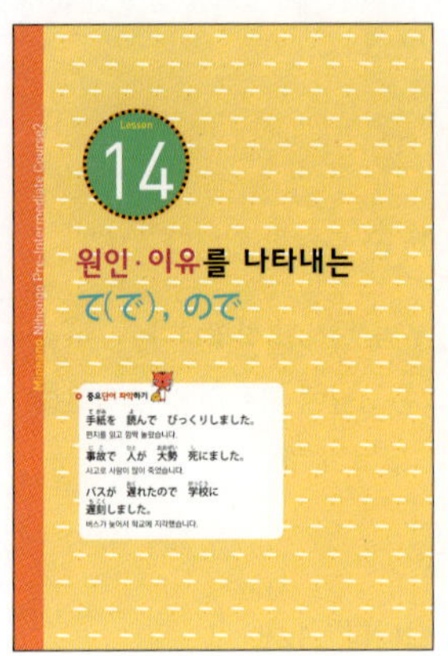

눈도장 콱 찍기

그 과의 중심 내용을 우선 눈으로 찍고 가는 페이지입니다. 가장 핵심적인 내용만을 모아놓았기 때문에 여기 있는 문장만 달달 외워도 그 과의 문형은 모두 익혔다고 할 수 있습니다. 음성을 들으면서 모두 암기해 둡시다.

민나노 日本語 의 文型에 해당

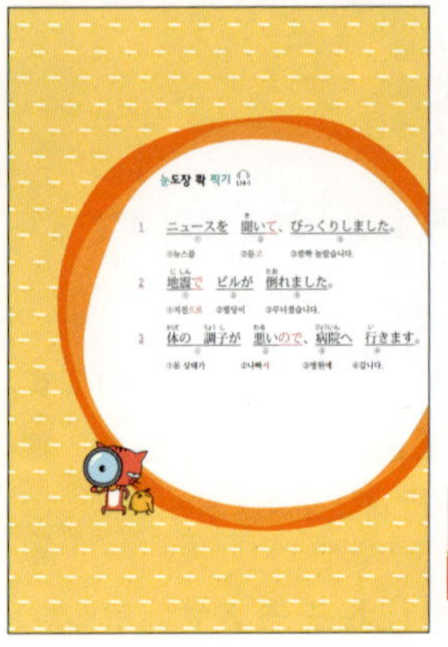

워밍업하기

본 문형에 들어가기 전 기본 문법 사항으로 워밍업하는 페이지입니다. 품사별 활용형의 원리를 설명하고 있으니까, 그냥 지나치지 말고 꼭 숙지하고 넘어가세요.

민나노 日本語 에는 없습니다.

문형 꼭꼭 익히기

그 과의 중심 문형을 공부하는 페이지입니다. 꼼꼼하게 문법 설명을 숙지한 후, 아래에 있는 문장 연습을 해 봅시다. 여러 단어로 바꿔넣기를 하는 사이에 자연스레 문형이 몸에 익혀질 것입니다. 「훈련용 MP3」로 반복 연습하세요!

민나노 日本語 의 練習A에 해당

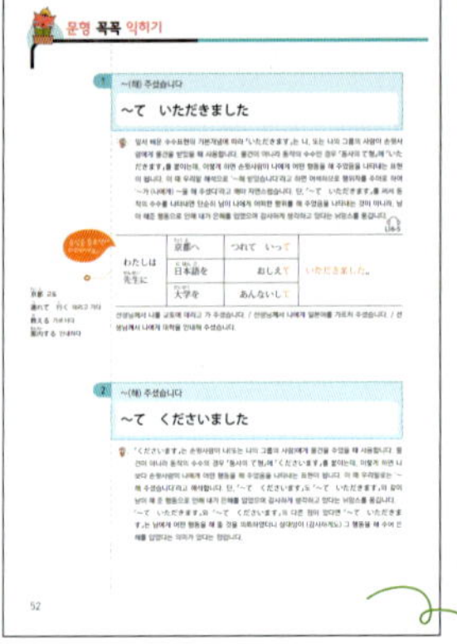

하나하나 꼼꼼하게 문법설명을 해 놓았기 때문에 따로 문법책이 필요없습니다.

셀로판지 표시가 있는 곳은 답을 가리고 문제를 푸는 곳입니다.

입에 착 붙게 말하기

오래 일본어를 공부한 사람도 막상 말을 하려고 하면 입이 탁 막히는 경우가 많습니다. 이는 말하기 훈련이 부족하기 때문입니다.

셀로판지 로 답을 가린 후 우선 문장을 만들어 보세요. 그 다음 정답을 확인한 후, 음성을 들어 보세요. 업그레이드 연습은 MP3 CD 「말하기 도전자용」에서 하세요!

민나노 日本語 의 練習B에 해당

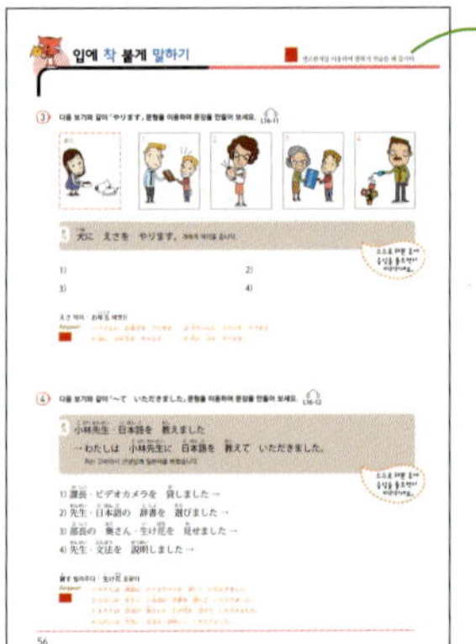

회화랑 친해지기

문형으로 말하기 훈련을 했다면 다음은 회화입니다. 모두 비교적 간단하고 짧은 대화라서 부담없이 연습할 수 있으니까, 걱정마세요! 보라색 부분의 단어를 바꿔가며 연습합시다. 녹음 또한 A, B로 역할을 맡아 연습할 수 있도록 배려되어 있으니까, 꼭 연습해 보도록 하세요!

민나노 日本語 의 練習C에 해당

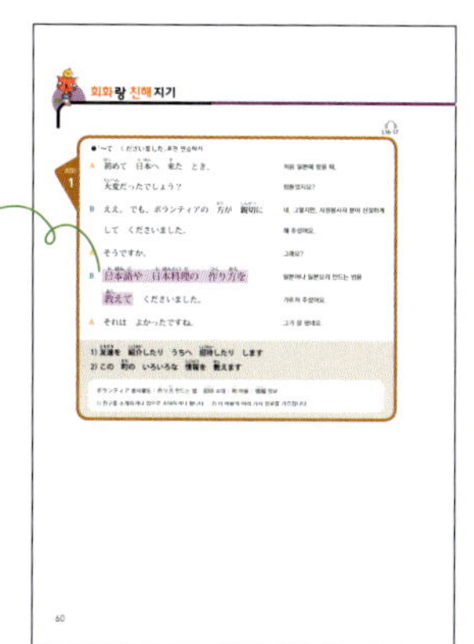

보라색 부분의 단어를 바꿔가며 짤막한 회화 연습을 합니다!

회화 고수되기

앞에서 충분히 말하기 연습을 하셨다면 이제 본격 회화입니다. 한 번 음성을 들으며 읽은 다음, 아래에 있는 단어와 해석을 익히세요. 그 다음엔 셀로판지로 후리가나를 가린 다음 읽어 보세요. 이때는 뜻을 생각하며 읽는 것이 중요합니다.

민나노 日本語 의 会話에 해당

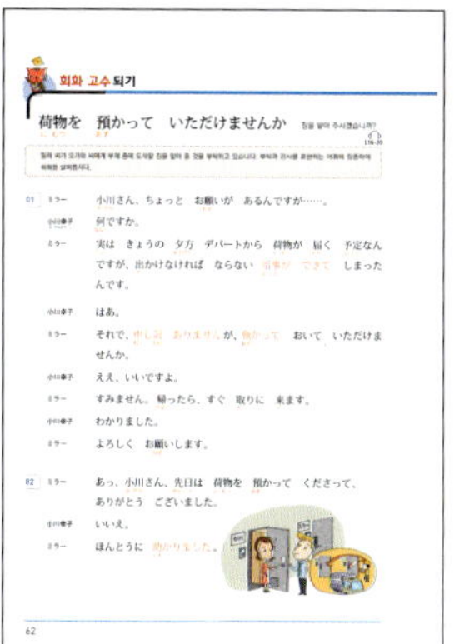

중요표현과 문법사항이 꼼꼼하게 정리되어 있습니다. 또한, 함께 알아두면 좋을 내용까지 알차게 들어 있습니다.

＊후리가나 : 일본 한자 읽는 방법

도전 듣기 · 쓰기

이제 한 과를 마무리하는 테스트 페이지입니다. 듣기와 쓰기 문제로 나뉘어져 있으며, 앞에서 충분히 학습을 했다면 모두 풀 수 있는 내용입니다. 자신의 능력을 시험해 보세요!

민나노 日本語 의 問題에 해당

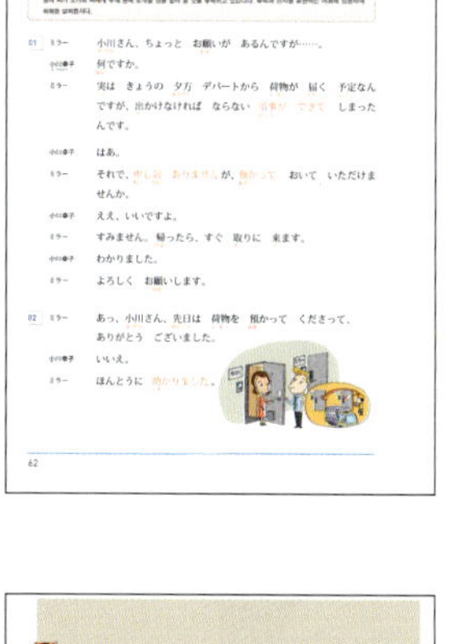

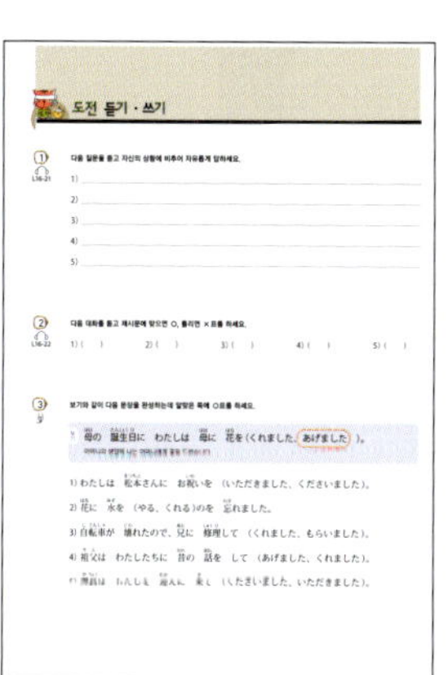

스크립트 & 해답 별책

별책에 도전 듣기 · 쓰기와 중간고사 · 기말고사의 스크립트 해석과 해답이 자세하게 실려 있습니다.

문제를 푼 다음, 정답을 꼭 확인하세요!

스크립트와 해답, 해석까지 모두 실려 있습니다.

Character 등장인물

マイク・ミラー
（마이크 밀러）
미국, IMC의 사원

まつもと　ただし
松本　正
（마츠모토 타다시）
일본, IMC(오사카)의 부장

すずき　やすお
鈴木　康男
（스즈키 야스오）
일본, IMC의 사원

なかむら　あきこ
中村　秋子
（나카무라 아키코）
일본, IMC의 영업 과장

イー　ジンジュ
（이진주）
한국, AKC의 연구원

おがわ　ひろし
小川　博
（오가와 히로시）
일본, 마이크 밀러의
이웃사람

タワポン（타와퐁）
태국, 사쿠라 대학의 학생

おがわ
小川　よね
（오가와 요네）
일본, 오가와 히로시의
어머니

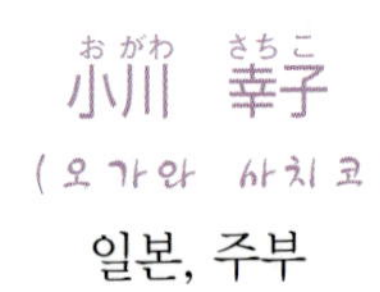

おがわ　さちこ
小川　幸子
（오가와 사치코）
일본, 주부

カール・シュミット
（칼 슈미트）
독일, 파워전기의 기술자

クララ・シュミット
（클라라 슈미트）
독일, 독일어 교사

渡辺 あけみ
（와타나베 아케미）
일본, 파워전기의 사원

高橋 透
（다카하시 토오루）
일본, 파워전기의 사원

林 真紀子
（하야시 마키코）
일본, 파워전기의 사원

ジョン・ワット
（존 와트）
영국, 사쿠라 대학의
영어 교사

伊藤 ちせ子
（이토 치세코）
일본, 히마와리 초등학교의 교사
한스 슈미트의 담임

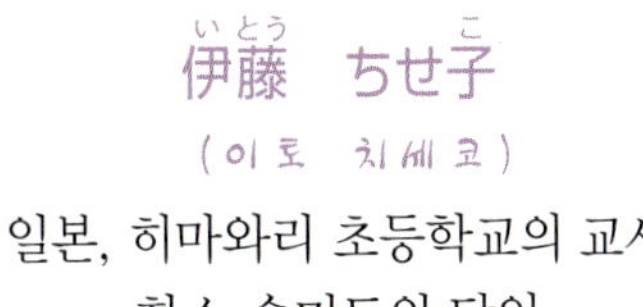

ハンス
（한스）
독일, 초등학생,
12살 칼 슈미트와
클라라의 아들

グプタ
（구푸타）
인도, IMC의 사원

MP3 CD 의 구성

❶ 말하기 훈련용

교재 안의 모든 음성 자료가 들어 있습니다. 셀로판지 표시가 있는 부분은 우선 그 부분을 셀로판지로 가린 다음 음성을 들으세요. 기본적으로는 한 번씩, 「문형 꼭꼭 익히기」는 두 번씩 녹음되어 있습니다. 처음에는 답이 맞았는지 확인하고, 두 번째에는 네이티브와 똑같은 발음과 속도로 따라해 보세요! 「회화랑 친해지기」는 역할을 분담할 수 있도록 A, B가 따로 녹음되어 있습니다. 네이티브와 번갈아가며 회화를 해 보세요.

❷ 말하기 도전자용

훈련용으로 충분히 연습을 했다면 이제 업그레이드 버전인 도전자용으로 연습하세요! 교재의 핵심 부분인 「입에 착 붙게 말하기」 부분을 집중 연습합니다.
들려주는 예문과 단어로 문장을 만드는 연습입니다. 단어를 기억하고 또 문장으로 만들어야 하는 조금 어려운 연습이지만, 이것만 마스터하면 평상시 일본어 말하기는 문제없습니다. 통학이나 통근시 연습해 보세요!

Lesson 14

원인·이유를 나타내는 て(で), ので

○ 중요단어 파악하기

手紙を　読んで　びっくりしました。
편지를 읽고 깜짝 놀랐습니다.

事故で　人が　大勢　死にました。
사고로 사람이 많이 죽었습니다.

バスが　遅れたので　学校に
遅刻しました。
버스가 늦어서 학교에 지각했습니다.

1 ニュースを 聞いて、びっくりしました。
   ①　　　　②　　　　③
①뉴스를　②듣고　③깜짝 놀랐습니다.

2 地震で ビルが 倒れました。
   ①　　②　　③
①지진으로　②빌딩이　③무너졌습니다.

3 体の 調子が 悪いので、病院へ 行きます。
   ①　　　　②　　③　　④
①몸 상태가　②나빠서　③병원에　④갑니다.

1 ~(해)서

동사 + て(で)

💡 「동사 + て」는 「Aて + B」의 문형으로 ①어떤 동작이 계속하여 일어나는 것 또는 ②병렬을 나타내는데, 이 때 「て」는 A와 B의 내용에 따라서 다양하게 해석됩니다. 14과에서와 같이 A가 B의 원인임을 나타내는 경우에는 우리말로 '~(해)서'로 해석되며 원인을 나타내는 용법이 됩니다. 앞서 배운 표현 중, 원인을 나타내는 대표적인 용법으로 「から」가 있었습니다. 원인 · 이유로 쓰인 「て」는 「から」와는 달리 그 쓰임에 있어 몇 가지 제약이 있는데 먼저 원인 · 결과의 용법으로 「Aて B」와 같이 문장을 연결한 경우, 후반부의 B에는 주로 화자의 의지가 관여되지 않는 표현이 위치하게 됩니다. 따라서 후반부에 주어의 의지를 표현한 '의지형, 명령형, 권유형, 의뢰형'이 올 수 없습니다.

L14-2

음성을 들으면서 따라하세요.

手紙を	よんで、	びっくりしました。
電話を	もらって、	安心しました。
家族に	あえなくて、	寂しいです。
富士山が	みえなくて、	がっかりしました。

편지를 읽고 깜짝 놀랐습니다. / 전화를 받고 안심했습니다. / 가족을 만날 수 없어서 외롭습니다. / 후지산이 보이지 않아서 실망했습니다.

手紙 편지

びっくりする 깜짝 놀라다

安心する 안심하다

家族 가족

寂しい 외롭다

がっかりする 실망하다

2 ~(해)서

형용사 + くて(で)

💡 「형용사 + て(で)」는 「Aて(で) B」의 문형으로 A가 B의 원인임을 나타내며, '~(해)서'로 해석됩니다. 접속형태를 보면 い형용사의 경우 어미 「い」를 「く」로 바꾸어 「~くて」의 형태가 되고, な형용사의 경우 어미 「だ」를 빼고 「~で」의 형태가 됩니다. 앞서 배운 동사와 마찬가지로 B에는 화자의 의지를 나타내는 표현은 올 수 없습니다.

問題が	むずかしくて、	
話し方が	はやくて、	わかりません。
説明が	ふくざつで、	

문제가 어려워서 모르겠습니다. / 말투가 빨라서 모르겠습니다. / 설명이 복잡해서 모르겠습니다.

問題 문제
難しい 어렵다
話し方 말하는 법, 말투
はやい 빠르다
説明 설명
複雑だ 복잡하다

3 　～때문에

명사＋で

「명사＋で」는 「Aで B」의 문형으로 A가 B의 원인임을 나타내며 '～때문에'로 해석됩니다. 서술부에는 화자의 의지를 나타내는 표현이 오지 않는 것이 특징입니다.

じこ		
たいふう	で	人が 大勢 死にました。
じしん		

사고로 사람이 많이 죽었습니다. / 태풍으로 사람이 많이 죽었습니다. / 지진으로 사람이 많이 죽었습니다.

事故 사고
大勢 많은(사람), 많은(양)
台風 태풍
地震 지진

4　～(이)어서, ～(이)니까

～ので

「ので」는 「Aので B」의 문형으로 앞서 말한 사항이 원인·이유가 되어 후반부의 일이 벌어졌음을 나타내는 표현이며 우리말로 '～(이)어서, ～(이)니까'로 해석됩니다. 「ので」는 전반부와 후반부의 인과관계가 객관적으로 인정되는 경우에 자주 사용됩니다. 그렇기 때문에 후반부에는 이미 일어난 일, 또는 일어날 것이 확실시 되는 일을 나타내는 표현이 오는 것이 보통이며 「から」와는 달리 후반부에 화자의 의지를 나타내는 표현이나 명령형이 올 수 없습니다.

L14-5

病院へ	いく		5時に　帰っても　いいですか。
日本語が	わからない		英語で　話して　いただけませんか。
バスが	おくれた		学校に　遅刻しました。
新聞を	よまなかった	ので、	事故の　ことを　知りませんでした。
毎日	いそがしい		どこも　遊びに　行けません。
あしたは	ひまな		買い物に　行けます。
きょうは	たんじょうびな		ワインを　買いました。

병원에 가니까 5시에 퇴근해도 되겠습니까? / 일본어를 모르니까 영어로 말씀해 주시겠습니까? / 버스가 늦어서 학교에 지각했습니다. / 신문을 읽지 않아서 사고를 몰랐습니다. / 매일 바빠서 아무데도 놀러 갈 수 없습니다. / 내일은 한가하니까 쇼핑하러 갈 수 있습니다. / 오늘은 생일이라서 와인을 샀습니다.

病院 병원
遅れる 늦다, 지각하다
遅刻する 지각하다
新聞 신문
事故 사고
暇だ 한가하다
買い物 쇼핑
誕生日 생일
ワイン 와인

입에 착 붙게 말하기

1 다음 보기와 같이 「동사 + て」 문형을 이용하여 문장을 만들어 보세요. L14-6

> 보기 母の　手紙を　読みました・安心しました
> → 母の　手紙を　読んで、安心しました。 어머니의 편지를 읽고 안심했습니다.

스스로 해본 후에 음성을 들으면서 따라하세요.

1) 地震の　ニュースを　聞きました・びっくりしました →
2) 旅行中に　財布を　とられました・困りました →
3) 試験に　合格しました・うれしかったです →
4) 昔の　映画を　見ました・小学校の　先生を　思い出しました →

安心する 안심하다 | びっくりする 깜짝 놀라다 | 思い出す 생각나다, 상기하다

Answer
1) 地震の　ニュースを　聞いて、びっくりしました。　2) 旅行中に　財布を　とられて、困りました。
3) 試験に　合格して、うれしかったです。　4) 昔の　映画を　見て、小学校の　先生を　思い出しました。

2 다음 보기와 같이 「동사 + なくて」 문형을 이용하여 문장을 만들어 보세요. L14-7

> 보기 ハイキングに　行けません・残念です
> → ハイキングに　行けなくて、残念です。 하이킹에 못 가서 아쉽습니다.

스스로 해본 후에 음성을 들으면서 따라하세요.

1) 家族に　会えません・寂しいです →
2) 息子から　連絡が　ありません・心配です →
3) スピーチが　上手に　できませんでした・恥ずかしかったです →
4) コンサートの　チケットが　買えませんでした・がっかりしました →

残念 유감스러움, 아쉬움 | 心配だ 걱정이다 | がっかりする 실망하다, 낙담하다

Answer
1) 家族に　会えなくて、寂しいです。　　　　2) 息子から　連絡が　なくて、心配です。
3) スピーチが　上手に　できなくて、恥ずかしかったです。　4) コンサートの　チケットが　買えなくて、がっかりしました。

---

3 다음 보기와 같이 「형용사 + くて(で)」 문형을 이용하여 문장을 만들어 보세요. L14-8

> 보기 高いです・車が 買えません
>
> → 高くて、車が 買えません。 비싸서, 차를 살 수 없습니다.

스스로 해본 후에 음성을 들으면서 따라하세요.

1) 難しい 漢字が 多いです・新聞が 読めません →

2) 質問が 難しかったです・答えられませんでした →

3) 説明が 複雑です・全然 わかりません →

4) 試験の ことが 心配でした・寝られませんでした →

質問 질문 | 答える 대답하다 | 複雑だ 복잡하다 | 全然 전혀

Answer
1) 難しい 漢字が 多くて、新聞が 読めません。　2) 質問が 難しくて、答えられませんでした。
3) 説明が 複雑で、全然 わかりません。　4) 試験の ことが 心配で、寝られませんでした。

---

4 사건의 원인이 나타나 있는 그림을 보고 보기와 같이 문장을 완성하세요. L14-9

    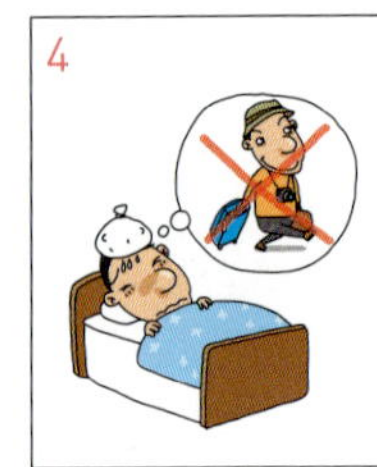

> 보기 家が 焼けました
>
> → 火事で 家が 焼けました。 화재로 집이 탔습니다.

스스로 해본 후에 음성을 들으면서 따라하세요.

1) 古い ビルが 倒れました →

2) 人が 大勢 死にました →

3) 新幹線が 止まりました →

4) 旅行に 行けませんでした →

焼ける (불)타다, 구워지다 | 倒れる 쓰러지다, 넘어지다 | 大勢 많은(사람), 많은(양) | 台風 태풍

Answer
1) 地震で 古い ビルが 倒れました。　2) 事故で 人が 大勢 死にました。
3) 台風で 新幹線が 止まりました。　4) 病気で 旅行に 行けませんでした。

⑤ 다음 보기와 같이 「ので」 문형을 이용하여 문장을 만들어 보세요. 🎧 L14-10

タイに　3年　住んで　いました・タイ語が　少し　話せます
　→タイに　3年　住んで　いたので、タイ語が　少し　話せます。

태국에서 3년 살았기 때문에, 태국어를 조금 말할 수 있습니다.

스스로 해본 후에 음성을 들으면서 따라하세요.

1) 電気屋が　エアコンの　修理に　来ます・午後は　うちに　います →
2) きょうは　道が　あまり　込んで　いません・早く　着くでしょう →
3) 田中さんは　用事が　できました・先に　帰りました →
4) 友達が　約束を　守りませんでした・けんかしました →

電気屋 전기상, 전기제품가게, 전기가게에 종사하는 사람 | 修理 수리 | 用事 볼일 | 守る 지키다 | けんかする 싸우다

Answer
1) 電気屋が　エアコンの　修理に　来るので、午後は　うちに　います。
2) きょうは　道が　あまり　込んで　いないので、早く　着くでしょう。
3) 田中さんは　用事が　できたので、先に　帰りました。
4) 友達が　約束を　守らなかったので、けんかしました。

⑥ 다음 보기와 같이 「ので」 문형을 이용하여 문장을 만들어 보세요. 🎧 L14-11

きょうは　妻の　誕生日です・花を　買って　帰ります
　→きょうは　妻の　誕生日なので、花を　買って　帰ります。

오늘은 아내의 생일이므로, 꽃을 사가지고 돌아갑니다.

스스로 해본 후에 음성을 들으면서 따라하세요.

1) この　辺の　海は　汚いです・泳がない　ほうが　いいです →
2) 電話代が　高いです・手紙を　書くように　して　います →
3) この　カメラは　操作が　簡単です・だれでも　使えます →
4) 日曜日でした・電車は　すいて　いました →

汚い 더럽다, 지저분하다 | 電話代 전화비 | 操作 조작

Answer
1) この　辺の　海は　汚いので、泳がない　ほうが　いいです。　2) 電話代が　高いので、手紙を　書くように　して　います。
3) この　カメラは　操作が　簡単なので、だれでも　使えます。　4) 日曜日なので、電車は　すいて　いました。

셀로판지를 이용하여 말하기 연습을 해 봅시다.

7 이유나 변명을 부드럽게 나타내면서 허락을 구하는 표현입니다. 다음 보기와 같이 말해 보세요. L14-12

> 보기 気分が　悪いです・早退します
>
> → 気分が　悪いので、早退しても　いいですか。 컨디션이 나쁘므로, 조퇴해도 됩니까?

스스로 해본 후에 음성을 들으면서 따라하세요.

1) ビザを　取りに　行かなければ　なりません・午後から　休みます →
2) 漢字を　調べたいです・この　辞書を　借ります →
3) この　荷物は　邪魔です・片づけます →
4) 日本語が　あまり　上手じゃ　ありません・英語で　話します →

早退 조퇴 | ビザ(visa) 비자 | 借りる 빌리다 | 邪魔 방해 | 片づける 정리하다

Answer
1) ビザを　取りに　行かなければ　ならないので、午後から　休んでも　いいですか。
2) 漢字を　調べたいので、この　辞書を　借りても　いいですか。
3) この　荷物は　邪魔なので、片づけても　いいですか。
4) 日本語が　あまり　上手じゃ　ないので、英語で　話しても　いいですか。

8 다음 보기와 같이 「ので」 문형을 이용하여 문장을 만들어 보세요. L14-13

> 보기 雪で　新幹線が　止まりました・会議に　遅れました
>
> → 雪で　新幹線が　止まったので、会議に　遅れました。
>
> 눈 때문에 신칸센이 멈춰서, 회의에 늦었습니다.

스스로 해본 후에 음성을 들으면서 따라하세요.

1) 台風で　木が　倒れました・この　道は　通れません →
2) 雨で　野球が　できませんでした・映画を　見に　行きました →
3) ここは　大学から　近くて、便利です・学生が　大勢　住んで　います →
4) 運動して、汗を　かきました・シャワーを　浴びたいです →

通る 지나가다, 통과하다 | 汗を　かく 땀을 흘리다

Answer
1) 台風で　木が　倒れたので、この　道は　通れません。
2) 雨で　野球が　できなかったので、映画を　見に　行きました。
3) ここは　大学から　近くて　便利なので、学生が　大勢　住んで　います。
4) 運動して、汗を　かいたので、シャワーを　浴びたいです。

L14-14

회화 1

● 이유를 말하고 권유를 거절하기

A 今晩 ①映画 に 行きませんか。　　오늘 밤에 영화 보러 가지 않을래요?

B 今晩ですか。 ②ちょっと 都合が 悪くて ……。　　오늘밤에요? 좀 사정이 여의치 않은데요….

A 行けませんか。　　못 가세요?

B ええ、すみません。また、今度 お願いします。　　네, 미안해요. 다음에 또 부탁합니다.

1) ① カラオケ　② 仕事が 忙しいです　　2) ① コンサート　② ちょっと 約束が あります

都合 형편, 사정 | 今度 이번, 이 다음

1) ① 노래방 ② 일이 바쁩니다　　2) ① 콘서트 ② 잠깐 약속이 있다

L14-15

회화 2

● 사건의 원인 말하기

A 首相が ①入院した のを 知って いますか。　　수상이 입원한 것을 알고 있습니까?

B ええ。わたしも ②ニュースを 聞いて、びっくりしました。　　네. 저도 뉴스를 듣고 깜짝 놀랐어요.

A ③胃の 病気 で ①入院した と 言って いましたね。　　위가 아파서 입원했다고 했었죠.

B ええ。　　네.

1) ① やめます　② 新聞を 読みました　③ 健康の 問題
2) ① 離婚しました　② テレビを 見ました　③ お金の 問題

首相 수상 | 入院 입원 | 健康 건강 | 離婚 이혼

1) ① 그만둡니다 ② 신문을 읽었습니다 ③ 건강 문제　　2) ① 이혼했습니다 ② 텔레비전을 봤습니다 ③ 돈 문제

회화랑 친해지기

중심회화에 앞서 비교적 짧은 회화로 연습하는 페이지입니다.
각 단어로 바꿔가며 연습해 봅시다. 연습 후에는 음성을 들으며 똑같이 따라해 봅시다.

L14-16

회화
3

● 원인 · 이유 말하기

A はい、フロントです。 　　　　네, 프런트입니다.

B 417号室ですが、① シャワーの　お湯が　　417호실인데요, 샤워의 뜨거운 물이

出ない ので、② 見に　来て いただけ　　안 나오는데, 보러 와 주시겠어요?

ませんか。

A 417号室ですね。はい、すぐ　伺います。　417호실이지요. 네, 곧 가겠습니다.

B お願いします。　　　　부탁합니다.

1) ① タオルと　せっけんが　ありません　② 持って　来ます
2) ① エアコンが　つきません　② 調べます

フロント (front) 프런트 | お湯 뜨거운 물 | 伺う「行く」의 겸사말

1) ① 수건과 비누가 없습니다 ② 가지고 옵니다　2) ① 에어컨이 안 켜집니다 ② 알아봅니다

회화 고수되기

 셀로판지를 이용하여 회화 연습을 해 봅시다.

遅れて、すみません
おく

늦어서 죄송합니다

L14-17

사고로 회사에 늦게 된 밀러 씨가 나카무라 과장님께 자초지종을 설명하고 있습니다. 원인과 이유를 나타내는 「て」「ので」의 쓰임에 주의하며 회화의 내용을 파악해보세요.

ミラー	課長、遅れて、すみません。
中村課長	ミラーさん、どう　したんですか。
ミラー	実は　来る　途中で　事故が　あって、バスが　遅れて　しまったんです。
中村課長	バスの　事故ですか。
ミラー	いいえ。交差点で　トラックと　車が　ぶつかって、バスが　動かなかったんです。
中村課長	それは　大変でしたね。連絡が　ないので、みんな　心配して　いたんですよ。
ミラー	駅から　電話したかったんですが、人が　たくさん　並んで　いて……。どうも　すみませんでした。
中村課長	わかりました。じゃ、会議を　はじめましょう。

遅(おく)れる 늦다, 지각하다

実(じつ)は 실은

途中(とちゅう) 도중

事故(じこ) 사고

交差点(こうさてん) 교차점

トラック 트럭

車(くるま) 자동차

ぶつかる 부딪치다

動(うご)く 움직이다

連絡(れんらく) 연락

心配(しんぱい)する 걱정하다

駅(えき) 역

並(なら)ぶ 줄서다, 늘어서다

会議(かいぎ) 회의

밀러 : 과장님, 늦어서 죄송합니다.

나카무라과장 : 밀러 씨, 어떻게 된 거예요?

밀러 : 실은 오는 도중에 사고가 나서, 버스가 늦어져 버렸거든요.

나카무라과장 : 버스 사고인가요?

밀러 : 아니요, 교차로에서 트럭과 자동차가 부딪쳐서 버스가 움직이지 않았어요.

나카무라과장 : 그것 참 큰일이었네요. 연락이 없어서 모두들 걱정하고 있었어요.

밀러 : 역에서 전화하고 싶었지만, 사람이 많이 줄 서 있어서 …. 정말 죄송합니다.

니가무라과장 : 알겠습니다. 그럼 회의를 시작합시다.

① どう　したんですか。 어떻게 된 겁니까?

「どう　したんですか」는 '어떻게 된 겁니까?'라는 의미로 상대방에게 어떤 일이 일어나게 된 경위나 이유를 물을 때 사용하는 표현입니다. 보통 이와 같은 표현으로 상대방에게 질문을 받으면 「て」나 「から」 또는 「ので」를 넣어서 사건의 원인을 설명합니다. 유사한 표현인 「どう　しましたか」는 우리말로 '어찌 된 일입니까?'로 해석되며, 마찬가지로 상대방에게 어떤 상황이 벌어지게 된 원인·이유를 물을 때 사용합니다. 「どう　したんですか」와 달리 「どう　しましたか」는 병원에서 의사가 환자에게 증세를 물을 때에도 자주 사용됩니다.

예 医者：どう　しましたか。 어떻게 오셨습니까?

患者：熱が　あるんです。それから　せきも　出るし。 열이 나요. 게다가 기침도 나고.

② 途中で 도중에

「途中で」는 '어딘가로 이동하는 중간에 있는 한 지점에서'라는 의미입니다. 특히 이 표현은 장소 뿐만 아니라 '시간이 흘러가고 있던 중에'라는 의미로도 사용하며, 어떤 일이 마지막까지 끝나지 않고 중단되거나 다른 일이 벌어졌음을 나타낼 때도 쓰입니다. 접속은 동사의 사전형 또는 「명사＋の」의 뒤에 옵니다.

예 いつもの　時間に　家を　出たが、途中で、忘れ物に　気づいた。
평소와 같은 시간에 집을 나섰는데 도중에 잊어버린 물건이 생각났다.

仕事は　途中で　投げ出しては　いけない。
일은 도중에 던져버려서는 (팽개쳐서는) 안 된다.

③ バスが　動かない 버스가 움직이지 않는다

「バスが　動かない」는 '버스가 움직이지 않는다'라는 의미로, 본문 회화에서와 같이 화자의 의지로 상황을 컨트롤 할 수 없는 경우에는 「動かない」와 같이 자동사를 써서 상황을 표현합니다. 예를 들어 차가 갑자기 고장이 나서 멈춰버린 경우 「すみません、車が　故障して　動かないんです(죄송해요, 차가 고장나서 움직이지 않아요)」와 같이 표현합니다. 이 경우 화자의 의지로 자동차를 고장낸 것이 아니므로 상황을 자동사로 묘사하는 것입니다.

④ 人が　並んで　いる 사람들이 줄 서 있다

「並ぶ」는 '늘어서다, 줄 서다'라는 뜻의 단어입니다. 질서를 잘 지키기로 유명한 일본사람들은 공공장소에서 차례를 지켜 줄을 서는 것이 기본매너입니다. 이외에도 「並ぶ」는 맛있기로 유명해서 사람들이 항상 줄 서 있는 가게를 표현할 때에도 자주 쓰입니다. 예를 들어 「あの　店　おいしい？(저 가게 맛있어?)」라고 물었을 때 「うん、いつも　並んで　いるの(응, 항상 (사람들이) 줄 서 있어)」라고 표현하곤 합니다. 유명해서 사람들이 항상 줄 서 있는 가게를 「行列店」이라고 합니다.

① 다음 질문을 듣고 자신의 상황에 비추어 자유롭게 답하세요.

L14-18

1) ____

2) ____

② 다음 대화를 듣고 제시문에 맞으면 ○, 틀리면 ×표를 하세요.

L14-19

1) (　　)　　　　2) (　　)　　　　3) (　　)　　　　4) (　　)　　　　5) (　　)

③ 빈칸에 어떤 말이 들어가야 할까요? 다음 보기와 같이 제시 단어 중에서 골라 적절한 형태로 써 넣으세요.

보기　手紙を　（読みました → 読んで）、安心しました。 편지를 읽고 안심했습니다.

安心しました	悲しいです	がっかりしました
うれしいです	びっくりしました	

1) 子どもが　（生まれました →　　　　　）、_________________________。

2) 彼女から　手紙が　（来ません →　　　　　）、_________________________。

3) 地震の　ニュースを　（聞きました →　　　　　）、_________________________。

4) スピーチが　上手に　（できませんでした →　　　　　）、_________________________。

④ 질문에 대해 「いいえ」로 대답하고 그 이유를 설명하세요.

> 보기 あした　ハイキングに　行_いけますか。 내일 하이킹에 갈 수 있습니까?
>
> …いいえ、都合_{つごう}が　（悪_{わる}いです → 悪_{わる}くて）、行_いけません。 아니요, 상황이 나빠서 갈 수 없습니다.

1) 欲_ほしい　カメラが　買_かえましたか。

　…いいえ、（高_{たか}かったです → 　　　　　　　）、＿＿＿＿＿＿＿＿＿＿＿＿＿＿。

2) この　コンピューターの　使_{つか}い方_{かた}が　わかりますか。

　…いいえ、（複雑_{ふくざつ}です → 　　　　　　）、よく　＿＿＿＿＿＿＿＿＿＿＿＿＿。

3) 毎晩_{まいばん}　よく　寝_ねられますか。

　…いいえ、車_{くるま}の　音_{おと}が　（うるさいです → 　　　　　　）、あまり　＿＿＿＿＿＿。

4) 日曜日_{にちようび}の　運動会_{うんどうかい}に　参加_{さんか}できましたか。

　…いいえ、（かぜです → 　　　　　　　）、＿＿＿＿＿＿＿＿＿＿＿＿＿＿＿。

⑤ 여러 사고가 일어났군요. 그림을 보고 다음 보기와 같이 문장을 완성하세요.

> 보기 地震_{じしん}で　うちが　壊_{こわ}れました。 지진으로 집이 쓰러졌습니다.

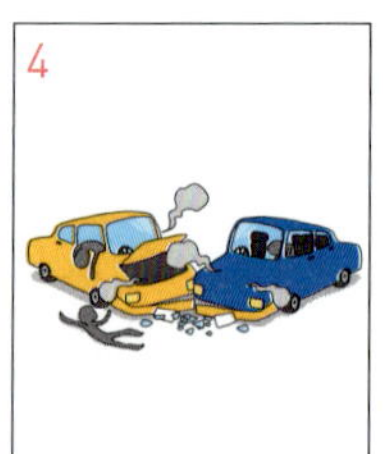

1) ＿＿＿＿＿＿＿＿＿＿＿＿＿＿＿＿＿＿＿＿＿＿＿＿＿＿。

2) ＿＿＿＿＿＿＿＿＿＿＿＿＿＿＿＿＿＿＿＿＿＿＿＿＿＿。

3) ＿＿＿＿＿＿＿＿＿＿＿＿＿＿＿＿＿＿＿＿＿＿＿＿＿＿。

4) ＿＿＿＿＿＿＿＿＿＿＿＿＿＿＿＿＿＿＿＿＿＿＿＿＿＿。

6 다음 보기와 같이 (　) 안에 들어갈 알맞은 단어를 골라 올바른 형태로 써 넣으세요.

> ^{보기} まだ　仕事^{しごと}が　（ある）ので、先^{さき}に　食事^{しょくじ}に　行^いって　ください。
>
> 아직 일이 있으니까, 먼저 식사하러 가세요.

受^うけます　　よくないです　　~~あります~~　　便利^{べんり}です　　初^{はじ}めてです

---

1) 社員食堂^{しゃいんしょくどう}は　いつも　込^こんで　いるし、味^{あじ}も　（　　　　　　　）ので、外^{そと}の
レストランで　食^たべて　います。

2) 3月^{がつ}に　入学試験^{にゅうがくしけん}を　（　　　　　　　）ので、冬休^{ふゆやす}みは　遊^{あそ}びに　行^いけません。

3) 車^{くるま}より　電車^{でんしゃ}の　ほうが　（　　　　　　　）ので、電車^{でんしゃ}で　行^いきます。

4) 日本^{にほん}で　旅行^{りょこう}に　行^いくのは　（　　　　　　　）ので、楽^{たの}しみです。

★**라면의 나라, 일본의 3대 라면을 소개합니다!**

　　간장으로 국물을 낸 라면. 가장 대중적이며 도쿄를 대표하는 라면으로 닭 뼈와 야채를 베이스로 한 깔끔한 맛부터 돼지 뼈 국물을 우려낸 진한 맛까지 다양한 스타일을 자랑하고 있답니다.

◆**시오 라멘** 塩^{しお}ラーメン

닭 뼈나 돼지 뼈를 우려낸 국물에 소금으로 간을 하여 만드는 라면으로 바탕이 되는 국물 재료의 맛을 살린 라면. 돈코츠 라멘과 같이 돼지 뼈 국물을 사용하는 것은 같지만 국물이 투명한 것이 시오 라멘의 특징입니다. 담백하고 깔끔하여 인기가 많은 라면입니다.

◆**미소 라멘** 味噌^{みそ}ラーメン

미소 라멘은 1955년 경 삿포로에서 만들어진 비교적 현대풍의 라면입니다. 그 역사는 짧지만 고소한
된장의 맛과 돼지 뼈 국물의 진한 맛이 어우러져 쇼유 · 시오 라멘과 더불어 주류를 이루는 3대 라면으로 성장하였답니다.

⑦ 다음 본문을 읽고 내용에 맞으면 ○, 틀리면 ×표를 하세요.

着物（きもの）

昔、日本人は　大人も　子どもも　みんな　毎日　着物を　着て　生活して　いた。しかし、着物を　着るのは　難しいし、時間も　かかって、大変だ。また　歩く　ときや、仕事を　する　ときも、着物は　不便なので、みんな　洋服を　着るように　なった。洋服は　着るのが　簡単だ。それに　日本人の　生活も　西洋化したので、着物より　洋服の　ほうが　生活に　合う。

今では　着物は　結婚式、葬式、成人式、正月など　特別な　機会だけに　着る　物に　なって　しまった。

1) (　　　) 仕事の　ときは　洋服より　着物の　ほうが　いい。

2) (　　　) 着物を　着るのは　簡単だ。

3) (　　　) 日本人の　生活は　西洋化したので、毎日の　生活では　ほとんど　着物を　着ない。

4) (　　　) 結婚式や　正月には　着物を　着る　人が　いる。

메모하면서 문제를 푸세요.

Lesson 15

~인지 아닌지(실현여부)
~(해) 봅니다(시도)

중요단어 파악하기

結婚祝いは　何が　いいか　教えて
ください。

결혼선물은 무엇이 좋을지 가르쳐 주세요.

在庫が　あるか　どうか　調べて
ください。

재고가 있는지 어떤지 알려주세요.

まちがいは　ないか　もういちど
確かめて　みます。

잘못은 없는지 다시 한 번 확인해 봅니다.

1　JL107 便は　何時に　到着するか、調べて
　　① JL107편은　②몇 시에　③도착하는지　④알아봐

　　ください。
　　⑤주세요.

2　台風 9 号は　東京へ　来るか　どうか、
　　①태풍 9호는　②도쿄에　③올지 어떨지

　　まだ　わかりません。
　　④아직　⑤모릅니다.

3　宇宙から　地球を　見て　みたいです。
　　①우주에서　②지구를　③보고 싶습니다.

1 ~인지

～か

「何」「だれ」「いつ」「どこ」 등을 포함하는 의문어 의문문의 경우 「의문사 + か」는 우리말로 '(의문사)~인지'로 해석되며 「か」앞에 나온 말의 진위여부를 묻는 표현이 됩니다. 「か」앞의 품사의 형태는 보통형이 되며, な형용사와 명사의 경우에는 「だ」를 빼고 직접 「か」를 붙입니다.

L15-2

음성을 들으면서 따라하세요.

会議は	いつ	おわる		わかりません。
ビールが	なんぼん	ある	か	数えて ください。
プレゼントは	なにが	いい		考えて ください。
非常口は	どこ			調べます。

会議 회의
終わる 끝나다
ビール 맥주
数える 세다, 헤아리다
プレゼント 선물
考える 생각하다
非常口 비상구
調べる 조사하다

회의는 언제 끝날지 모릅니다. / 맥주가 몇 병 있는지 세 주세요. / 선물은 무엇이 좋을지 생각해 주세요. / 비상구는 어디인지 조사합니다.

2 ~인지 어떤지

～か　どうか

의문어를 포함하지 않는 선택 의문사의 경우에는 「～か　どうか」의 형태가 되어 '~인지 어떤지'로 해석됩니다. 앞서 배운 표현과 같이 「か」앞에 놓인 표현의 실현여부 또는 진위여부에 사용됩니다.

L15-3

음성을 들으면서 따라하세요.

クララさんが	くる		わかりません。
傷が	ない	か どうか、	調べて ください。
荷物が	ついた		確かめて ください。
その 話は	ほんとう		わかりません。

傷 상처
荷物 짐
つく 닿다, 도착하다
確かめる 확인하다

클라라 씨가 올지 어떨지 모릅니다. / 상처가 없는지 어떤지 알아봐 주세요. / 짐이 도착했는지 어떤지 확인해 주세요. / 그 이야기는 진짜인지 어떤지 모릅니다.

3 ~(해)봅니다

~て みます

「~て みます」는 우리말로 '~(해)봅니다'라는 뜻으로 '어떤 일을 시험 삼아서 한번 해 보다', '경험해 보다'라는 표현으로 사용됩니다. 「~て みる」는 '시험삼아서' 어떤 일을 해 보는 것이기 때문에 「この ケーキを たくさん(×) 食べて みて ください」와 같은 표현은 어색하답니다.

L15-4

新しい 새롭다
靴 구두
もう 一度 다시 한 번
説明する 설명하다

新しい 靴を	はいて	
もう 一度	かんがえて	みます。
日本語で	せつめいして	

새 구두를 신어 봅니다. / 한 번 더 생각해 봅니다. / 일본어로 설명해 봅니다.

1 다음 보기와 같이 「〜か」 문형을 이용하여 문장을 만들어 보세요. L15-5

> 보기
> 駐車場の　入口は　どこですか・わかりません
> → 駐車場の　入口は　どこか、わかりません。 주차장의 입구는 어딘지 모릅니다.

스스로 해본 후에 음성을 들으면서 따라하세요.

1) 先生は　何と　言いましたか・覚えて　いません →

2) ゴッホの　絵は　いくらで　売れましたか・知って　いますか →

3) ミーティングは　いつが　いいですか・考えて　ください →

4) この　紙は　どちらが　表ですか・わかりません →

入口 입구 | 覚える 기억하다 | 売れる 팔리다 | ミーティング 회의 | 表 겉

Answer
1) 先生は　何と　言ったか、覚えて　いません。　　2) ゴッホの　絵は　いくらで　売れたか、知って　いますか。
3) ミーティングは　いつが　いいか、考えて　ください。　4) この　紙は　どちらが　表か、わかりません。

2 다음 보기와 같이 「〜か」 문형을 이용하여 문장을 만들어 보세요. L15-6

> 보기
> 何を　相談して　いるんですか。（夏休みに　どこへ　行きますか）
> 무엇을 상담하고 있습니까? (여름방학에 어디에 갑니까?)
> → 夏休みに　どこへ　行くか、相談して　いるんです。
> 여름방학에 어디에 갈지 상담하고 있습니다.

스스로 해본 후에 음성을 들으면서 따라하세요.

1) 何を　数えて　いるんですか。（日本語の　本が　何冊　ありますか）→

2) 何を　話して　いるんですか。（誕生日の　プレゼントは　何が　いいですか）→

3) 何を　研究して　いるんですか。（どう　したら、おいしい　水が　作れますか）→

4) 何を　調べて　いるんですか。（のぞみ26号は　何時に　出発しますか）→

数える 세다 | 何冊 몇 권 | 研究 연구

Answer
1) 日本語の　本が　何冊　あるか、数えて　いるんです。
2) 誕生日の　プレゼントは　何が　いいか、話して　いるんです。
3) どう　したら　おいしい　水が　作れるか、研究して　いるんです。
4) のぞみ26号は　何時に　出発するか、調べて　いるんです。

③ 다음 보기와 같이 「～か　どうか」 문형을 이용하여 문장을 만들어 보세요.　L15-7

> 보기
> 8時までに　来られますか・ミラーさんに　聞きます
> →8時までに　来られるか　どうか、ミラーさんに　聞いて　ください。
> 8시까지 올 수 있을지 어떨지, 밀러 씨에게 물어 보세요.

1) 荷物が　届きましたか・確かめます →

2) まちがいが　ありませんか・もう　一度　見ます →

3) カードを　申し込む　とき、はんこが　必要ですか・教えます →

4) 荷物の　重さが　20キロ以下ですか・量ります →

届く 도착하다, 닿다 | 申し込む 신청하다 | はんこ 도장 | 重さ 무게 | 量る 재다

Answer
1) 荷物が　届いたか　どうか、確かめて　ください。
2) まちがいが　ないか　どうか、もう　一度　見て　ください。
3) カードを　申し込む　とき、はんこが　必要か　どうか、教えて　ください。
4) 荷物の　重さが　20キロ以下か　どうか、量って　ください。

④ 다음 보기와 같이 「～か　どうか」 문형을 이용하여 문장을 만들어 보세요.　L15-8

> 보기
> ミラーさんは　新年会に　来ますか。（忙しいと　言って　いました）
> 밀러 씨는 신년회에 옵니까? (바쁘다고 말했습니다)
> →さあ、来るか　どうか、わかりません。 글쎄요, 올지 어떨지 모르겠습니다.
> 忙しいと　言って　いましたから。 바쁘다고 말했으니까요.

1) 10時に　間に　合いますか。（道が　込んで　います）→

2) あの　店は　おいしいですか。（わたしは　入った　ことが　ありません）→

3) 小川さんは　元気ですか。（最近　会って　いません）→

4) その　ネクタイは　イタリア製ですか。（もらった　ネクタイです）→

新年会 신년회 | 道が　込む 길이 막히다 | イタリア製 이탈리아제

Answer
1) さあ、間に　合うか　どうか、わかりません。道が　込んで　いますから。
2) さあ、おいしいか　どうか、わかりません。わたしは　入った　ことが　ありませんから。
3) さあ、元気か　どうか、わかりません。最近　会って　いませんから。
4) さあ、イタリア製か　どうか、わかりません。もらった　ネクタイですから。

⑤ 시험적으로 어떤 동작을 해 보려는 그림입니다. 다음 보기와 같이 말해 보세요.  L15-9

보기 すみません。この ズボンを はいて みても いいですか。

미안합니다. 이 바지를 입어 봐도 됩니까?

스스로 해본 후에 음성을 들으면서 따라하세요.

1)

2)

3)

4)

弾く (악기를)치다, 켜다

Answer
1) すみません。この コートを 着て みても いいですか。
2) すみません。この 車に 乗って みても いいですか。
3) すみません。この 音楽CDを 聞いて みても いいですか。
4) すみません。この ピアノを 弾いて みても いいですか。

6 다음 보기와 같이 「～か　どうか」「～て　みます」 문형을 이용하여 한 문장으로 완성하세요.

> 보기　サイズが　合いますか・着ます
>
> →サイズが　合うか　どうか、着て　みて　ください。 사이즈가 맞는지 어떤지 입어 보세요.

1) もう　少し　大きいのが　ありますか・探します →

2) 彼は　もう　うちを　出ましたか・電話します →

3) あしたは　都合が　いいですか・ミラーさんに　聞きます →

4) その　話は　ほんとうですか・もう　一度　確かめます →

探す 찾다

Answer
1) もう　少し　大きいのが　あるか　どうか、探して　みて　ください。
2) 彼は　もう　うちを　出たか　どうか、電話して　みて　ください。
3) あしたは　都合が　いいか　どうか、ミラーさんに　聞いて　みて　ください。
4) その　話は　ほんとうか　どうか、もう　一度　確かめて　みて　ください。

L15-11

● 진위여부 묻기

A ミラーさんは？　밀러 씨는?

B 出かけましたよ。　나갔어요.

A どこへ　行ったか、わかりますか。　어디에 갔는지 알아요?

B さあ。鈴木さんに　聞けば、わかると　思います。　글쎄. 스즈키 씨에게 물으면 알 것 같아요.

1) 何時ごろ　帰りますか　　2) ミラーさんの　レポートは　どこに　ありますか

1) 몇 시쯤 돌아옵니까　2) 밀러 씨의 리포트는 어디에 있습니까

L15-12

● 결정에 대해 묻기

A スピーチコンテストに　出るか
どうか、決めましたか。　스피치 콘테스트에 나갈지 어떨지 정했나요?

B いいえ、まだ　決めて　いません。　아니요, 아직 정하지 못했어요.

A 早く　決めないと……。　빨리 정하지 않으면…….
申し込みは　あさってまでですよ。　신청은 모레까지에요.

B はい、わかりました。　네, 알겠어요.

1) 社員旅行に　行きますか　　2) マラソン大会に　参加しますか

コンテスト (contest) 콘테스트, 경연회 ｜ 申し込み 신청 ｜ マラソン (marathon) 마라톤

1) 사원여행에 갑니까　2) 마라톤대회에 참가합니까

회화 3

● 경험에 대해 말하기

A ①北海道の　雪祭りに　行った　　　　홋카이도의 눈축제에 간

　　ことが　ありますか。　　　　　　　적이 있습니까?

B いいえ。　　　　　　　　　　　　　아니요.

A とても　②楽しい　ですよ。　　　　　무척 재밌어요.

B そうですか。　　　　　　　　　　　그래요?

　　ぜひ　一度　①行って　みたいです。　꼭 한번 가 보고 싶어요.

1) ①日光の　東照宮を　見ます　②きれいです
2) ①温泉に　行きます　②気持ちが　いいです

1) ① 닛코의 도쇼궁을 봅니다　② 예쁩니다　　2) ① 온천에 갑니다　② 기분이 좋습니다

友達が　できたか　どうか、心配です

친구가 생겼는지 어떤지 걱정입니다

L15-14

클라라 씨가 이토 선생님과 아들 한스의 학교생활에 대해 이야기 하고 있습니다. 운동회 때 자녀의 학교생활을 살펴보기 위해 학교에 찾아가 볼 예정이라고 하는데요, 학교생활에 관련된 어휘에 주의를 기울이며 회화내용을 파악해 보세요.

クララ	先生、ハンスは　学校で　どうでしょうか。
	友達が　できたか　どうか、心配なんですが……。
伊藤先生	大丈夫ですよ。
	ハンス君は　クラスで　とても　人気が　あります。
クララ	そうですか。安心しました。
	勉強は　どうですか。漢字が　大変だと　言って　いますが……。
伊藤先生	毎日　漢字の　テストを　して　いますが、ハンス君は　いい 成績ですよ。
クララ	そうですか。ありがとう　ございます。
伊藤先生	ところで、もうすぐ　運動会ですが、お父さんも　いらっしゃい ますか。
クララ	ええ。
伊藤先生	ハンス君が　学校で　どんな　様子か、ぜひ　見て　ください。
クララ	わかりました。これからも　よろしく お願いします。

心配（しんぱい）걱정

学校（がっこう）학교

大丈夫（だいじょうぶ）だ 괜찮다

クラス 반

人気（にんき）が　ある 인기가 있다

安心（あんしん）する 안심하다

漢字（かんじ）한자

大変（たいへん）だ 힘들다, 큰일이다

毎日（まいにち）매일

テスト 시험

成績（せいせき）성적

ところで 그런데, 그건 그렇고

もうすぐ 이제 곧

運動会（うんどうかい）운동회

お父（とう）さん 아버지, 아버님

いらっしゃる 가시다, 오시다

様子（ようす）모습, 모양

ぜひ 꼭, 반드시

클라라	:	선생님, 한스는 학교에서 어떤가요?
		친구가 생겼는지 어떤지 걱정인데요….
이토 선생님	:	괜찮습니다.
		한스 군은 반에서도 매우 인기가 있어요.
클라라	:	그런가요? 안심했어요. 공부는 어떤가요? 한자가 힘들다고 말하는데요….
이토 선생님	:	매일 한자 시험을 보고 있습니다만, 한스 군은 성적이 좋습니다.
클라라	:	그래요? 감사합니다.
이토 선생님	:	그건 그렇고 이제 곧 운동회인데, 아버님도 오시나요?
클라라	:	네.
이토 선생님	:	한스 군이 학교에서 어떤 모습인지 꼭 보러 오세요.
클라라	:	알겠습니다. 앞으로도 잘 부탁드립니다.

① **友達が　できる**　친구가 생기다

「友達が　できる」는 '친구가 생기다'라는 뜻입니다. 「できる」는 '할 수 있다'라는 의미 이외에도 '(없던 것이) 생기다'라는 의미를 가지고 있습니다. 그밖에 「恋人が　できる(애인이 생기다)」와 같이 쓸 수도 있습니다.

> 예　新しい　友達が　できて、学校生活が　楽しく　なった。
> 새 친구가 생겨서 학교생활이 즐거워졌다.
>
> 駅前に　デパートが　できて、にぎやかに　なった。
> 역 앞에 백화점이 생겨서 번화해졌다.

② **どうでしょうか。**　어떻습니까?

「どうでしょうか」는 '어떻습니까'라는 말이지만, 「どうですか」 보다는 다소 완곡하고 정중한 표현입니다.

「~でしょうか」는 상대방의 추측이나 의견을 물을 때 사용하는데, 상대방이 확실히 알고 있는 것에 대해 물을 경우에는 보다 완곡하고 정중한 어감을 풍기게 됩니다.

> 예　彼は　学生でしょうか。그는 학생일까요? → 상대방의 추측이나 묻는 표현
>
> 体の　具合は　どうでしょうか。몸 상태는 좀 어떠신가요? → 완곡한 의문문

③ **人気が　あります。**　인기가 있습니다.

「人気が　ある」는 '인기가 있다'는 뜻입니다. 비슷한 표현으로는 「もてる」라는 말이 있습니다. 「もてる」는 앞에 조사 「に」를 수반하여 「女性に　もてる　タイプ(여성에게 인기 있는 타입)」과 같이 사용합니다. 「もてる」는 주로 '사람에게 호감을 사다', '인기가 있다'는 의미로만 쓰이지만 「人気が　ある」는 「今　人気の　商品(지금 인기 있는 상품)」과 같이 물건을 수식할 때에도 사용된다는 점이 다릅니다.

④ **いらっしゃいますか。**　오십니까?

「いらっしゃる」는 「行く」「来る」「いる」의 존경어로 '가시다', '오시다', '계시다'로 해석되며, 문맥에 따라 그 의미가 결정됩니다. 원형인 「いらっしゃる」는 불규칙활용하기 때문에 「ます」를 붙이면 「いらっしゃいます」가 됩니다. 주의할 점은 일본어로는 나와 나의 그룹에 속하는 사람에게는 경어를 사용하지 않으므로, 남에게 말할 때 우리말로는 '아버지가 가십니다'라고 해도 「お父さんが　いらっしゃいます」라고 하지 않고 「父が　行きます」라고 해야 합니다.

#

1 다음 질문을 듣고 자신의 상황에 비추어 자유롭게 답하세요.

L15-15

1) ____

2) ____

3) ____

4) ____

2 다음 대화를 듣고 제시문에 맞으면 ○, 틀리면 ×표를 하세요.

L15-16

1) (　　) 　　　　2) (　　) 　　　　3) (　　) 　　　　4) (　　) 　　　　5) (　　)

3 다음 보기와 같이 (　　) 안에 알맞은 말을 써 넣으세요.

> 보기
> 会議は　何時に　始まりますか。 회의는 몇 시에 시작하나요?
> … さあ、何時に　（始まるか）、わかりません。 글쎄, 몇 시에 시작하는지 모르겠습니다.

1) パーティーで　だれに　会いましたか。

　…たくさんの　人に　会ったので、だれに　（　　　　　）、覚えて　いないんです。

2) 空港へ　迎えに　行きますから、飛行機が　何時に　（　　　　　）、知らせて

　ください。

3) どう　したら、英語が　上手に　（　　　　　）、教えて　ください。

4) 毎日　赤ちゃんが　何人　（　　　　　）、知って　いますか。

4 다음 보기와 같이 (   ) 안에 알맞은 단어를 골라 올바른 형태로 써 넣으세요.

> 보기　結婚する　まえに、意見が　（合うか　どうか）、よく　話した　ほうが　いいです。
>
> 결혼하기 전에 의견이 맞는지 어떤지, 자주 이야기 하는 편이 좋습니다.

必要です　　　合います　　　ありません　　　健康です　　　おいしいです

1) わたしは　1年に　1回　必ず　（　　　　　　　　　）、診て　もらいます。

2) 1か月ほど　中国を　旅行したいんですが、ビザが　（　　　　　　　　　）、調べて
　ください。

3) あの　レストランは　入った　ことが　ないので、（　　　　　　　　　）、わかりません。

4) 家具を　買う　ときは、傷が　（　　　　　　　　　）、確かめてから、買った　ほうが
　いいです。

5  보기와 같이 다음 문장을 완성하는데 알맞은 쪽에 〇표를 하세요.

> 보기　先月の　電話代が　いくら　（かかったか、かかったか　どうか）、教えて
> ください。
>
> 지난달 전화비가 얼마 나왔는지 가르쳐 주세요.

1) 飛行機の　重さは　どうやって　（量るか、量るか　どうか）、知って　いますか。

2) 宇宙へ　行った　犬が　（元気か、元気か　どうか）、心配です。

3) 電車を　降りる　とき、忘れ物が　（あるか　どうか、ないか　どうか）、必ず
　確かめます。

4) 飛行機に　乗る　まえに、ナイフなどを　（持って　いるか　どうか、持って
　いないか　どうか）、調べられます。

6 다음 보기와 같이 ( ) 안에 알맞은 단어를 골라 올바른 형태로 써 넣으세요.

> **보기** すみません。この　ズボンを　（はいて　みて）も　いいですか。
>
> 저기요, 이 바지를 입어 봐도 될까요?

はきます　　着ます　　入れます　　行きます　　食べます

1) いつか　宇宙旅行に　（　　　　　　）たいです。

2) わたしが　作った　ケーキです。（　　　　　　）　ください。

3) セーターは、買う　まえに、（　　　　　　）　ことが　できません。

4) おふろの　お湯が　熱くないか　どうか、手を　（　　　　　　）ます。

★ **삿포로 눈축제 (さっぽろ　雪まつり)**

삿포로 눈축제는 매년 2월 초, 홋카이도 삿포로(札幌)시에서 열리는 축제입
니다. 눈도 많이 내리고 추운 홋카이도와 딱 들어맞는 축제라고 할 수 있죠. 세계
3대 축제 중 하나이기도 합니다.

삿포로 눈 축제는 1950년 삿포로 시내의 중고등학생들이 6개의 눈 조각상을
전시 하면서부터 시작되었는데 이를 기점으로 삿포로의 겨울 행사로 자리잡게
되었고 그로부터 몇년 뒤에는 대형 눈 조각상이 등장하면서 지금처럼 대규모의
축제로 성장했다고 합니다. 매년 축제 시즌을 앞두면 삿포로의 중심인 오도리
공원(大通公園)은 분주히 조형물을 설치, 준비하느라 북적대는데 이 또한
하나의 매력이지요.

세계인이 즐기는 삿포로 눈축제의 매력, 여러분도 함께 느껴보시지 않으시겠습니까?

도전 듣기·쓰기

7 다음 본문을 읽고 내용에 맞으면 ○, 틀리면 ×표를 하세요.

3億円 事件

　　　1968年12月10日　午前　9時20分、銀行の　車が　お金を　運んで　いました。その　とき　うしろから　警官が　白い　オートバイに　乗って、走って　来ました。警官は　車を　止めました。そして　車に　爆弾が　積まれて　いるかも　しれないと　言いました。運転手と　銀行員は　急いで　降りて、離れた　所に　逃げました。

　　　警官は　その　車に　乗って、中を　調べました。が、急に　車を　動かして　行って　しまいました。車には　3億円　積まれて　いました。警察は　一生懸命　犯人を　捜しましたが、見つかりませんでした。

　　　日本中の　人が、犯人は　どんな　男か、3億円を　どう　使うか、どうやって　警官の　服と　オートバイを　手に　入れたか、話しました。今でも　時々　犯人は　どう　して　いるか、うわさします。

---

1) (　　　) 白い　オートバイの　警官は　ほんとうは　犯人です。

2) (　　　) 銀行の　車に　爆弾が　積んで　ありました。

3) (　　　) 犯人は　3億円　とりました。

4) (　　　) 犯人は　だれか　今でも　わかりません。

메모하면서 문제를 푸세요.

Lesson

16

수수 표현

息子に　お菓子を　やりました。

아들에게 과자를 주었습니다.

先生に　手紙の　間違いを　直して
いただきました。

선생님께 편지의 틀린 곳을 고쳐 받았습니다.

(선생님께서 편지의 틀린 곳을 고쳐주셨습니다.)

結婚祝いに　この　ワイングラスを
もらいました。

결혼선물로 이 와인잔을 받았습니다.

1 わたしは　ワット先生（せんせい）に　本（ほん）を　いただきました。
①　　②　　③　　④

①저는　　②와트 선생님께　　③책을　　④받았습니다.

2 わたしは　課長（かちょう）に　手紙（てがみ）の　まちがいを
①　　②　　③

①저는　　②과장님께　③편지의 틀린 곳을

直（なお）して　いただきました。
④

④고쳐 받았습니다. (과장님께서 편지의 틀린 곳을 고쳐 주셨습니다.)

3 部長（ぶちょう）の　奥（おく）さんは　わたしに　お茶（ちゃ）を　教（おし）えて　くださいました。
①　　②　　③　　④　　⑤

①부장님의　②부인은　　③저에게　　④다도를　　⑤가르쳐 주셨습니다.

4 わたしは　息子（むすこ）に　紙飛行機（かみひこうき）を　作（つく）って　やりました。
①　　②　　③　　④

①저는　　②아들에게　③종이비행기를　④만들어 주었습니다.

1 일본어의 수수동사

일본어에는 물건이나 동작의 이동을 나타내는 동사가 있습니다. 「教えます・習います」는 가르치는 사람으로부터 배우는 사람에게, 「貸します・借ります」는 빌려주는 사람으로부터 빌리는 사람에게 물건이나 동작이 이동합니다. 「あげます・もらいます」 그리고 「くれます」도 주는 사람으로부터 받는 사람에게 물건이나 동작이 이동합니다. 이 「あげます・くれます・もらいます」를 사용한 표현을 '수수표현'이라고 합니다. 이 수수표현을 쉽게 이해하기 위해 우선 '물건의 이동'을 통해 기본개념을 파악해 보도록 하겠습니다.

❶ やります・あげます・さしあげます(내가 남에게) 줍니다, 드립니다

「やります・あげます・さしあげます」는 나, 또는 나의 그룹에 속하는 사람으로부터 받는 사람에게로 물건이 이동함을 나타내는 표현입니다. 물건을 주는 사람보다 받는 사람이 손아랫사람이면 「やります」를, 동격이면 「あげます」를, 손윗사람이면 「さしあげます」를 사용합니다. 물건을 받는 사람에게 조사 「に」를 붙입니다.

예 私は　部長に　お花を　さしあげました。 저는 부장님께 꽃을 드렸습니다.
　　友達に　本を　あげました。 (나는) 친구에게 책을 주었습니다.
　　妹に　くつを　やりました。 (나는) 여동생에게 구두를 주었습니다.

L16-2

わたしは	むすこ	に　お菓子を　やりました。
	いもうと	
	いぬ	

나는 아들에게 과자를 주었습니다. / 나는 여동생에게 과자를 주었습니다. / 나는 개에게 과자를 주었습니다.

息子 아들
お菓子 과자
妹 여동생

❷ もらいます・いただきます 받습니다

「もらいます・いただきます」는 나, 또는 나의 그룹에 속하는 사람이 남에게 물건을 받았음을 나타내는 표현입니다. 물건을 주는 사람이 손아랫사람이나 동격이면 「もらいます」를, 손윗사람이면 「いただきます」를 사용합니다. 물건을 주는 사람에게 조사 「に」를 붙입니다.

예 私は　先生に　お花を　いただきました。 나는 선생님께 꽃을 받았습니다.
　　友達に　本を　もらいました。 (나는) 친구에게 책을 받았습니다.
　　妹に　くつを　もらいました。 (나는) 여동생에게 구두를 받았습니다.

社長 사장(님)
お土産 선물

わたしは	しゃちょう	に　お土産を　いただきました。
	せんせい	
	やまださん	

나는 사장님께 선물을 받았습니다. / 나는 선생님께 선물을 받았습니다. / 나는 야마다 씨에게 선물을 받았습니다.

❸ くれます・くださいます (남이 나에게) 줍니다, 주십니다

「くれます・くださいます」는 나, 또는 나의 그룹에 속하는 사람에게 남이 물건을 주었음을 나타내는 표현입니다. 물건을 주는 사람이 나보다 손아랫사람이나 동격이면 「くれます」를, 손윗사람이면 「くださいます」를 사용합니다. 물건을 받는 사람에게 조사 「に」를 붙입니다.

예 部長は　私に　お花を　くださいました。 부장님은 나에게 꽃을 주셨습니다.
友達は　本を　くれました。 친구는 (나에게) 책을 주었습니다.
妹は　くつを　くれました。 여동생은 (나에게) 구두를 주었습니다.

しゃちょう	は　わたしに　お土産を　くださいました。
せんせい	
やまださん	

사장님은 나에게 선물을 주셨습니다. / 선생님은 나에게 선물을 주셨습니다. / 야마다 씨는 나에게 선물을 주셨습니다.

1 ～(해) 주셨습니다

～て　いただきました

앞서 배운 수수표현의 기본개념에 따라 「いただきます」는 나, 또는 나의 그룹의 사람이 손윗사람에게 물건을 받았을 때 사용합니다. 물건이 아니라 동작의 수수인 경우 「동사의 て형」에 「いただきます」를 붙이는데, 이렇게 하면 손윗사람이 나에게 어떤 행동을 해 주었음을 나타내는 표현이 됩니다. 이 때 우리말 해석으로 '～해 받았습니다'라고 하면 어색하므로 행위자를 주어로 하여 '～가 (나에게) ～을 해 주셨습니다'라고 해야 자연스럽습니다. 단, 「～て　いただきます」를 써서 동작의 수수를 나타내면 단순히 남이 나에게 어떠한 행위를 해 주었음을 나타내는 것이 아니라, 남이 해준 행동으로 인해 내가 은혜를 입었으며 감사하게 생각하고 있다는 뉘앙스를 풍깁니다.

L16-5

わたしは　先生に	京都へ	つれて　いって	いただきました。
	日本語を	おしえて	
	大学を	あんないして	

京都 교토
連れて　行く 데리고 가다
教える 가르치다
案内する 안내하다

선생님께서 나를 교토에 데리고 가 주셨습니다. / 선생님께서 나에게 일본어를 가르쳐 주셨습니다. / 선생님께서 나에게 대학을 안내해 주셨습니다.

2 ～(해) 주셨습니다

～て　くださいました

「くださいます」는 손윗사람이 나(또는 나의 그룹의 사람)에게 물건을 주었을 때 사용합니다. 물건이 아니라 동작의 수수인 경우 「동사의 て형」에 「くださいます」를 붙이는데, 이렇게 하면 나보다 손윗사람이 나에게 어떤 행동을 해 주었음을 나타내는 표현이 됩니다. 이 때 우리말로는 '～해 주셨습니다'라고 해석합니다. 단, 「～て　くださいます」도 「～て　いただきます」와 같이 남이 해 준 행동으로 인해 내가 은혜를 입었으며 감사하게 생각하고 있다는 뉘앙스를 풍깁니다.
「～て　いただきます」와 「～て　くださいます」의 다른 점이 있다면 「～て　いただきます」는 남에게 어떤 행동을 해 줄 것을 의뢰하였더니 상대방이 (감사하게도) 그 행동을 해 주어 은혜를 입었다는 의미가 있다는 점입니다.

部長は	わたしに　旅行の　写真を	みせて	くださいました。
	わたしを　駅まで	おくって	
	わたしの　レポートを	なおして	

부장님은 나에게 여행사진을 보여주셨습니다. / 부장님은 나를 역까지 배웅해 주셨습니다. / 부장님은 나의 보고서를 고쳐 주셨습니다.

部長 부장님
旅行 여행
写真 사진
見せる 보여주다
駅 역
送る 보내다, 배웅하다
レポート 보고서, 리포트
直す 고치다, 수정하다

3 ～해 주었습니다

～て　やりました

「やります」는 나, 또는 나의 그룹의 사람이 손아랫사람에게 물건을 주었을 때 사용합니다. 보통은 동격이나 손아랫사람에게 두루 「あげます」를 사용하며, 「やります」는 나와 친분관계가 두텁거나 상하관계가 매우 분명한 관계의 대상에게 사용합니다. 동작의 수수인 경우 「동사의 て형」에 「やります」를 붙입니다. 물건의 수수와 같이 「～て　やります」는 나와 친분관계가 두텁거나 상하관계가 매우 분명한 관계의 대상에게 사용할 수 있습니다.

わたしは	娘に　英語を	おしえて	やりました。
	娘を　学校まで	むかえに　いって	
	娘の　宿題を	みて	

나는 딸에게 영어를 가르쳐 주었습니다. / 나는 딸을 학교까지 마중 나가 주었습니다. / 나는 딸의 숙제를 봐 주었습니다.

娘 딸
学校 학교
迎えに　行く 마중가다
宿題 숙제

4 ~(해) 주시겠습니까?

~て　くださいませんか

상대방에게 어떠한 행동을 해 줄 것을 요구할 때 「~て　ください」를 쓰는 것은 이미 학습하였습니다. 그러나 「~て　ください」는 상대방에게 직접적으로 어떤 행동을 해 줄 것을 요구하는 표현이므로 부탁이라기보다는 명령에 가까운 표현입니다. 따라서 상대방에게 정중하게 어떤 행동을 의뢰하는 부탁 표현일 경우에는 「~て　くださいませんか」를 써야 합니다. 주로 부탁하는 상대방이 나보다 손윗사람이거나 나의 부탁이 상대방에게 부담스러운 부탁일 경우에 자주 사용됩니다.

L16-8

음성을 들으면서 따라하세요.

ひらがなで	かいて	
もう　少し　ゆっくり	はなして	くださいませんか。
ビデオの　使い方を	せつめいして	

히라가나로 써 주시겠습니까? / 좀 더 천천히 말씀해 주시겠습니까? / 비디오의 사용법을 설명해 주시겠습니까?

ひらがな 히라가나
もう　少し 좀 더
ゆっくり 천천히
使い方 사용법
説明する 설명하다

입에 착 붙게 말하기

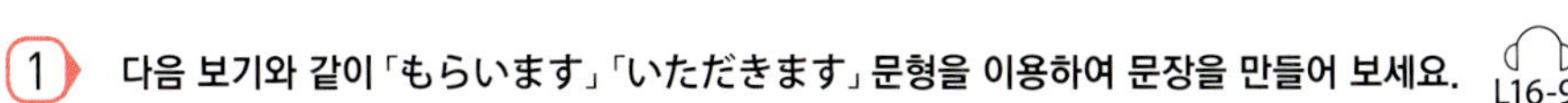

1 다음 보기와 같이 「もらいます」「いただきます」 문형을 이용하여 문장을 만들어 보세요. L16-9

> 보기
> 1) すてきな　セーター（兄）
>   A : すてきな　セーターですね。 멋진 스웨터네요.
>   B : ええ。兄に　もらったんです。 네. 오빠에게 받았어요.
>
> 2) きれいな　絵はがき（先生）
>   A : きれいな　絵はがきですね。 예쁜 그림엽서네요.
>   B : ええ。先生に　いただいたんです。 네. 선생님께 받았어요.

1) 珍しい　切手（課長）→
2) かわいい　手袋（おば）→
3) いい　辞書（先生）→
4) きれいな　指輪（祖母）→

絵はがき 그림엽서 | 手袋 장갑

Answer　1) 珍しい　切手ですね。…ええ。課長に　いただいたんです。　2) かわいい　手袋ですね。…ええ。おばに　もらったんです。
　　　　3) いい　辞書ですね。…ええ。先生に　いただいたんです。　4) きれいな　指輪ですね。…ええ。祖母に　もらったんです。

스스로 해본 후에 음성을 들으면서 따라하세요.

2 다음 보기와 같이 「くれます」「くださいます」 문형을 이용하여 문장을 만들어 보세요.

> 보기
> 1) きれいな　ハンカチ（友達）
>   A : きれいな　ハンカチですね。 예쁜 손수건이네요.
>   B : ええ。友達が　くれたんです。 네. 친구가 주었어요.
>
> 2) いい　手帳（先生）
>   A : いい　手帳ですね。 멋진 수첩이네요.
>   B : ええ。先生が　くださったんです。 네. 선생님께서 주셨어요.

1) 珍しい　果物（中村課長）→
2) おもしろい　バッグ（祖父）→
3) きれいな　靴下（姉）→
4) おいしい　お菓子（社長）→

스스로 해본 후에 음성을 들으면서 따라하세요.

Answer　1) 珍しい　果物ですね。…ええ。中村課長が　くださったんです。
　　　　2) おもしろい　バッグですね。…ええ。祖父が　くれたんです。
　　　　3) きれいな　靴下ですね。…ええ。姉が　くれたんです。
　　　　4) おいしい　お菓子ですね。…ええ。社長が　くださったんです。

입에 착 붙게 말하기

③ 다음 보기와 같이 「やります」 문형을 이용하여 문장을 만들어 보세요. L16-11

> 보기　犬に　えさを　やります。 개에게 먹이를 줍니다.

스스로 해본 후에
음성을 들으면서
따라하세요.

1)　　　　　　　　　　　　　　　　2)

3)　　　　　　　　　　　　　　　　4)

えさ 먹이 | お年玉 세뱃돈

Answer
1) 子どもに　お菓子を　やります。　2) 赤ちゃんに　ミルクを　やります。
3) 孫に　お年玉を　やります。　4) 花に　水を　やります。

④ 다음 보기와 같이 「〜て　いただきました」 문형을 이용하여 문장을 만들어 보세요. L16-12

> 보기　小林先生・日本語を　教えました
> → わたしは　小林先生に　日本語を　教えて　いただきました。
> 저는 고바야시 선생님께 일본어를 배웠습니다.

스스로 해본 후에
음성을 들으면서
따라하세요.

1) 課長・ビデオカメラを　貸しました →
2) 先生・日本語の　辞書を　選びました →
3) 部長の　奥さん・生け花を　見せました →
4) 先生・文法を　説明しました →

貸す 빌려주다 | 生け花 꽃꽂이

Answer
1) わたしは　課長に　ビデオカメラを　貸して　いただきました。
2) わたしは　先生に　日本語の　辞書を　選んで　いただきました。
3) わたしは　部長の　奥さんに　生け花を　見せて　いただきました。
4) わたしは　先生に　文法を　説明して　いただきました。

⑤ 다음 보기와 같이 「〜て　くださいました」 문형을 이용하여 문장을 만들어 보세요. 🎧 L16-13

> 보기 部長が　会議の　資料を　送りました
> → 部長が　会議の　資料を　送って　くださいました。 부장님께서 회의 자료를 보내 주셨습니다.

1) 田中さんが　お見舞いに　来ました →
2) 課長が　日本料理の　レストランを　予約しました →
3) 社長の　奥さんが　おいしい　てんぷらを　作りました →
4) あした　小林先生が　空港まで　送ります →

資料 자료 ｜ お見舞い 병문안

Answer
1) 田中さんが　お見舞いに　来て　くださいました。
2) 課長が　日本料理の　レストランを　予約して　くださいました。
3) 社長の　奥さんが　おいしい　てんぷらを　作って　くださいました。
4) あした　小林先生が　空港まで　送って　くださいます。

⑥ 다음 보기와 같이 「〜て　やりました」 문형을 이용하여 문장을 만들어 보세요. 🎧 L16-14

> 보기 犬を　散歩に　連れて　行きました
> → わたしは　犬を　散歩に　連れて　行って　やりました。 나는 개를 산책에 데리고 가 주었습니다.

1) 息子に　絵本を　読みました →
2) 孫に　お菓子を　送りました →
3) 娘に　おもちゃを　買いました →
4) 妹の　服を　洗濯しました →

連れて　行く 데리고 가다 ｜ 絵本 그림책 ｜ おもちゃ 장난감 ｜ 洗濯する 세탁하다

Answer
1) わたしは　息子に　絵本を　読んで　やりました。
2) わたしは　孫に　お菓子を　送って　やりました。
3) わたしは　娘に　おもちゃを　買って　やりました。
4) わたしは　妹の　服を　洗濯して　やりました。

(7) 다음 보기와 같이 「～て くださいました」「～て いただきました」「～て やりました」
문형을 이용하여 문장을 만들어 보세요. L16-15

> **보기** いつ ワット先生に 英語を 教えて もらいましたか。(おととし)
> 언제 왓트 선생님에게 영어를 배웠습니까?
>
> → おととし 教えて いただきました。 재작년에 배웠습니다.

1) だれが ここへ 連れて 来て くれましたか。(中村課長) →

2) 先生に どこを 案内して もらいましたか。(奈良) →

3) だれに 発音を 直して もらいましたか。(先生) →

4) お子さんが 小学校に 入る とき、何を して あげますか。
   (新しい 服を 買います) →

発音 발음 │ 直す 고치다

Answer
1) 中村課長が 連れて 来て くださいました。
2) 奈良を 案内して いただきました。
3) 先生に 直して いただきました。
4) 新しい 服を 買って やります。

(8) 다음 보기와 같이 「～て くださいませんか」의 문형을 이용하여 문장을 만들어 보세요. L16-16

> **보기** 駅へ 行きたいです・道を 教えます
> → 駅へ 行きたいんですが、道を 教えて くださいませんか。
> 역에 가고 싶습니다만, 길을 가르쳐 주시지 않겠습니까?

1) よく 聞こえませんでした・もう 一度 言います →

2) コピー機が 動きません・ちょっと 見ます →

3) セーターの サイズを まちがえました・取り替えます →

4) コンピューターに 興味が あります・いい 本を 教えます →

コピー機 복사기 │ セーター (sweater) 스웨터 │ 取り替える 바꾸다, 교환하다

Answer
1) よく 聞こえなかったんですが、もう 一度 言って くださいませんか。
2) コピー機が 動かないんですが、ちょっと 見て くださいませんか。
3) セーターの サイズを まちがえたんですが、取り替えて くださいませんか。
4) コンピューターに 興味が あるんですが、いい 本を 教えて くださいませんか。

L16-17

● 「～て　くださいました」표현 연습하기

A 初めて　日本へ　来た　とき、　　　　　처음 일본에 왔을 때,

　　大変だったでしょう？　　　　　　　　힘들었지요?

B ええ。　でも、ボランティアの　方が　親切に　　네. 그렇지만, 자원봉사자 분이 친절하게

　　して　くださいました。　　　　　　　해 주셨어요.

A そうですか。　　　　　　　　　　　그래요?

B 日本語や　日本料理の　作り方を　　　일본어나 일본요리 만드는 법을

　　教えて　くださいました。　　　　　　가르쳐 주셨어요.

A それは　よかったですね。　　　　　그거 잘 됐네요.

1) 友達を　紹介したり　うちへ　招待したり　します
2) この　町の　いろいろな　情報を　教えます

ボランティア 봉사활동 ｜ 作り方 만드는 법 ｜ 招待 초대 ｜ 町 마을 ｜ 情報 정보

1) 친구를 소개하거나 집으로 초대하거나 합니다　　2) 이 마을의 여러 가지 정보를 가르칩니다

L16-18

회화 2

● 「～て　やります」표현 연습하기

A　① きれいな　猫 ですね。　　　　　예쁜 고양이네요.

B　ええ。でも　大変なんですよ。　　네. 그렇지만 힘들어요.

　　毎日　② ごはんを　作って　　　매일 밥을 만들어

　　やらなければ　なりませんから。　주지 않으면 안 되거든요.

A　そうですか。　　　　　　　　　　그런가요?

1)　① 珍しい　鳥　② 水を　換えて、掃除します
2)　① かわいい　犬　② 散歩に　連れて　行きます

珍しい 신기하다, 희귀하다 ｜ 換える 바꾸다, 교환하다

1) ① 신기한 새　② 물을 바꾸고 청소합니다　　2) ① 귀여운 개　② 산책에 데리고 갑니다

L16-19

회화 3

● 「～て　くださいませんか」표현 연습하기

A　管理人さん、すみません。　　　관리인 아저씨, 잠시만요.

B　はい、何ですか。　　　　　　　네, 무슨 일이세요?

A　① タクシーを　呼びたい んですが、　택시를 부르고 싶은데요,

　　② タクシー会社の　電話番号を　教えて　택시회사의 전화번호를 가르쳐

　　くださいませんか。　　　　　주시지 않겠습니까?

B　ええ、いいですよ。　　　　　네, 좋습니다.

1)　① 棚を　組み立てたいです　② ドライバーを　貸します
2)　① エレベーターの　ドアが　閉まりません　② ちょっと　見ます

管理人 관리인 ｜ 棚 선반 ｜ 組み立てる 조립하다 ｜ ドライバー (driver) 드라이버 ｜ 閉まる 닫히다

1) ① 선반을 조립하고 싶습니다　② 드라이버를 빌립니다　　2) ① 엘리베이터의 문이 안 닫힙니다　② 잠깐 봅니다

셀로판지를 이용하여 회화 연습을 해 봅시다.

荷物を　預かって　いただけませんか
にもつ　　あず

짐을 맡아 주시지 않겠습니까?

L16-20

밀러 씨가 오가와 씨에게 부재 중에 도착할 짐을 맡아 줄 것을 부탁하고 있습니다. 부탁과 감사를 표현하는 어휘에 집중하여 회화를 살펴봅시다.

01

ミラー　小川さん、ちょっと　お願いが　あるんですが……。
　　　　おがわ　　　　　　　　　ねが

小川幸子　何ですか。
おがわさちこ　なん

ミラー　実は　きょうの　夕方　デパートから　荷物が　届く　予定なん
　　　　じつ　　　　ゆうがた　　　　　　にもつ　とど　よてい
　　　　ですが、出かけなければ　ならない　用事が　できて　しまった
　　　　　　　で　　　　　　　　　　ようじ
　　　　んです。

小川幸子　はあ。

ミラー　それで、申し訳　ありませんが、預かって　おいて　いただけま
　　　　　　　もう　わけ　　　　　　　あず
　　　　せんか。

小川幸子　ええ、いいですよ。

ミラー　すみません。帰ったら、すぐ　取りに　来ます。
　　　　　　　　　　かえ　　　　　　と　　き

小川幸子　わかりました。

ミラー　よろしく　お願いします。
　　　　　　　　　ねが

02

ミラー　あっ、小川さん、先日は　荷物を　預かって　くださって、
　　　　　　おがわ　　せんじつ　にもつ　あず
　　　　ありがとう　ございました。

小川幸子　いいえ。

ミラー　ほんとうに　助かりました。
　　　　　　　　　たす

荷物(にもつ) 짐

預(あず)かる 맡다, 보관하다

〜て いただく 〜(해) 주시다

実(じつ)は 실은

夕方(ゆうがた) 저녁

届(とど)く 도착하다

予定(よてい) 예정

出(で)かける 나가다, 외출하다

用事(ようじ) 볼일

先日(せんじつ) 지난번

助(たす)かる 도움을 받다

밀러	: 오가와 씨, 부탁이 좀 있는데요….
오가와 사치코	: 뭔데요?
밀러	: 실은 오늘 저녁에 백화점에서 짐이 도착할 예정인데, 나가야 하는 볼일이 생겨버렸거든요.
오가와 사치코	: 아하.
밀러	: 그래서 죄송합니다만 맡아주시겠습니까?
오가와 사치코	: 네, 좋아요.
밀러	: 죄송하지만, 돌아오면 곧장 가지러 올게요.
오가와 사치코	: 알겠어요.
밀러	: 잘 부탁드립니다.
밀러	: 앗, 오가와 씨. 지난번은 짐을 맡아주셔서 감사합니다.
오가와 사치코	: 아니에요.
밀러	: 정말 도움이 되었습니다.

★ 봄이 찾아왔어요! 일본의 꽃구경(花見)

「벚나무 아래 국물도 생선회도 벚꽃이어라」

마쓰오 바쇼(松尾芭蕉)의 유명한 하이쿠(俳句)(일본 시 형태 중 하나)인데요.

이 시만 봐도 벚꽃의 아름다움에 취할 것 같지 않으신가요?

일본의 4월은 입학식이나 입사식 등의 새로운 시작의 달입니다. 그리고 마치 벚꽃들이 그 시작을 축복하듯이 활짝 피며 봄이 왔음을 알리는 계절이기도 하지요. 일본에서 벚꽃은 3월 하순부터 4월에 걸쳐 북상하면서 꽃을 피우는데요. 이 시기가 되면 뉴스에서도 꽃구경을 위해 일기예보 때마다 매일같이 벚꽃 전선(桜前線)(벚꽃의 개화 범위를 나타내는 선)을 소개한답니다. 가족, 연인, 동료가 둘러앉아 일상을 잊고 생기를 찾는 꽃구경은 일본인들의 낙(楽)이라해도 과언이 아닐 것 같네요.

① 預かる　　(물건을) 맡다, 보관하다

「預かる」는 '(물건을) 맡다, 보관하다'라는 뜻입니다. 반대표현으로 남에게 물건을 맡기거나 보관시키는 것을 「預ける」라고 합니다. 한자도 같은 것을 쓰고 발음도 비슷하기 때문에 헷갈릴 때가 많습니다. 헷갈리지 않도록 두 동사를 구별하여 암기할 때 「預かる」에 수수동사를 넣어서 「～さんに　あずかって　もらう(～씨에게 물건을 맡기다)」라고 기억하면 쉽게 암기할 수 있습니다. 스스로 예문을 많이 만들어 보세요.

예　留守の　間、となりの　方に　荷物を　預けた。
　　부재 중일 동안, 이웃집 분에게 짐을 맡겼다.

　　留守の　間、となりの　方に　荷物を　預かって　もらった。
　　부재 중일 동안, 이웃집 분에게 짐을 맡겼다.

② 用事が　できる　　볼일이 생기다

「用事」는 '볼일'이라는 표현으로 「用事が　できる」라고 하면 '볼일이 생기다'라는 말입니다. 「できる」동사 이외에 「ある」를 써서 「用事が　ある(볼일이 있다)」라고도 표현합니다. 한자가 특이해서 시험에도 자주 출제되므로 읽는 법을 잘 기억해 두면 좋습니다.

③ 申し訳　ありません。　　죄송합니다.

「申し訳　ありません」은 '죄송합니다'라는 의미입니다. 「すみません」보다 정중한 표현으로 상대방에게 대단히 실례되는 일을 했거나 부탁하기 부담스러운 일을 어렵게 부탁해야 할 때 자주 사용합니다. 직역하면 '드릴 말씀이 없습니다'라는 뜻인데, 장면에 따라서 종종 '면목이 없습니다'라고도 해석됩니다.

④ 助かりました。　　(대단히) 도움이 되었습니다.

「助かる」는 '도움을 받다'라는 표현입니다. '(남을) 돕다'라는 의미일 때는 「助ける」를 씁니다. 본문에서와 같이 사용하면 '(상대방의 호의로 인해) 은혜를 입었습니다', '(대단히) 도움이 되었습니다'라는 뜻이 됩니다. 회화에서 자주 사용되며 표현을 좀 더 보태서 「そうして　くだされば　大変　助かります(그렇게 해 주신다면 정말 많은 도움이 될 거예요)」와 같이 사용하면 매우 정중한 표현이 됩니다. 표현을 자연스럽게 말할 수 있도록 여러 번 연습해 둡시다.

1 다음 질문을 듣고 자신의 상황에 비추어 자유롭게 답하세요.

L16-21

1) ____

2) ____

3) ____

4) ____

5) ____

2 다음 대화를 듣고 제시문에 맞으면 〇, 틀리면 ×표를 하세요.

L16-22

1) (　　) 　　　　2) (　　) 　　　　3) (　　) 　　　　4) (　　) 　　　　5) (　　)

3 보기와 같이 다음 문장을 완성하는데 알맞은 쪽에 〇표를 하세요.

> 보기　母の　誕生日に　わたしは　母に　花を（くれました、 <u>あげました</u> ）。
> 어머니의 생일에 나는 어머니에게 꽃을 드렸습니다.

1) わたしは　松本さんに　お祝いを　（いただきました、くださいました）。

2) 花に　水を　（やる、くれる）のを　忘れました。

3) 自転車が　壊れたので、兄に　修理して　（くれました、もらいました）。

4) 祖父は　わたしたちに　昔の　話を　して　（あげました、くれました）。

5) 課長は　わたしを　迎えに　来て　（くださいました、いただきました）。

4 다음 보기와 같이 질문에 대답하고 그 이유를 설명하세요.

> 보기
> 冷蔵庫の　故障は　直りましたか。 냉장고 고장은 고쳤습니까?
>
> … ええ。電気屋が　すぐ　見に　来て　くれました。 네. 전기가게 업자가 바로 보러 와 주었습니다.

1) その　本、図書館で　借りたんですか。

　　… いいえ。課長が ＿＿＿＿＿＿＿＿＿＿＿＿んです。

2) ゆうべは　タクシーで　帰ったんですか。

　　… いいえ、部長に　車で ＿＿＿＿＿＿＿＿＿＿＿＿。

3) おいしい　ケーキですね。

　　… ありがとう　ございます。祖母が　作り方を ＿＿＿＿＿＿＿＿＿＿んです。

4) もう　箱根へは　行きましたか。

　　… ええ。先週　先生が ＿＿＿＿＿＿＿＿＿＿。

5 다음 보기와 같이 알맞은 동사를 골라 올바른 형태로 써 넣으세요.

> 보기
> サイズが　合わないんですが、取り替えて　くださいませんか。
>
> 사이즈가 맞지 않습니다만, 바꿔 주시지 않겠습니까?

見ます	説明します	取り替えます	かきます	手伝います

1) レポートを　書いたんですが、ちょっと ＿＿＿＿＿＿＿＿＿＿＿＿。

2) 荷物を　運ばなければ　ならないんですが、＿＿＿＿＿＿＿＿＿＿＿＿。

3) 日本語が　よく　わからないんですが、英語で ＿＿＿＿＿＿＿＿＿＿＿＿。

4) 大使館へ　行きたいんですが、地図を ＿＿＿＿＿＿＿＿＿＿＿＿。

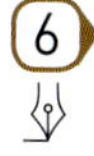

6 다음 보기와 같이 괄호 안에 알맞은 조사를 써 넣으세요.

> 보기 わたしは　友達（に）　本を　貸して　もらいました。　나는 친구에게 책을 빌렸습니다.

1) 珍しい　指輪ですね。

　… ええ。誕生日に　姉（　　）　くれたんです。

2) 息子さんは　本が　好きですね。

　… ええ。小さい　とき、よく　息子（　　）　本を　読んで　やりました。

3) どうして　遅かったんですか。

　… 知らない　おばあさん（　　）　駅まで　連れて　行って　あげたんです。

4) 娘さんは　いつも　一人で　宿題を　しますか。

　… いいえ。時々　わたし（　　）　娘の　宿題（　　）　見て　やります。

⑦ 다음 글을 읽고 질문에 대답하세요.

浦島太郎　＜日本の　昔話＞

　　昔、ある　所に　浦島太郎と　いう　若い　男が　いました。ある　日　太郎は　子どもたちに　いじめられて　いる　かめを　助けて　やりました。かめは「助けて　いただいて、ありがとう　ございました」と　言って、太郎を　海の　中の　お城へ　連れて　行って　くれました。

　　そこには　とても　きれいで、優しい　お姫様が　いました。太郎は　毎日　楽しく　暮らして　いましたが、うちへ　帰りたく　なりました。帰る　とき、お姫様は　お土産に　箱を　くれました。でも、絶対に　箱を　開けては　いけないと　言いました。

　　太郎は　陸へ　帰りましたが、どこにも　うちは　ありませんでした。道で　会った　人が　300年ぐらいまえに　浦島太郎の　うちが　あったと　教えて　くれました。太郎は　悲しく　なって、お土産の　箱を　開けました。すると、中から　白い　煙が　出て、太郎は　髪が　真っ白な　おじいさんに　なりました。

1) 太郎は　どうして　かめを　助けて　やりましたか。

…＿＿＿＿＿＿＿＿＿＿＿＿＿＿＿＿＿＿＿＿＿＿＿＿＿＿＿。

2) 太郎は　かめと　いっしょに　どこへ　行きましたか。

…＿＿＿＿＿＿＿＿＿＿＿＿＿＿＿＿＿＿＿＿＿＿＿＿＿＿＿。

3) 太郎は　どのくらい　海の　中に　いましたか。

…＿＿＿＿＿＿＿＿＿＿＿＿＿＿＿＿＿＿＿＿＿＿＿＿＿＿＿。

4) お土産の　箱の　中身は　白い　煙でした。白い　煙は　何だと　思いますか。

…＿＿＿＿＿＿＿＿＿＿＿＿＿＿＿＿＿＿＿＿＿＿＿＿＿＿＿。

메모하면서 문제를 푸세요.

Lesson

17

목적(~하기 위해서)
용도와 목적을 나타내는 말

○ 중요**단어 파악**하기

健康の　ために　毎朝　走って　います。
건강을 위해서 매일 달리고 있습니다.

電話番号を　調べるのに　時間が
かかりました。
전화번호를 조사하는데 시간이 걸렸습니다.

1

将来　自分の　店を　持つ　ために、
①　　②　　　③　　④　　⑤

①장래에　②자신의　③가게를　④갖기　⑤위해서

貯金して　います。
⑥

⑥저축 하고 있습니다.

2

この　はさみは　花を　切るのに　使います。
①　　②　　　　③　　④　　　⑤

①이　②가위는　③꽃을　④자르는 데　⑤사용합니다.

1 ~(하)기 위해

～ために

「ために」는 목적을 나타내는 형식 중 가장 대표적인 표현입니다. 주의할 점은 「Aために　B」라고 나타냈을 때 A는 의지적인 동작이 되어야 하며 A와 B의 동작주가 같아야 하는 점입니다. 회화체에서는 「ために」의 「に」가 생략되는 경우가 종종 있는데 의미적인 차이는 없습니다. 또한 「ために」는 「風邪を　ひいた　ために　授業を　欠席しました」와 같이 이유를 나타내는 경우에도 사용되는데, 이때에는 「ために」의 전반부가 무의지 동사이거나 「子どもが　熱を　だした　ために　仕事を　休みました」와 같이 「ために」의 전반부와 후반부의 동작주가 일치하지 않습니다.

L17-2

大学に	はいる		一生懸命　勉強します。
会議に	でる	ために、	大阪へ　出張します。
	あんぜんの		シートベルトを　します。
	かぞくの		おいしい　料理を　作ります。

大学 대학
一生懸命 열심히
勉強する 공부하다
出張する 출장가다
安全 안전
シートベルト 안전벨트
家族 가족
料理 요리

대학에 들어가기 위해 열심히 공부합니다. / 회의에 참가하기 위해 오사카에 출장갑니다. / 안전을 위해 안전벨트를 맵니다. / 가족을 위해 맛있는 요리를 만듭니다.

～(の)に

「(の)に」는「使います」「用います」「役立ちます」등 '사용'을 나타내는 동사·형용사로 표현
되는「必要です」「便利です」「有用です」등의 목적을 나타내는 데 사용됩니다. 목적을 나타내는
「(の)に」는 뒤에 오는 동사가「必要です」「不可欠です」등에 한정되기 때문에「～ために」처럼
동사선택이 자유롭지 못하다는 특징이 있습니다.

L17-3

음성을 들으면서
따라하세요.

辞書 사전
漢字 한자
意味 의미
調べる 조사하다, (사전을)찾다
役に立つ 도움이 되다

ファイル(file) 파일
書類 서류
整理する 정리하다
公園 공원
緑 녹색, 녹음, 식물
軽い 가볍다
便利だ 편리하다

この　辞書は 漢字の　意味を	しらべる	の	役に　立ちます。
この　ファイルは 書類を	せいりする		使います。
この　公園は 緑が　多くて、	さんぽ	に	いいです。
この　かばんは 軽くて、	りょこう		便利です。

이 사전은 한자의 의미를 찾는데 도움이 됩니다. / 이 파일은 서류를 정리하는데 씁니다. / 이 공원은 식물이 많아서 산책하기 좋습니다. / 이 가방은 가벼워서 여행에 편리합니다.

3 ~(정도)는

～は

「10人は」「20万円は」와 같이 수량사에 「は」를 붙이면 어떤 수량을 강조하여 평가하거나 화자가 어림잡은 최대·최소 수치를 나타냅니다. 「パーティーの 準備に 10人は 必要です」와 같은 긍정문의 경우 「は」는 최소치(10인)를 강조하여 그 수치를 확실히 넘는 인원이 필요함을 암시합니다. 이에 비해 「パーティーの 準備に 20万円は かからないでしょう」와 같이 부정문의 「は」는 최대로 어림잡아도 20만 엔까지는 들지 않을 것임을 강조하여 최대 비용이 20만 엔을 넘지 않음을 암시하는 표현이 됩니다.

L17-4

	10にん		
パーティーの 準備に	みっか	は	必要です。
	20まんえん		

파티 준비에 10명은 필요합니다. / 파티 준비에 3일은 필요합니다. / 파티 준비에 20만 엔은 필요합니다.

パーティー 파티
準備 준비
必要だ 필요하다

4 ~(씩이)나

～も

「수량사+も」는 대개의 경우 한정의 수치를 강조하여 '생각보다 많다'는 화자의 평가를 나타냅니다. 예를 들어 어떤 파티에 10명의 사람이 참석한 경우 「パーティーに 10人が 来た」라고 하면 단순히 10명의 사람이 파티에 왔다는 사실만을 나타내지만, 「パーティーに 10人も 来ました」라고 하면 파티에 온 사람이 생각보다 꽤 많았다는 화자의 평가를 암시하는 표현이 되는 것입니다. 또한 「수량사 + も」가 「家から 5分も タクシーに 乗れば 駅に 着きます」와 같이 조건절 속에서 사용된 경우에는 '일반적인 수치는 접어두고서라도 (화자의 평가에 따르면) 어림잡아 그 정도 수치가 된다'라는 암시를 나타냅니다.

L17-5

	3しゅうかん		
ビデオを 修理するのに	1かげつ	も	かかりました。
	17,000えん		

비디오를 수리하는데 3주나 걸렸습니다. / 비디오를 수리하는데 1개월이나 걸렸습니다. / 비디오를 수리하는데 17,000 엔이나 들었습니다.

ビデオ 비디오
修理する 수리하다
週間 ~주간
かかる (시간·비용) 이 들다

입에 **착** 붙게 **말하기**

1 다음 보기와 같이 「~ために」 문형을 이용하여 문장을 만들어 보세요. L17-6

> 보기
> 論文を　書きます・資料を　集めて　います
> →論文を　書く　ために、資料を　集めて　います。 논문을 쓰기 위해, 자료를 모으고 있습니다.

스스로 해본 후에 음성을 들으면서 따라하세요.

1) いつか　自分の　店を　持ちます・一生懸命　働いて　います →
2) 友達の　結婚式に　出ます・休みを　取りました →
3) 弁護士に　なります・法律を　勉強する　つもりです →
4) 大学院に　入ります・会社を　やめようと　思って　います →

集める 모으다 │ いつか 언젠가 │ 一生懸命 열심히 │ 弁護士 변호사 │ 法律 법률 │ 大学院 대학원

Answer
1) いつか　自分の　店を　持つ　ために、一生懸命　働いて　います。
2) 友達の　結婚式に　出る　ために、休みを　取りました。
3) 弁護士に　なる　ために、法律を　勉強する　つもりです。
4) 大学院に　入る　ために、会社を　やめようと　思って　います。

2 다음 보기와 같이 「~ために」 문형을 이용하여 문장을 만들어 보세요. L17-7

> 보기
> 引っ越し・車を　借ります
> →引っ越しの　ために、車を　借ります。 이사를 위해, 차를 빌립니다.

스스로 해본 후에 음성을 들으면서 따라하세요.

1) 仕事・毎週　日本語を　習って　います →
2) 国際問題の　研究・アメリカへ　留学します →
3) 日本語の　勉強・電子辞書を　買う　つもりです →
4) 子どもの　教育・たくさん　貯金しなければ　なりません →

引っ越し 이사 │ 研究 연구 │ 電子辞書 전자사전 │ 貯金 저금

Answer
1) 仕事の　ために、毎週　日本語を　習って　います。
2) 国際問題の　研究の　ために、アメリカへ　留学します。
3) 日本語の　勉強の　ために、電子辞書を　買う　つもりです。
4) 子どもの　教育の　ために、たくさん　貯金しなければ　なりません。

셀로판지를 이용하여 말하기 연습을 해 봅시다.

3 다음 보기와 같이 「～ために」 문형을 이용하여 문장을 만들어 보세요. L17-8

> 보기
> 家族・大きい　うちを　建てました
> → 家族の　ために、大きい　うちを　建てました。 가족을 위해 큰 집을 지었습니다.

스스로 해본 후에 음성을 들으면서 따라하세요.

1) 子どもたち・絵本を　かいて　います →
2) 国・一生懸命　働きたいです →
3) 結婚する　二人・みんなで　お祝いを　しましょう →
4) 外国人・駅の　名前は　ローマ字でも　書いて　あります →

建てる (집을) 짓다 ｜ 絵本 그림책 ｜ お祝い 축하

Answer
1) 子どもたちの　ために、絵本を　かいて　います。　　2) 国の　ために、一生懸命　働きたいです。
3) 結婚する　二人の　ために、みんなで　お祝いを　しましょう。　4) 外国人の　ために、駅の　名前は　ローマ字でも　書いて　あります。

4 괄호 안의 문장을 활용하여 다음 보기와 같이 질문에 답하세요. L17-9

> 보기
> どうして　人が　大勢　並んで　いるんですか。（コンサートの　チケットを　買います）
> 왜 사람이 많이 줄 서 있는 건가요?(콘서트 티켓을 삽니다)
> → コンサートの　チケットを　買う　ために、並んで　いるんです。
> 콘서트 티켓을 사기 위해, 줄 서 있는 거예요.

스스로 해본 후에 음성을 들으면서 따라하세요.

1) なぜ　日本の　歴史を　研究して　いるんですか。
　　（日本と　アジアの　関係を　知ります）→
2) 何の　ために　お金を　集めて　いるんですか。（新しい　学校を　作ります）→
3) 将来　どんな　仕事を　したいですか。（世界の　平和・国連の　仕事）→
4) この　歌は　だれが　作りましたか。（戦争で　死んだ　人・ポーランドの　音楽家）→

大勢 많은 사람 ｜ 歴史 역사 ｜ 関係 관계 ｜ 平和 평화 ｜ 国連 (国際連合의 준말) 국제연합 ｜ 戦争 전쟁 ｜ ポーランド (Poland) 폴란드

Answer
1) 日本と　アジアの　関係を　知る　ために、研究して　いるんです。
2) 新しい　学校を　作る　ために、集めて　いるんです。
3) 世界の　平和の　ために、国連の　仕事を　したいです。
4) 戦争で　死んだ　人の　ために、ポーランドの　音楽家が　作りました。

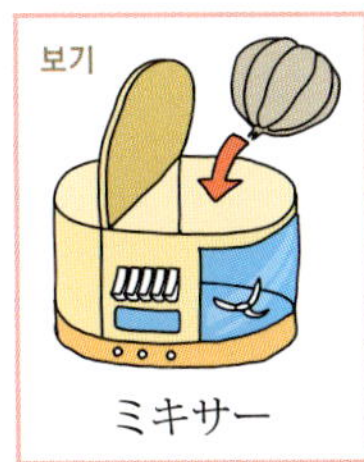
보기
ミキサー

1
やかん

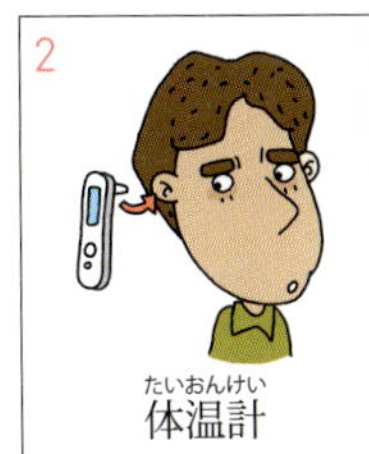
2
体温計（たいおんけい）

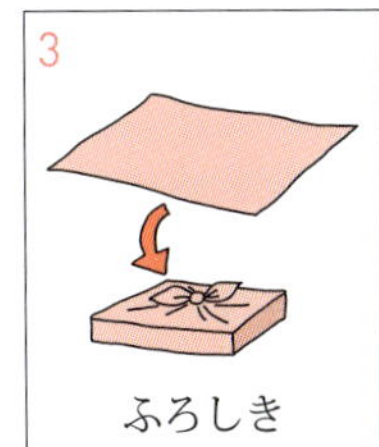
3
ふろしき

4
そろばん

보기 材料（ざいりょう）を　混（ま）ぜます

→ これは　ミキサーです。材料（ざいりょう）を　混（ま）ぜるのに　使（つか）います。
이것은 믹서기입니다. 요리를 섞는 데 사용합니다.

스스로 해본 후에 음성을 들으면서 따라하세요.

1) お湯（ゆ）を　沸（わ）かします →

2) 熱（ねつ）を　測（はか）ります →

3) 物（もの）を　包（つつ）みます →

4) 計算（けいさん）します →

ミキサー 믹서기 | やかん 주전자 | ふろしき 보자기 | そろばん 주판 | 混（ま）ぜる 섞다, 혼합하다 | 沸（わ）かす 끓이다, 데우다 | 測（はか）る 재다 |
包（つつ）む 싸다 | 計算（けいさん） 계산

Answer
1) これは　やかんです。お湯（ゆ）を　沸（わ）かすのに　使（つか）います。

2) これは　体温計（たいおんけい）です。熱（ねつ）を　測（はか）るのに　使（つか）います。

3) これは　ふろしきです。物（もの）を　包（つつ）むのに　使（つか）います。

4) これは　そろばんです。計算（けいさん）するのに　使（つか）います。

셀로판지를 이용하여 말하기 연습을 해 봅시다.

6 다음 보기와 같이 「～のに」 문형을 이용하여 문장을 만들어 보세요. L17-11

> 보기
> 1) ここは　駅から　遠いですね。（会社に　通います・不便です）
> 여기는 역에서 멀군요.(회사에 다닙니다 · 불편합니다)
> →ええ。会社に　通うのに　不便です。　네. 회사에 다니는데 불편합니다.
> 2) 大きい　スーパーが　できましたね。（買い物・便利です）　큰 슈퍼마켓이 생겼군요.(쇼핑 · 편합니다)
> →ええ。買い物に　便利です。　네, 쇼핑하는데 편합니다.

스스로 해본 후에 음성을 들으면서 따라하세요.

1) ここは　緑が　多くて、静かですね。（子どもを　育てます・いいです）→

2) ずいぶん　厚い　辞書ですね。（ことばの　使い方を　知ります・役に　立ちます）→

3) かわいい　人形ですね。（お土産・ちょうど　いいです）→

4) この　コートは　薄くて、軽いですね。（旅行・便利です）→

不便だ 불편하다 ｜緑 녹색, 초록 ｜厚い 두껍다 ｜使い方 사용방법 ｜役に　立つ 도움이 되다 ｜薄い 얇다

Answer　1) ええ。子どもを　育てるのに　いいです。　2) ええ。ことばの　使い方を　知るのに　役に　立ちます。
3) ええ。お土産に　ちょうど　いいです。　4) ええ。旅行に　便利です。

7 주어진 문장으로 다음 보기와 같이 말해 보세요. L17-12

> 보기
> この　車を　修理します・2週間　かかります
> A：この　車を　修理するのに、2週間は　かかります。　이 차를 수리하는데 2주일은 걸립니다.
> B：2週間も　かかるんですか。　2주일이나 걸립니까?

스스로 해본 후에 음성을 들으면서 따라하세요.

1) うちを　建てます・4,000万円　必要です →

2) 漢字を　2,000　覚えます・3年　かかります →

3) 東京で　一人で　生活します・月に　20万円　要ります →

4) いちばん　大きい　ピラミッドを　造ります・石が　270万個　使われました →

ピラミッド 피라미드 ｜造る 만들다

Answer　1) うちを　建てるのに、4,000万円は　必要です。 …4,000万円も　必要なんですか。
2) 漢字を　2000　覚えるのに、3年は　かかります。 …3年も　かかるんですか。
3) 東京で　一人で　生活するのに、月に　20万円は　要ります。 …20万円も　要るんですか。
4) いちばん　大きい　ピラミッドを　造るのに、石が　270万個は　使われました。 …270万個も　使われたんですか。

회화랑 친해지기

회화 1

● 일본에 온 목적 말하기

A　日本へ　来た　目的は　何ですか。　　일본에 온 목적은 뭐지요?

B　大学で　経済を　勉強する　ために、　대학에서 경제를 공부하기 위해

来ました。　　　　　　　　　　　　왔습니다.

A　そうですか。頑張って　ください。　그래요? 힘내세요.

1) 漫画文化を　研究します　　2) 日本の　社会に　ついて　論文を　書きます

目的 목적 ｜ 経済 경제 ｜ 漫画 만화 ｜ 論文 논문

1) 만화문화를 연구합니다　　2) 일본 사회에 대해 논문을 씁니다

회화 2

● 용도에 맞는 물건 찾기

A　あのう、① 缶詰を　開ける　のに　使う　저, 통조림을 열기 위해 사용하는

物が　欲しいんですが……。　　　　물건이 필요합니다만….

B　ああ、② 缶切り　ですね。　　　　아~ , 깡통따개 말이군요.

あの　棚に　ありますよ。　　　　　저 선반에 있어요.

A　どうも。　　　　　　　　　　　感사합니다.

1) ① 瓶の　ふたを　開けます　② 栓抜き　2) ① お湯を　沸かします　② やかん

缶詰 통조림 ｜ 缶切り 깡통따개 ｜ 栓抜き 병따개 ｜ 沸かす 끓이다, 데우다 ｜ やかん 주전자

1) ① 병 뚜껑을 엽니다　② 병따개　　2) ① 뜨거운 물을 끓입니다　② 주전자

L17-15

회화 3

● 용도 말하기

A　この　間　① パソコン　を　買ったんです。　　　요전에 컴퓨터를 샀어요.

B　わたしも　買いたいと　思って　いるんですが、　　나도 사고 싶다고 생각하고 있는데,

　　どうですか。　　　　　　　　　　　　　　　　어떤가요?

A　② データの　整理に　とても　　　　　　　　데이터 정리가 굉장히

　　③ 便利です　よ。　　　　　　　　　　　　　편리해요.

B　それは　いいですね。わたしも　一度　見に　　그거 좋네요. 저도 한번 보러

　　行きます。　　　　　　　　　　　　　　　　갈게요.

1) ① 電子辞書　② 日本語の　勉強　③ 役に　立ちます
2) ① 小さい　ビデオカメラ　② 旅行や　パーティー　③ 便利です

整理 정리

1) ① 전자사전 ② 일본어 공부 ③ 도움이 됩니다　　2) ① 작은 비디오카메라 ② 여행이나 파티 ③ 편리합니다

셀로판지를 이용하여 회화 연습을 해 봅시다.

ボーナスは　何に　使いますか
なん　　つか

보너스는 무엇에 사용합니까?

L17-16

스즈키 씨와 하야시 씨, 오가와 씨가 보너스를 어디에 쓸 것인지 서로 묻고 있습니다. 대화의 내용이 길고 어려운 단어가 많이 등장하므로 회화의 자연스러운 억양을 생각하여 대화하듯 연습해 보세요.

鈴木（すずき）　林さん、ボーナスは　いつ　出るんですか。

林（はやし）　来週です。鈴木さんの　会社は？

鈴木　あしたです。楽しみですね。まず　車の　ローンを　払って、ゴルフセットを　買って、それから　旅行に　行って……。

小川（おがわ）　貯金は　しないんですか。

鈴木　貯金ですか。僕は　あまり　考えた　こと、ありませんね。

林　わたしは　ロンドンへ　旅行に　行ったら、あとは　貯金します。

鈴木　結婚の　ために、貯金するんですか。

林　いいえ。いつか　イギリスへ　留学しようと　思って　いるんです。

小川　へえ、独身の　人は　いいですね。全部　自分の　ために　使えて。わたしは　うちの　ローンを　払って、子どもの　教育の　ために、貯金したら、ほとんど　残りませんよ。

ボーナス (bonus) 보너스

楽(たの)しみ 즐거움, 기대

ローンを　払(はら)う 대출금을 갚다

ゴルフセット 골프세트

それから 그리고나서

貯金(ちょきん)する 저금하다

ロンドン (London) 런던

結婚(けっこん) 결혼

イギリス 영국

留学(りゅうがく)する 유학하다

独身(どくしん) 독신

全部(ぜんぶ) 전부

自分(じぶん) 자기, 자신

教育(きょういく) 교육

ほとんど 거의

残(のこ)る 남다

스즈키 　: 하야시 씨, 보너스는 언제 나오나요?
하야시 　: 다음 주입니다. 스즈키 씨네 회사는요?
스즈키 　: 내일이에요. 기대되네요. 우선 자동차 할부금을 내고, 골프세
　　　　　트를 사고, 그리고나서 여행을 가고….
오가와 　: 저금은 안 하나요?
스즈키 　: 저금이요? 저는 그다지 생각해 본 적 없어요.
하야시 　: 저는 런던에 여행가고 나면 나머지는 저금할 거예요.
스즈키 　: 결혼을 위해 저금하는 건가요?
하야시 　: 아니요. 언제가 영국에 유학하려고 생각하고 있거든요.
오가와 　: 호오-. 독신인 사람은 좋겠네요. 전부 자기를 위해서 쓸 수 있
　　　　　고. 저는 집 대출금을 지불하고, 아이들 교육을 위해 저금하
　　　　　면, 거의 남지 않거든요.

★ **일본의 철도역 도시락(駅弁)**

　일본의 철도역에서 판매하는 도시락인 에키벤은, 특히 그중에서도 해당 노선
및 지역 특유의 도시락을 말하는데 에키우리벤토(駅売り弁当=역에서 파는
도시락)의 줄임말입니다. 일본의 에키벤은 매우 다양한데 그 지역을 대표하는
특산품 등을 이용하여 만들기 때문에 맛있는 에키벤은 단순히 허기를 때우기
위해 먹는 도시락이 아니라 지역을 알리는 유용한 홍보 수단이 되기도 하죠. 실
제로 유명한 에키벤은 철도 이용객 외에 타지역에서 인터넷 등으로 주문을 받아
판매하기도 한다니 그 인기를 알만하네요. 그리고 매년마다 에키벤 경연대회도
열리고 있다고 합니다. 혼사서 혹은 연인, 가족과 함께 기차 여행을 즐기는
사람들도 많을 텐데 이러한 다양한 에키벤도 여행의 재미라고 할 수 있겠네요.

① **～んです。** ~ 입니다.

「~んです」는 '입니다'라는 뜻입니다. 「~です」와는 달리, 보통 자신의 상태나 심경, 처한 상황 등을 설명할 때 사용됩니다. 상대에게 자신의 처지를 알아달라는 뉘앙스로, 자신의 상황을 특별히 설명하고 싶을 때 사용됩니다.

> 예 今日は　お金が　ないので　行けないんです。
> 오늘은 돈이 없어서 갈 수 없어요.

② **～んですか。** ~ 입니까?

「~んですか」는 '입니까?'라는 뜻입니다. 「~ですか」와는 달리, 보통 어떠한 전제가 되는 상황이 있어, 그 상황에 흥미를 느끼거나 알고 싶거나 물어볼 때 씁니다.

> 예 昨日は　なぜ　学校に　来なかったんですか。
> 어제는 왜 학교에 오지 않았습니까?

③ **楽しみですね。** 기대 되네요.

「楽しみ」는 '즐거움', '낙' 이라는 의미입니다. 「人生の楽しみ (인생의 즐거움)」처럼, 본래의 의미 그대로 사용되는 경우도 있습니다만, 보통 회화체에서는 아직 다가오지 않은 미래의 즐거움, 즉 '기대' 라는 뜻으로 「楽しみですね (기대 되네요)」의 의미로 자주 사용됩니다.

④ **いつか** 언젠가

「いつか」는 '언젠가' 라는 표현입니다. 미래의 사건을 서술하는 문장에 쓰여, 정확히 언제라고 특정할 수 없는 미래의 어느 시점을 나타냅니다.

> 예 いつかは　きっと、　また　会えると　思います。
> 언젠가는 꼭, 다시 만날 수 있으리라 생각합니다.

도전 듣기 · 쓰기

①
L17-17

다음 질문을 듣고 자신의 상황에 비추어 자유롭게 답하세요.

1) ____

2) ____

3) ____

4) ____

5) ____

②
L17-18

다음 대화를 듣고 제시문에 맞으면 ○, 틀리면 ×표를 하세요.

1) (　　)　　　　2) (　　)　　　　3) (　　)　　　　4) (　　)　　　　5) (　　)

③

다음 보기와 같이 알맞은 단어를 골라 올바른 형태로 써 넣으세요.

> 보기
> 1) うちを （建てる） ために、貯金して います。　집을 짓기 위해 저금하고 있습니다.
>
> 2) （健康の） ために、毎晩 早く 寝るように して います。
> 건강을 위해서 매일 밤 일찍 자도록 하고 있습니다.

健康	平和	家族	建てます	なります	覚えます

1) 漢字を （　　　　　） ために、本を たくさん 読みます。

2) 音楽家に （　　　　　） ために、ドイツへ 留学します。

3) 世界の （　　　　　） ために、いろいろな 会議が 行われて います。

4) 父は （　　　　　） ために、40年も 働きました。

4 다음 보기와 같이 그림을 보고 물건들의 용도에 대해 말해 보세요.

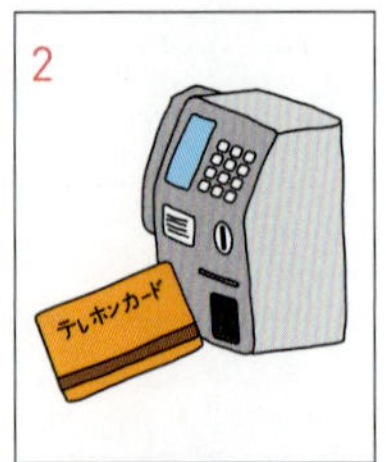

보기　瓶の　ふたを　開けます

　　→ 栓抜きは　瓶の　ふたを　開けるのに　使います。 병따개는 병뚜껑을 여는데 사용합니다.

1) 電車の　時間を　調べます

　→ ____ 。

2) 電話を　かけます

　→ ____ 。

3) 資料を　入れます

　→ ____ 。

4) お湯を　沸かします

　→ ____ 。

5 다음 보기와 같이 알맞은 단어를 골라 올바른 형태로 써 넣으세요.

> 보기 パソコンは　（仕事に）　必要です。　컴퓨터는 일에 필요합니다.

旅行	整理	仕事	勉強	料理

1) テープレコーダーは　外国語の　（　　　　　　　）　役に　立ちます。

2) この　ワインは　（　　　　　　　）　使います。

3) この　箱は　書類の　（　　　　　　　）　いいです。

4) 小さい　傘は　（　　　　　　）　便利です。

6 다음 보기와 같이 문장을 완성하는데 알맞은 쪽에 ○표를 하세요.

> 보기 あしたまでに　届く（　ように　、ために）、速達で　出して　ください。
> 내일까지 도착하도록 속달로 보내 주세요.

1) 引っ越しの　荷物を　運ぶ　（ように、ために）、大きい　車を　借りました。

2) 電話番号を　忘れない　（ように、ために）、メモして　おいて　ください。

3) 5時に　帰れる　（ように、ために）、急いで　仕事を　します。

4) 冬休みに　スキーに　行く　（ように、ために）、アルバイトを　して　います。

7 다음 본문을 읽고 내용에 맞으면 ○, 틀리면 ×표를 하세요.

カップラーメンの 話

　インスタントラーメンは　なべで　作って、どんぶりに　入れて　食べる　物でした。食品会社の　社長の　安藤さんは　ある　とき　インスタントラーメンを　世界中に　輸出したいと　思いました。その　調査の　ために、アメリカへ　行った　とき、一人の　アメリカ人を　見ました。彼は　ラーメンを　コーヒーカップに　入れて、フォークで　食べて　いました。また　自動販売機では　紙コップが　使われて　いました。安藤さんは　どんぶりの　代わりに　軽くて、捨てられる　カップを　使おうと　考えました。そして　カップラーメンが　生まれました。

　お湯が　あれば、どこででも　作れるし、すぐ　食べられるし、忙しい　人が　食べるのに　とても　便利です。カップラーメンは　アメリカの　スーパーでも　売られるように　なりました。今では　世界中で　食べられて　います。

1) (　　　) 安藤さんは　カップラーメンを　輸出する　ために、アメリカへ　行きました。

2) (　　　) カップラーメンは　ある　アメリカ人が　考えて　作りました。

3) (　　　) カップラーメンは　なべが　なくても、作れます。

4) (　　　) カップラーメンは　食べたら、カップを　捨てます。

메모하면서 문제를 푸세요.

Lesson

18

~인 것 같습니다
(양태의 そうだ)
~(하)고 옵니다

○ 중요**단어** 파악하기

もうすぐ　桜が　咲きそうです。
이제 곧 벚꽃이 필 것 같습니다.

ちょっと　手紙を　出して　来ます。
잠시 편지를 부치고 오겠습니다.

1 今_{いま}にも 雨_{あめ}が 降_ふりそうです。
　① ② ③
①금방이라도　②비가　③올 것 같습니다.

2 ちょっと 切符_{きっぷ}を 買_かって 来_きます。
　① ② ③
①잠시　②표를　③사 오겠습니다.

1 ~(일) 것 같습니다

동사의 ます형 + そうです〈양태〉

「そうです」는 우리말로 '~(일) 것 같습니다'라는 의미입니다. 아래 예문에서와 같이 움직임이나 변화를 나타내는 동사에 붙으면 그와 같은 동작이나 변화가 곧 일어날 것이라는 징조 또는 가능성을 나타냅니다. 「そうです」는 「今にも 泣き出しそうな 顔(금세라도 울음을 터트릴 듯한 얼굴)」과 같이 「そうな」의 형태를 취하여 뒤에 오는 명사를 수식하거나, 「彼は 何でも おいしそうに 食べます(그는 뭐든지 맛있게 먹습니다)」와 같이 「そうに」의 형태를 취하여 뒤에 오는 동사를 수식할 수 있습니다. 단, 주의해야 할 점은 화자의 의지를 나타내는 동작에는 「そうです」를 붙일 수 없다는 점입니다.

L18-2

今にも 금세라도, 당장에라도
火 불
消える 꺼지다
荷物 짐
落ちる 떨어지다
暑い 덥다
輸出 수출

今にも 火が	きえ	
荷物が	おち	そうです。
あしたは 暑く	なり	
ことしは 輸出が	へり	

금세라도 불이 꺼질 것 같습니다. / 짐이 떨어질 것 같습니다. / 내일은 더워질 것 같습니다. / 올해는 수출이 줄어들 것 같습니다.

~(일) 것 같습니다

형용사 + そうです 〈양태〉

앞에서 배운 「そうです」를 い・な형용사에 붙이면 어떤 대상의 외견으로부터 그 성질을 추측하여 '~(일) 것 같다'라고 서술하는 표현이 됩니다. 「いい」의 경우 「よさそうです」로 활용한다는 점을 주의합시다. 또한 「きれいです」「背が 高いです」와 같이 한 눈에 보아 알 수 있는 명백한 성질을 나타내는 것과 명사에는 「そうです」를 붙일 수 없습니다.

L18-3

음성을 들으면서 따라하세요.

この 料理は	まず	
彼女は 頭が	よさ	そうです。
この 机は	じょうぶ	

이 요리는 맛없을 것 같습니다. / 그녀는 머리가 좋을 것 같습니다. / 이 책상은 튼튼할 것 같습니다.

料理 요리
まずい 맛없다
頭が いい 머리가 좋다
机 책상
丈夫だ 튼튼하다, 견고하다

3

~(하)고 오겠습니다

～て 来ます

이 표현은 '어떤 곳에 가서 어떤 동작을 하고 돌아온다'라는 의미를 나타냅니다. 동작을 하는 장소는 보통 「スーパーで ジュースを 買って 来ます」와 같이 조사 「で」를 붙이지만, 「台所から コップを 持って 来ます」와 같이 「장소 から」를 붙이기도 합니다.

L18-4

음성을 들으면서 따라하세요.

	たばこを	かって	
ちょっと	電話を	かけて	来ます。
		しょくじして	

ちょっと 잠깐, 좀
たばこ 담배
電話を かける 전화를 걸다
食事する 식사하다

잠시 담배를 사 오겠습니다. / 잠시 전화를 걸고 오겠습니다. / 잠시 식사하고 오겠습니다.

입에 착 붙게 말하기

셀로판지를 이용하여 말하기 연습을 해 봅시다.

① 당장 어떤 일이 일어날 것 같은 그림이군요. 다음 보기와 같이 「そうです」의 문형을 활용하여 말해 보세요. L18-5

보기	1	2	3	4

> 보기 　荷物（にもつ）が　落（お）ちそうです。 짐이 떨어질 것 같습니다.

1) 　　　　　　　　　　　　　　2)

3) 　　　　　　　　　　　　　　4)

ボタン 단추 ｜ 紐（ひも） 끈 ｜ 倒（たお）れる 쓰러지다

Answer
1) ボタンが　取れそうです。
2) かばんの　紐が　切れそうです。
3) 火が　消えそうです。
4) 木が　倒れそうです。

② 다음 보기와 같이 「そうです」 문형을 이용하여 문장을 만들어 보세요. L18-6

> 보기 　袋（ふくろ）が　破（やぶ）れます・新（あたら）しいのを　ください
> → 袋（ふくろ）が　破（やぶ）れそうですから、新（あたら）しいのを　ください。 봉지가 찢어질 것 같으니까 새것을 주세요.

1) いすが　壊（こわ）れます・修理（しゅうり）して　いただけませんか →

2) ガソリンが　なくなります・入れて　おいて　ください →

3) 雨（あめ）が　降（ふ）ります・傘（かさ）を　持（も）って　行（い）きましょう →

4) 子（こ）どもが　生（う）まれます・すぐ　タクシーを　呼（よ）んで　ください →

破（やぶ）れる 찢어지다, 부서지다 ｜ 壊（こわ）れる 부서지다, 고장나다 ｜ 修理（しゅうり） 수리 ｜ ガソリン（gasoline） 가솔린, 휘발유

Answer
1) いすが　壊れそうですから、修理して　いただけませんか。
2) ガソリンが　なくなりそうですから、入れて　おいて　ください。
3) 雨が　降りそうですから、傘を　持って　行きましょう。
4) 子どもが　生まれそうですから、すぐ　タクシーを　呼んで　ください。

③ 다음 보기와 같이 제시된 문장을 추측의 문장으로 바꾸어 보세요. 🎧 L18-7

> **보기** きょうは　暑く　なります → きょうは　暑く　なりそうです。 오늘은 더워질 것 같습니다.

1) ことしは　去年より　早く　桜が　咲きます →

2) これからも　結婚しない　人が　増えます →

3) ことしの　夏は　1週間ぐらい　休みが　取れます →

4) ことしは　米の　値段が　上がります →

咲く　(꽃이)피다 | 増える 늘다 | 値段が　上がる 가격이 오르다

Answer
　1) ことしは　去年より　早く　桜が　咲きそうです。
　2) これからも　結婚しない　人が　増えそうです。
　3) ことしの　夏は　1週間ぐらい　休みが　取れそうです。
　4) ことしは　米の　値段が　上がりそうです。

④ 어떤 원인을 근거로 추측하는 문형을 연습합시다. 다음 보기와 같이 한 문장으로 완성하세요. 🎧 L18-8

> **보기** 道が　込んで　います・駅まで　2時間ぐらい　かかります
> → 道が　込んで　いるので、駅まで　2時間ぐらい　かかりそうです。
> 길이 막혀서, 역까지 2시간 정도 걸릴 것 같습니다.

1) みんな　あまり　食べません・料理が　残ります →

2) この　服は　色も　デザインも　いいです・売れます →

3) 西の　空が　明るく　なりました・もうすぐ　雨が　やみます →

4) 資料が　たくさん　あります・いい　レポートが　書けます →

道が　込む 길이 막히다 | 残る 남다 | 雨が　やむ 비가 그치다

Answer
　1) みんな　あまり　食べないので、料理が　残りそうです。
　2) この　服は　色も　デザインも　いいので、売れそうです。
　3) 西の　空が　明るく　なったので、もうすぐ　雨が　やみそうです。
　4) 資料が　たくさん　あるので、いい　レポートが　書けそうです。

셀로판지를 이용하여 말하기 연습을 해 봅시다.

5 다음 보기와 같이 상대방에 대해서 추측하고 자청하는 표현을 말해 보세요. L18-9

보기 忙しいです・手伝います → 忙しそうですね。手伝いましょうか。 바쁜 것 같네요. 도와줄까요?

스스로 해본 후에
음성을 들으면서
따라하세요.

1) 暑いです・窓を 開けます →

2) 気分が 悪いです・ちょっと 車を 止めます →

3) その かばんは 重いです・持ちます →

4) 寒いです・暖房を つけます →

手伝う 도와주다, 거들다 | 止める 멈추다 | 暖房 난방

Answer
1) 暑そうですね。窓を 開けましょうか。　　2) 気分が 悪そうですね。ちょっと 車を 止めましょうか。
3) その かばんは 重そうですね。持ちましょうか。　　4) 寒そうですね。暖房を つけましょうか。

6 다음 보기와 같이 그림을 보고 원인과 추측의 표현을 말해 보세요. L18-10

  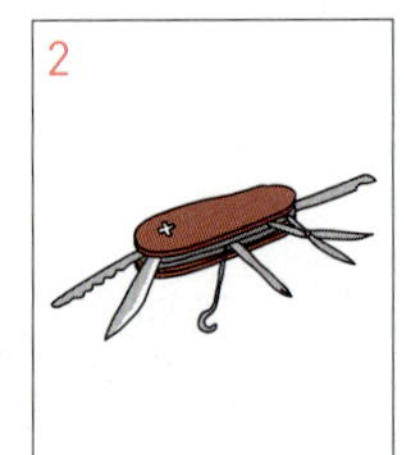  

보기 この 本は 難しい ことばが 多いです
→この 本は 難しい ことばが 多くて、つまらなそうです。

이 책은 어려운 말이 많아서 재미없을 것 같습니다.

스스로 해본 후에
음성을 들으면서
따라하세요.

1) 鈴木さんは 仕事が ありません →

2) この ナイフは はさみも ついて います →

3) 彼は 友達が いません →

4) 鈴木さんは 手紙を もらいました →

はさみ 가위 | 退屈だ 심심하다, 따분하다

Answer
1) 鈴木さんは 仕事が なくて、退屈そうです。　　2) この ナイフは はさみも ついて いて、便利そうです。
3) 彼は 友達が いなくて、寂しそうです。　　4) 鈴木さんは 手紙を もらって、うれしそうです。

⑦ 다음 보기와 같이 「～て　来ます」 문형을 이용하여 문장을 만들어 보세요. 🎧 L18-11

> **보기**
> 電話を　かけます
> →ちょっと　電話を　かけて　来ますから、ここで　待って　いて　ください。
> 잠깐 전화를 걸고 올 테니까, 여기서 기다려 주세요.

1) バスの　時間を　見ます →

2) 道を　聞きます →

3) ジュースを　買います →

4) 車を　駐車場に　止めます →

駐車場 주차장

Answer
1) ちょっと　バスの　時間を　見て　来ますから、ここで　待って　いて　ください。
2) ちょっと　道を　聞いて　来ますから、ここで　待って　いて　ください。
3) ちょっと　ジュースを　買って　来ますから、ここで　待って　いて　ください。
4) ちょっと　車を　駐車場に　止めて　来ますから、ここで　待って　いて　ください。

⑧ 다음 보기와 같이 「～て　来ます」 문형을 이용하여 문장을 만들어 보세요. 🎧 L18-12

> **보기**
> どう　したんですか。（教室に　時計を　忘れました・ちょっと　取ります）왜 그래요?
> →教室に　時計を　忘れたので、ちょっと　取って　来ます。
> 교실에 시계를 두고 와서, 잠깐 가지러 갈게요.

1) どう　したんですか。（変な　音が　聞こえました・ちょっと　見ます）→

2) どこへ　行くんですか。（用事が　あります・ちょっと　出かけます）→

3) 説明書を　いただけませんか。（1枚しか　ありません・ちょっと　コピーします）→

4) 出かけるんですか。（ええ。友達が　来ます・迎えに　行きます）→

用事 볼 일 │ コピーする (copy) 복사하다 │ 迎える 마중하다

Answer
1) 変な　音が　聞こえたので、ちょっと　見て　来ます。
2) 用事が　あるので、ちょっと　出かけて　来ます。
3) 1枚しか　ないので、ちょっと　コピーして　来ます。
4) ええ。友達が　来るので、迎えに　行って　来ます。

회화랑 친해지기

회화 1

● 예측하기

A ミラーさん、いっしょに　帰りませんか。　　밀러 씨, 함께 돌아가지 않을래요?

B まだ　少し　仕事が　あるんです。　　아직 조금 일이 있어요.

A ① あと　何分ぐらいで　② 終わり　　앞으로 몇 분 정도에 끝날 것

そうですか。　　같아요?

B ③ 15分ぐらいで　② 終わると　思います。　15분 정도면 끝날 것 같아요.

A そうですか。じゃ　待って　います。　　그래요? 그럼 기다리고 있을게요.

1) ① あと　どのくらい　② かかります　③ 20分ぐらい
2) ① 何時ごろ　② 帰れます　③ もうすぐ

1) ① 앞으로 어느 정도 ② 걸립니다 ③ 20분 정도　　2) ① 몇 시쯤 ② 돌아갈 수 있습니다 ③ 곧

회화 2

● 외견을 보고 추측하기

A ① うれし　そうですね。何か　いい　ことが　　기뻐 보이네요. 뭔가 좋은 일이

あったんですか。　　있었나요?

B ええ。実は　② きのう　子どもが　　네. 실은 어제 아이가

生まれた んです。　　태어났거든요.

A そうですか。それは　③ おめでとう　　그래요? 그건 축하합니다.

ございます。

1) ① 楽しいです　② あしたから　海外旅行に　行きます　③ 楽しみですね
2) ① 幸せです　② 来月　結婚します　③ おめでとう　ございます

1) ① 즐겁습니다 ② 내일부터 해외여행에 갑니다 ③ 기대되겠네요　　2) ① 행복합니다 ② 다음 달에 결혼합니다 ③ 축하합니다

L18-15

회화 3

● 우체국에 다녀오기

A ちょっと　郵便局へ　行って　来ます。 잠시 우체국에 다녀오겠습니다.

B じゃ、この　荷物を　取って　来て 그럼, 이 짐을 받아와 주시지

いただけませんか。 않겠습니까?

A いいですよ。 좋아요.

1）はがきを　5枚　買います　　2）この　手紙を　出します

1) 엽서를 5장 삽니다　　2) 이 편지를 보냅니다

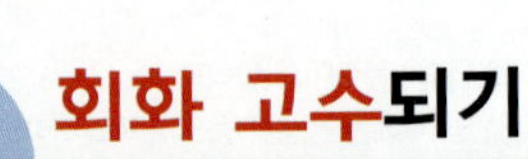

優しそうですね

やさ

상냥한 것 같군요

L18-16

슈미트 씨와 와타나베 씨가 맞선 사진을 보며 이야기를 나누고 있습니다. 컴퓨터로 맞선 상대를 골라주는 회사가 있다는 것을 처음 알게 된 슈미트 씨가 매우 관심을 보이고 있네요. 연령, 희망, 수입 등 우리말과 발음이 비슷한 한자합성어가 많이 등장합니다.

シュミット 　それ、何の　写真ですか。

渡辺 　お見合い写真です。

　　お見合いの　会社から　もらって　来たんです。

シュミット 　お見合いの　会社が　あるんですか。

渡辺 　ええ。会員に　なると、自分の　情報や　希望が　コンピューターに　入れられるんです。

　　そして、コンピューターが　適当な　人を　選んで　くれるんですよ。

シュミット 　へえ、おもしろそうですね。

渡辺 　この　人、どう　思いますか。

シュミット 　ハンサムだし、優しそうだし、すてきな　人ですね。

渡辺 　ええ。年齢も、収入も、趣味も　わたしの　希望に　ぴったりなんです。　そのうえ　名前も　同じなんですよ。

　　渡辺さんと　いうんです。

シュミット 　へえ、コンピューターは　すごいですね。

優(やさ)しそうだ 다정할 것 같다

写真(しゃしん) 사진

お見合(みあ)い 맞선

会社(かいしゃ) 회사

会員(かいいん) 회원

自分(じぶん) 자기, 자신

情報(じょうほう) 정보

希望(きぼう) 희망

コンピューター 컴퓨터

入(い)れられる 넣을 수 있다

適当(てきとう)だ 적당하다

選(えら)ぶ 고르다

おもしろそうだ 재미있을 것 같다

ハンサム(handsome) 핸섬, 미남

すてきだ 매우 근사하다, 아주 멋지다

年齢(ねんれい) 연령

収入(しゅうにゅう) 수입

趣味(しゅみ) 취미

ぴったりだ 꼭 맞다, 딱 맞다

そのうえ 게다가, 또한

名前(なまえ) 이름

同(おな)じだ 같다

슈미트	: 그거, 무슨 사진인가요?
와타나베	: 맞선 사진이에요. 맞선 회사에서 받아 온 거예요.
슈미트	: 맞선 회사가 있어요?
와타나베	: 네, 회원이 되면 자기의 정보나 희망을 컴퓨터에 넣을 수 있어요. 그리고 컴퓨터가 적당한 사람을 골라줘요.
슈미트	: 와, 재미있을 것 같네요.
와타나베	: 이 사람, 어떻게 생각하세요?
슈미트	: 잘생겼고, 다정해 보이고, 아주 멋진 사람이네요.
와타나베	: 네, 연령도 수입도 취미도, 저의 희망에 딱 맞아요. 게다가 이름도 같아요. 와타나베 씨래요.
슈미트	: 와, 컴퓨터는 굉장하군요.

① **お見合い** 맞선

「お見合い」는 '맞선'이라는 뜻으로, '맞선을 보다'는 「お見合いする」라고 합니다. 또한 맞선을 통해 하는 '중매결혼'은 「お見合い結婚」이라고 합니다. 결혼을 전제로 하는 맞선이 아닌 주로 대학생들이 하는 '미팅'을 일본어로는 「合コン」이라고 하는데, 이 단어는 원래 영어의 'company'를 가타카나로 새롭게 만든 「コンパ」라는 용어에서 온 것입니다.

② **どう 思いますか。** 어떻게 생각하십니까?

「どう 思いますか」는 '어떻게 생각하십니까?'라는 뜻으로 상대방의 의향을 물을 때 자주 사용되는 표현입니다. 특정한 화제를 들어 상대방의 의향을 물을 때에는 「～に ついて どう 思いますか(～에 대해 어떻게 생각하십니까?)」와 같이 말합니다. 단도직입적으로 의견을 묻기가 어려운 손윗사람의 경우에는 부드러운 어감으로 에둘러 표현하여 「～に ついて どう 思われますか」와 같이 표현하는 것이 바람직합니다.

③ **～に ぴったりだ** ～에 딱 들어맞다

「ぴったり」는 '딱 들어맞다'라는 단어로 '～에 안성맞춤이군요'라는 표현을 일본어로는 「～に ぴったりですね」라고 합니다. 비슷한 표현으로 「ちょうど いい」라는 말이 있는데 이 표현은 더도 말고 덜도 말고 정말 지금 이대로가 딱 좋아서 맘에 쏙 드는 느낌을 나타낼 때 사용합니다. 「ぴったり」와 다른 점이 있다면 「ちょうど いい」는 정도를 나타내는 어감이 강하고 「ぴったり」는 정도를 나타내는 말이라기보다는 '희망하는 어떤 상태와 가장 유사하다, 근접하다'라는 어감이 강하다는 점입니다.

④ **同じだ** 같다, 동등하다

「同じだ」는 '같다'라는 의미의 형용사입니다. 이 형용사는 불규칙활용을 하기 때문에 혼란을 겪는 경우가 많습니다. 형태는 な형용사와 같지만 명사를 수식할 때 어미인 「だ」가 「な」로 변하지 않고 탈락하기 때문에 '같은 학교'라는 말은 「同じな 学校」가 아니라 「同じ 学校」라고 해야 합니다. 또한 '그와 나는 동등하게 학생이다'와 같이 말할 때에는 「彼と わたしは 同じく 学生だ」라고 한답니다.

도전 듣기 · 쓰기

1 다음 질문을 듣고 자신의 상황에 비추어 자유롭게 답하세요.

L18-17

1) ____

2) ____

3) ____

2 대화를 듣고 제시문에 맞으면 〇, 틀리면 ✕표를 하세요.

L18-18

1) (　　) 　　　2) (　　) 　　　3) (　　) 　　　4) (　　) 　　　5) (　　)

3 다음 보기와 같이 문장의 접속에 유의하여 빈칸에 알맞은 단어를 넣으세요.

> 보기 うしろの　ポケットから　ハンカチが　（落ち）そうですよ。
> 뒷 호주머니에서 손수건이 떨어질 것 같아요.
>
> …あ、ほんとうだ。　どうも。　아, 정말이네. 고마워요.

1) 荷物が　重くて、袋の　ひもが　（　　　）そうです。

　　…じゃ、新しいのに　換えましょう。

2) ビールが　足りなく　（　　　）そうです。

　　…じゃ、すぐ　買いに　行きます。

3) 急ぎましょう。時間に　（　　　）そうですよ。

　　…じゃ、タクシーで　行きましょう。

4) ずいぶん　寒く　なりましたね。

　　…ええ、雪が　（　　　）そうですね。

④ 다음 보기와 같이 (   ) 안에 들어갈 알맞은 단어를 올바른 형태로 써 넣으세요.

보기

1) どう　したんですか。気分が　（悪）そうですね。왜 그래요? 컨디션이 나빠 보이네요.

　… ええ、ちょっと　疲れて　いるんです。네, 좀 피곤해서요.

2) （元気）そうですね。건강해 보이네요.

　… ええ、スポーツを　始めてから、体の　調子が　いいんです。
네, 스포츠를 시작하고서 몸의 컨디션이 좋아요.

1) わあ、（　　　　　　）そうですね。ワンさんが　作ったんですか。

　… ええ、中国の　料理です。どうぞ。

2) この　お寺、ずいぶん　（　　　　　　）そうですね。いつ　できたんですか。

　… 500年ぐらいまえに　建てられました。

3) この　ひもは　（　　　　　）そうですよ。

　… ああ、その　ひもなら、なかなか　切れないでしょう。

4) その　かばん、旅行に　（　　　　　　）そうですね。

　… ええ、軽いし、ポケットも　たくさん　あるんです。

5 다음 보기와 같이 (   ) 안에 들어갈 알맞은 동사를 골라 올바른 형태로 써 넣으세요.

> 보기
>
> 郵便局へ　行きますが、何か　用事は　ありませんか。 우체국에 가는데, 뭔가 볼일은 없나요?
>
> …じゃ、60円の　切手を　5枚　（買って）　来て　ください。
> 그럼, 60엔짜리 우표를 5장 사오세요.

いれます	買います	聞きます	見ます	呼びます

1) 空港へ　行く　バスの　乗り場は　どこでしょうか。

　　…さあ。あの　店で　（　　　　）　来ましょう。

2) 会議が　終わったか　どうか、（　　　　）　来て　ください。

　　…はい、わかりました。

3) 課長が　ミラーさんを　捜して　いますよ。

　　…食堂に　いると　思いますから、すぐ　（　　　　）　来ます。

4) ちょっと　休憩しませんか。

　　…じゃ、コーヒーでも　（　　　　）　来ましょう。

6  다음 본문을 읽고 내용에 맞으면 〇, 틀리면 ×를 하세요.

鈴木君の　日記

2月2日(日)

　朝から　雪が　降って　いる。外は　寒そうだったので、1日　うちに　いた。暇だったので、高橋に　電話して　みたが、いなかった。スキーに　行っているのを　思い出した。

4月13日(日)

　大学の　友達の　結婚式に　出た。そこで　渡辺あけみさんに　会った。すてきな　人だと　思った。

6月21日(土)

　きょうも　朝から　雨だった。あけみさんの　誕生日の　パーティーに　行った。あけみさんが　好きな　ばらの　花を　持って　行った。あけみさんはうれしそうだった。帰る　とき、「今度　二人で　ドライブに　行きませんか」と　言って　みた。あけみさんは　「ええ」と　言って　くれた。

11月17日(月)

　きょう　みんなに　「うれしそうだね」と　言われた。きのう　あけみさんが僕と　結婚すると　言って　くれた。幸せだ。

1) (　　　　) あけみさんは　鈴木君の　大学の　ときの　友達です。

2) (　　　　) 6月20日は　雨でした。

3) (　　　　) 鈴木君は　11月16日に　あけみさんと　結婚しました。

메모하면서 문제를 푸세요.

Lesson

19

너무~(했)습니다
~(하)기 쉽습니다
형용사의 부사적 표현

○ **중요단어 파악하기**

この　セーターは　大きすぎます。
이 스웨터는 너무 큽니다.

雨の　日は　洗濯物が　乾きにくいです。
비 오는 날은 빨래가 잘 마르지 않습니다.

へやを　きれいに　して　ください。
방을 깨끗하게 해 주세요.

__1__ ゆうべ お酒を 飲みすぎました。
　　　　①　　　②　　　③

①어제 저녁　②술을　　③너무 많이 마셨습니다.

__2__ この パソコンは 使いやすいです。
　　　　①　　　②　　　　③

①이　　②컴퓨터는　　③사용하기 편합니다.

__3__ ズボンを 短く して ください。
　　　　①　　　②　　　③

①바지를　　②짧게　③해 주세요.

__4__ 今夜は 楽しく 踊りましょう。
　　　　①　　　②　　　③

①오늘 밤은　②즐겁게　③춤춥시다.

1 너무 ~(합)니다

동사의 ます형／い・な형용사의 어간+すぎます

「すぎます」는 '과도하게, 정도를 지나치게 ~합니다'라는 의미로, 어떠한 행동이 바람직하지 못하다는 의미를 내포하고 있습니다. 예를 들어 「彼は　お酒を　飲みすぎます」라고 하면 그가 술을 마시는 행동이 도를 치나쳐 바람직하지 못하다는 어감을 가진 표현이 됩니다. 「すぎます」를 습관적인 내용과 현재진행적인 동작으로 나타낼 때에는 「君は　甘いものを　食べすぎですよ」와 같이 「すぎです」로 바꾸어 말할 수 있습니다.

L19-2

お酒を	のみ	
お土産を	かい	すぎました。
ごはんを	たべ	

お酒 술
お土産 선물
ごはん 밥

술을 너무 많이 마셨습니다. / 선물을 너무 많이 샀습니다. / 밥을 너무 많이 먹었습니다.

L19-3

この　問題は	むずかし	
この　部屋は	せま	すぎます。
この　方法は	ふくざつ	

問題 문제
難しい 어렵다
部屋 방
狭い 좁다
方法 방법
複雑だ 복잡하다

이 문제는 너무 어렵습니다. / 이 방은 너무 좁습니다. / 이 방법은 너무 복잡합니다.

2

~(하)기 쉽습니다

동사의 ます형＋やすいです

💡 「やすいです」는 ① ~하는 일이 쉽다 ② 자주 ~하다 라는 의미를 가집니다. 어떤 의미를 가지게 되는지는 「やすいです」 앞에 놓이는 동사의 성질에 따라 다릅니다. 「読みます・食べます」와 같이 화자의 의지적인 동작인 경우에는 ①의 의미가 되며 「(雨が)降ります・燃えます」와 같이 무의지적인 동작인 경우에는 ②의 의미가 됩니다. 또한 ②의 의미로 쓰였을 경우에는 「동사의 ます형 がちです」로 바꾸어 말할 수 있습니다.

L19-4

음성을 들으면서 따라하세요.

薬 약

はさみ 가위
山 산
天気 날씨
変わる 변하다
事故 사고

この　くすり		のみ	
この　はさみ	は	つかい	やすいです。
やまの　てんき		かわり	
あめの　ひ		事故が　おき	

이 약은 먹기 쉽습니다. / 이 가위는 사용하기 쉽습니다. / 산의 날씨는 바뀌기 쉽습니다. / 비 오는 날은 사고가 나기 쉽습니다.

~(하)기 어렵습니다

동사의 ます형＋にくいです

💡 「にくいです」는 「동사의 ます형＋やすいです」의 반대어로 ①~하는 일이 곤란합니다(어렵습니다) ②좀처럼 ~하지 않습니다 라는 의미가 됩니다. 의지 동사에 접속한 경우 ①의 의미가 되며 무의지 동사의 경우 ②의 의미가 됩니다.

L19-5

음성을 들으면서 따라하세요.

住む 살다(생활하다)
歩く 걷다

コップ(cup) 컵
割れる 깨지다
洗濯物 빨래(세탁물)
乾く 마르다

とうきょう		すみ	
この　くつ	は	あるき	にくいです。
この　コップ		われ	
あめの　ひ		洗濯物が　かわき	

도쿄는 살기 불편합니다. / 이 구두는 걷기 불편합니다. / 이 컵은 잘 깨지지 않습니다. / 비 오는 날은 세탁물이 잘 마르지 않습니다.

4 ~(하)게 합니다

~く／に　します

「~く／に　なります」가 어떤 주체가 어떠한 상태로 '변화하는 것'을 나타내는 표현인데 반해 「~く／に　します」는 누군가가 어떤 대상에 작용을 가하여 '변화시키는 것'을 나타냅니다. 접속은 い형용사의 경우 어미「い」를「く」로 바꾸고, な형용사와 명사의 경우 어미「だ」를「に」로 바꾸어「します」를 붙입니다. 우리말로 '(대상을) ~하게 합니다(바꿉니다)'라는 뜻이 됩니다.

L19-6

かみ			みじか	く
ねだん	を		やす	く
へや			きれい	に
みずの　りょう			2ばい	に

します。

머리를 짧게 합니다. / 가격을 싸게 합니다. / 방을 깨끗하게 합니다. / 물의 양을 2배로 합니다.

髪 머리카락
短い 짧다
値段 가격
安い 싸다
水の　量 물의 양
2倍 2배

5 ~로 하겠습니다

명사+に　します

이 문형은 화자의 결정을 나타내는 표현입니다.

L19-7

	カレーライス	
晩ごはんは	てんぷら	に　します。
	わしょく	

저녁밥은 카레라이스로 하겠습니다. / 저녁밥은 튀김으로 하겠습니다. / 저녁밥은 일식으로 하겠습니다.

晩ごはん 저녁밥
カレーライス 카레라이스
てんぷら 튀김
和食 일식(요리)

6 ～(하)게

형용사의 부사형

아래와 같이 い형용사의 어미를 「く」로, な형용사의 어미를 「に」로 바꾸면 부사형으로 사용할 수 있으며, 우리말로 '～(하)게'로 해석합니다. 형용사를 부사형으로 바꾸면 「静かに　歩きます(조용히 걷습니다)」「高く　つりあげます(높이 매답니다)」와 같이 문장을 자세하게 표현할 수 있습니다.

L19-8

操作の　し方を	くわし	く	説明します。
字を　もっと	おおき	く	書いて　ください。
机の　上を	きれい	に	片づけて　ください。
部長には　もっと	ていねい	に	話した　ほうが　いいです。

조작법을 자세히 설명합니다. / 글씨를 좀 더 크게 써 주세요. / 책상 위를 깨끗하게 정리해 주세요. /
부장님에게는 좀 더 정중하게 이야기 하는 편이 좋습니다.

操作 조작
し方 ～(하)는 법
詳しい 자세하다
説明 설명
字 글씨
もっと 좀 더
大きい 크다
書く 쓰다
机の　上 책상 위
きれいだ 예쁘다, 깨끗하다
片づける 치우다, 정리하다

# 입에 **착** 붙게 **말하기**

① 다음 보기와 같이 「すぎます」 문형을 이용하여 문장을 만들어 보세요.  L19-9

> **보기** お酒を 飲みすぎました。 술을 너무 많이 마셨습니다.

1)

2)

3)

4)

砂糖 설탕

Answer
1) 砂糖を 入れすぎました。 2) ごはんを 食べすぎました。
3) 仕事を しすぎました。 4) お土産を 買いすぎました。

② 다음 보기와 같이 「すぎます」 문형을 이용하여 문장을 만들어 보세요. L19-10

> **보기** この うち・家賃が 高い
> → この うちは 家賃が 高すぎます。 이 집은 집세가 너무 비쌉니다.

1) この 上着・長い →

2) この コピー・薄い →

3) この コーヒー・濃い →

4) この 問題・簡単 →

家賃 집세 | 上着 상의 | 薄い 흐리다 | 濃い 진하다

Answer
1) この 上着は 長すぎます。 2) この コピーは 薄すぎます。
3) この コーヒーは 濃すぎます。 4) この 問題は 簡単すぎます。

③ 다음 보기와 같이 괄호 안의 문장을 활용하여 답해 보세요. L19-11

> 보기
> のどが　痛いんですか。（きのう　カラオケで　歌いました）목이 아파요?
> → ええ。きのう　カラオケで　歌いすぎたんです。네, 어제 노래방에서 노래를 너무 불렀나봐요.

1) 気分が　悪いんですか。（きのう　飲みました）→

2) 目が　痛いんですか。（本を　読みました）→

3) ビデオカメラを　買わなかったんですか。（値段が　高かったです）→

4) 使い方が　わからないんですか。（説明書が　複雑です）→

値段 가격 ｜ 複雑だ 복잡하다

Answer
1) ええ。きのう　飲みすぎたんです。　2) ええ。本を　読みすぎたんです。
3) ええ。値段が　高すぎたんです。　4) ええ。説明書が　複雑すぎたんです。

④ 다음 보기와 같이 「やすいです／にくいです」 문형을 이용하여 문장을 만들어 보세요. L19-12

> 보기
> 1) 雪の　日は　道が　よく　滑ります　눈 오는 날은 길이 무척 미끄럽습니다.
> → 雪の　日は　道が　滑りやすいです。눈 오는 날은 길이 미끄러지기 쉽습니다.
> 2) ことしの　かぜは　なかなか　治りません　올해의 감기는 좀처럼 낫지 않습니다.
> → ことしの　かぜは　治りにくいです。올해의 감기는 낫기 어렵습니다.

1) 秋は　天気が　よく　変わります →
2) 交差点では　車の　事故が　よく　起きます →
3) 車の　窓ガラスは　なかなか　割れません →
4) 雨の　日は　洗濯物が　なかなか　乾きません →

滑る 미끄러지다 ｜ 治る (병이) 낫다 ｜ 交差点 교차점 ｜ 窓ガラス 유리창 ｜ 割れる 깨지다, 부서지다 ｜ 乾く 마르다, 건조하다

Answer
1) 秋は　天気が　変わりやすいです。
2) 交差点では　車の　事故が　起きやすいです。
3) 車の　窓ガラスは　割れにくいです。
4) 雨の　日は　洗濯物が　乾きにくいです。

셀로판지를 이용하여 말하기 연습을 해 봅시다.

5 다음 보기와 같이 「やすいです／にくいです」 문형을 이용하여 문장을 만들어 보세요. L19-13

보기
1) この 辞書は 字が 大きいです・見ます
  → この 辞書は 字が 大きくて、見やすいです。 이 사전은 글씨가 커서 보기 쉽습니다.

2) この 道は 狭いです・運転します
  → この 道は 狭くて、運転しにくいです。 이 길은 좁아서 운전하기 어렵습니다.

스스로 해본 후에
음성을 들으면서
따라하세요.

1) 新しい ビデオカメラは 軽いです・使います →

2) ここは 交通が 便利です・住みます →

3) あの 先生の 話は 難しいです・わかります →

4) 12月は 忙しいです・休みを 取ります →

狭い 좁다 │ 運転する 운전하다

Answer
1) 新しい ビデオカメラは 軽くて、使いやすいです。　2) ここは 交通が 便利で、住みやすいです。
3) あの 先生の 話は 難しくて、わかりにくいです。　4) 12月は 忙しくて、休みを 取りにくいです。

6 다음 보기와 같이 「～く／に ＋ ～て ください」 문형을 이용하여 문장을 만들어 보세요. L19-14

보기
濃いですから、薄く して ください。 진하니까 연하게 해 주세요.

스스로 해본 후에
음성을 들으면서
따라하세요.

1)　　　　　　　　　　　　　　　2)

3)　　　　　　　　　　　　　　　4)

汚い 더럽다

Answer
1) 長いですから、短く して ください。　2) 汚いですから、きれいに して ください。
3) うるさいですから、静かに して ください。　4) 多いですから、少なく して ください。

> 보기 ホテルは　どこに　しますか。（ホテル広島）호텔은 어디로 하시겠어요?
> → ホテル広島に　して　ください。 호텔히로시마로 해 주세요.

1) 出発は　いつに　しますか。（18日）→
2) 飛行機は　どの　便に　しますか。（11時ごろの　便）→
3) 部屋は　シングルに　しますか、ツインに　しますか。（ツイン）→
4) 食事は　和食と　洋食と　どちらに　しますか。（和食）→

便 (운송, 연락 수단)~편 | シングル (single) 싱글 | ツイン (twin) 트윈, 쌍 | 和食 일식 | 洋食 양식

Answer　1) 18日に　して　ください。　2) 11時ごろの　便に　して　ください。
　　　　3) ツインに　して　ください。　4) 和食に　して　ください。

> 보기 1) 理由を　説明しました・詳しい
> → 理由を　詳しく　説明しました。 이유를 자세히 설명했습니다.
>
> 2) 字を　書いて　ください・丁寧
> → 字を　丁寧に　書いて　ください。 글자를 정성껏 써 주세요.

1) ボタンを　押して　ください・もっと　強い →
2) スピーチが　できましたか・うまい →
3) 話しましょう・もう　少し　静か →
4) 野菜を　洗って　ください・きれい →

丁寧だ 정중하다, 공손하다 | ボタン (button) 버튼 | 押す 누르다

Answer　1) ボタンを　もっと　強く　押して　ください。
　　　　2) スピーチが　うまく　できましたか。
　　　　3) もう　少し　静かに　話しましょう。
　　　　4) 野菜を　きれいに　洗って　ください。

L19-17

● 「〜すぎます」표현 연습하기

회화 1

A　どう　したんですか。　　　　왜 그래요?

B　忘年会で　① お酒を　飲み すぎて、　　송년회에서 술을 너무 많이 마셔서,

　　② 頭が　痛い んです。　　머리가 아파요.

A　それは　いけませんね。　お大事に。　　그거 안됐네요. 몸조리 잘 하세요.

1) ① 食べます　② おなかの　調子が　悪いです
2) ① 歌を　歌います　② のどの　調子が　おかしいです

お大事に 몸조리 잘 하세요 ｜ おかしい 이상하다

1) ① 먹습니다　② 배의 상태가 안 좋습니다　　2) ① 노래를 부릅니다　② 목 상태가 이상합니다

L19-18

● 「〜やすいです」표현 연습하기

회화 2

A　この　① テーブル 、いいですね。　　이 테이블 좋네요.

B　ええ。これは　最近　人気が　あります。　　네. 이것은 최근 인기가 있습니다.

　　② 大きさが　調節できて、③ 使い　　크기도 조절할 수 있고, 사용하기

　　やすいんです。　　편합니다.

A　そうですか。じゃ、これに　します。　　그래요? 그럼, 이걸로 할게요.

1) ① たんす　② 引き出しが　たくさん　あります　③ 物を　整理します
2) ① 冷蔵庫　② 野菜が　たくさん　入ります　③ 使います

人気 인기 ｜ 調節 조절 ｜ たんす 장롱, 옷장 ｜ 引き出し 서랍

1) ① 옷장　② 서랍이 많이 있습니다　③ 물건을 정리합니다　　2) ① 냉장고　② 채소가 많이 들어갑니다　③ 사용합니다

L19-19

회화 3

● 「～く／に　します」표현 연습하기

A すみません。ちょっと　教えて　　　　죄송합니다. 좀 가르쳐

くださいませんか。　　　　　　　　주시겠습니까?

B ええ、何ですか。　　　　　　　　　네, 뭐지요?

A この　①図　を　②大きく　したいんですが、　이 도면을 크게 하고 싶습니다만,

どう　すれば　いいですか。　　　　어떻게 하면 좋을까요?

B この　キーを　押せば、いいですよ。　이 키를 누르면 됩니다.

1) ①線　②太い　　2) ①字　②2倍

図 그림, 도면 | 線 선 | ～倍 ～배, 곱절

1) ① 선　② 두껍다　　2) ① 글자　② 2배

셀로판지를 이용하여 회화 연습을 해 봅시다.

この　写真みたいに　して　ください
しゃしん

이 사진처럼 해 주세요

L19-20

이진주 씨가 미용실에 가서 머리 손질을 하고 있습니다. 서비스업에 종사하는 사람이 쓰는 표현과 어려운 가타카나 단어에 주의하며 회화내용을 파악해 봅시다.

01 美容師（びようし）　いらっしゃいませ。きょうは　どう　なさいますか。

イー　カット、お願いします。
ねが

美容師　じゃ、シャンプーを　しますから、こちらへ　どうぞ。

02 美容師　カットは　どういうふうに　なさいますか。

イー　ショートに　したいんですけど……。

この　写真みたいに　して　ください。
しゃしん

美容師　あ、すてきですね。

03 美容師　前の　長さは　これで　よろしいでしょうか。
まえ　なが

イー　そうですね。もう　少し　短く　して　ください。
すこ　みじか

04 美容師　どうも　お疲れさまでした。いかがですか。
つか

イー　けっこうです。どうも　ありがとう。

美容師（びようし）미용사

いらっしゃいませ 어서 오세요

なさる 「する」의 존경어. ～하시다

カット (cut) 커트

シャンプー (shampoo) 샴푸

ショート (short) 쇼트

写真（しゃしん）사진

すてきだ 멋있다, 매력적이다

長（なが）さ 길이

よろしい 「いい」의 정중어. 좋다

お疲（つか）れさまでした 수고하셨습니다

いかがですか 어떻습니까?

けっこうです 됐습니다

01

미용사　：　어서 오세요. 오늘은 어떻게 하시겠습니까?
이　：　커트 부탁합니다.
미용사　：　그럼, 샴푸를 할 테니 이쪽으로 오세요.

02

미용사　：　커트는 어떻게 하시겠습니까?
이　：　짧게 하고 싶은데…. 이 사진처럼 해 주세요.
미용사　：　아, 멋지네요.

03

미용사　：　앞(머리)의 길이는 이것으로 좋습니까?
이　：　글쎄요. 좀 더 짧게 해 주세요.

04

미용사　：　수고하셨습니다. 어떻습니까?
이　：　좋습니다. 고맙습니다.

① **どう　なさいますか。**　　어떻게 하시겠습니까?

「なさる」는 '하시다'라는 뜻으로 「する」의 존경어입니다. 「どう　なさいますか」는 상대방의 의향을 묻는 매우 정중한 표현이며, 회화장면과 같이 서비스업에 종사하는 사람이 고객의 의향을 물 때 자주 사용됩니다. 예를 들면 찻집에서 종업원이 손님에게 주문을 받을 때에도 「飲み物(メニュー)は　どう　なさいますか (마실 것(메뉴)은 어떻게 하시겠습니까?)」와 같은 표현을 사용합니다.

② **どういうふうに**　어떤 식으로

「ふう」는 한자로 쓰면 「風」가 되며 '~(의) 분위기·특징을 가진'이라는 표현입니다. 회화 장면은 미용실이므로 고객이 마음 속에 품고 있는 스타일에 대해 「どういうふうに」라고 하여 '어떤 분위기로' 헤어스타일을 할 것인지 묻고 있습니다. 「ふう」는 이밖에도 「関西風のおでん(간사이 스타일의 오뎅)」「今風の　ファッション(유행 스타일 패션)」과 같은 합성어에도 자주 사용됩니다.

③ **よろしいでしょうか。**　　괜찮으십니까?

「よろしい」는 「いい」의 정중어로 '좋다'는 뜻입니다. 「よろしいでしょうか」는 「いいですか」 보다 매우 정중한 표현으로 회화 장면에서와 같이 서비스업에 종사하는 사람이 고객에게 자주 사용하는 표현입니다. 단독으로 쓰이기도 하지만 주로 「メニューは　これで　よろしいでしょうか(메뉴는 이것으로 괜찮으십니까?)」「お飲み物は　よろしいでしょうか(마실 것은 괜찮으십니까?)」와 같이 구체적인 내용을 담아 사용하는 일이 많습니다.

④ **いかがですか。**　　어떻습니까?

「いかが」는 「どう」의 정중어입니다. 「いかがですか」라고 하면 '어떻습니까?'라는 의미로 「どうですか」보다 정중한 표현입니다. 회화 장면과 같이 상대방의 의향을 묻는 표현으로 자주 사용되며, 백화점 등 고객을 대하는 장면에서 「お客様、こちらは　いかがですか(손님, 이것은 어떻습니까?)」의 형태로 자주 사용됩니다.

① 다음 질문을 듣고 자신의 상황에 비추어 자유롭게 답하세요.

L19-21

1) ____

2) ____

3) ____

4) ____

② 다음 대화를 듣고 제시문에 맞으면 ○, 틀리면 ×표를 하세요.

L19-22

1) (   )　　　　2) (   )　　　　3) (   )　　　　4) (   )　　　　5) (   )

③ 다음 그림을 보고 보기와 같이 말해 보세요.

보기

1) お酒を　（飲みすぎました）。 술을 너무 많이 마셨습니다.

2) この　説明書は　（複雑すぎます）。 이 설명서는 너무 복잡합니다.

1) 塩を　（　　　　　　　　　）。

2) カラオケで　（　　　　　　　　　）。

3) ごはんの　量_{りょう}が　（　　　　　　　　　）。

4) この　服_{ふく}は　（　　　　　　　　　）。

④ 다음 보기와 같이 빈칸에 알맞은 표현을 써 넣으세요.

> 보기　テレビを　（見_みすぎて）、目_めが　疲_{つか}れました。 텔레비전을 너무 많이 봐서, 눈이 피곤합니다.

1) ごはんを　（　　　　　　　　　）、おなかが　痛_{いた}いです。

2) お土産_{みやげ}を　（　　　　　　　　　）、一人_{ひとり}で　持_もてません。

3) 部屋_{へや}が　（　　　　　　　　　）、ベッドが　置_おけません。

4) この　アパートは　家賃_{やちん}が　（　　　　　　　　　）、借_かりられません。

⑤ 다음 보기와 같이 (　) 안에 들어갈 알맞은 동사를 골라 올바른 형태로 써 넣으세요.

> 보기　この　薬_{くすり}は　甘_{あま}くて、（飲_のみ）やすいです。 이 약은 달아서 마시기 편합니다.

破_{やぶ}れます	持_もちます	割_われます	~~飲_のみます~~	歩_{ある}きます

1) この　靴_{くつ}は　軽_{かる}くて、（　　　　　　）やすいです。

2) この　かばんは　大_{おお}きすぎて、（　　　　　　）にくいです。

3) この　袋_{ふくろ}は　丈夫_{じょうぶ}で、（　　　　　　）にくいです。

4) 薄_{うす}い　コップは　（　　　　　　）やすいです。

6) 다음 보기와 같이 (　) 안에 들어갈 알맞은 단어를 골라 올바른 형태로 써 넣으세요.

> 보기　もう　11時ですから、（静かに）　して　ください。 이제 11시니까 조용히 해 주세요.

小さい	来週	短い	~~静か~~	きれい

1) この　ズボンは　長すぎますから、少し　（　　　　　）　して　ください。

2) テレビの　音が　大きいですから、（　　　　　）　して　ください。

3) テーブルの　上が　汚れて　いますから、（　　　　　）　して　ください。

4) 今週は　都合が　悪いですから、（　　　　　）　して　ください。

7) 다음 보기와 같이 (　) 안에 들어갈 알맞은 단어를 골라 올바른 형태로 써 넣으세요.

> 보기　夕方は　道が　込みますから、（早く）　出発しましょう。 저녁은 길이 막히니까, 빨리 출발합시다.

簡単	~~早い~~	細かい	優しい	熱心

1) 試験の　まえなので、学生は　みんな　（　　　　　）　勉強して　います。

2) 野菜は　（　　　　　）　切って、ごはんと　混ぜます。

3) 警官は　子どもに　（　　　　　）　名前を　聞きました。

4) 時間が　ありませんから、予定に　ついて　（　　　　　）　説明します。

8 다음 글을 읽고 질문에 답하세요.

結婚式の　スピーチ

　結婚式の　スピーチを　頼まれた　ことが　ありますか。スピーチは　長すぎると、みんなに　嫌がられます。また　短すぎると、お祝いの　気持ちが　うまく　伝えられません。難しいですね。練習して　おいても、大勢の　人の　前に立つと、なかなか　上手に　できません。話の　順序を　まちがえたり、忘れたり　します。話の　大切な　所を　メモして　おくと、安心です。できるだけ易しい　ことばや　表現を　使うように　します。難しい　ことばは　覚えにくいし、まちがえやすいからです。

　それから、使っては　いけない　ことばが　あります。例えば「別れる」とか、「切れる」とかです。これらは　縁起が　悪いので、使いません。気を　つけましょう。

1) 短すぎる　スピーチは　どうして　よく　ないのですか。

　…＿＿＿＿＿＿＿＿＿＿＿＿＿＿＿＿＿＿＿＿＿＿＿＿

2) スピーチを　忘れないように、何を　して　おくと　いいですか。

　…＿＿＿＿＿＿＿＿＿＿＿＿＿＿＿＿＿＿＿＿＿＿＿＿

3) どうして　易しい　ことばや　表現を　使うのですか。

　…＿＿＿＿＿＿＿＿＿＿＿＿＿＿＿＿＿＿＿＿＿＿＿＿

4) 使っては　いけない　ことばは　何ですか。

　…＿＿＿＿＿＿＿＿＿＿＿＿＿＿＿＿＿＿＿＿＿＿＿＿

Lesson

20

～(하)는 경우에는
～(했)는데도 불구하고

중요단어 파악하기

か じ　　　　ば あい
火事の　場合は　エレベーターを
つか
使わないで　ください。

화재가 났을 때는 엘리베이터를 사용하지 마세요.

ダイエットを　して　いるのに
ぜんぜん　やせません。

다이어트를 하고 있는데도 전혀 살이 빠지지 않아요.

1 <u>カードを</u> <u>なくした</u> <u>場合は</u>、<u>すぐ</u>
   ①   ②   ③   ④

①카드를　　②잃어버렸을　　③경우에는　　④바로

<u>カード会社に</u> <u>連絡して ください。</u>
   ⑤   ⑥

⑤카드회사에　　⑥연락해 주세요.

2 <u>約束を</u> <u>したのに</u>、<u>彼女は</u> <u>来ませんでした。</u>
   ①   ②   ③   ④

①약속을　　②했는데도　　③그녀는　　④오지 않았습니다.

1 ～(하)는 경우에는

～場合は

「A場合は　B」는 우리말로 '～(하)는 경우에는'으로 해석되며 가정조건을 나타냅니다. 이는 'A의 조건이 성립되는 경우에는 B를 실행한다'는 것을 의미합니다. 「場合」는 명사 단독으로도 자주 사용되며 「場合に　よっては(경우에 따라서는)」「場合が　場合だけに(경우가 경우인 만큼)」와 같은 구문도 자주 사용되므로 관련해서 알아두면 유용합니다.

L20-2

音성을 들으면서 따라하세요.

会社 회사
遅れる 늦다, 지각하다
連絡 연락
手紙 편지
つく 닿다, 도착하다
交通事故 교통사고
都合が 悪い 상황이 여의치 않다
資料 자료
必要だ 필요하다
エレベーター 엘리베이터
故障 고장

会社に	おくれる	
手紙が	つかない	
交通事故に	あった	場合は、連絡して　ください。
都合が	わるい	
資料が	ひつような	
エレベーターが	こしょうの	

회사에 늦을 경우에는 연락해 주세요. / 편지가 도착하지 않을 경우에는 연락해 주세요. / 교통사고가 난 경우에는 연락해 주세요. / 상황이 여의치 않을 때에는 연락해 주세요. / 자료가 필요한 경우에는 연락해 주세요. / 엘리베이터가 고장인 경우에는 연락해 주세요.

～임에도 불구하고

～のに

「のに」는 '～임에도 불구하고'라는 뜻으로 전형적인 역접표현입니다. 「Aのに　B」로 문장을 연결한 경우, A에서 본래 예상했던 일이 어긋나고 B에서 의외의 일이 일어났음을 의미하는데, 대부분 이 경우 화자가 벌어진 상황에 대해 놀람, 불만을 가지고 있음을 나타냅니다. 「のに」는 기본적으로 사실이라는 것이 확실한 사항에 사용하기 때문에 뒤에 ① 명령, 의뢰, 의지 등의 표현 ② 「でしょう」「かもしれません」등 화자의 판단을 나타내는 표현 ③ 질문의 표현이 오면 어색해집니다.

예 ① もう　12時なのに、そろそろ　寝なさい。（×）
② 日曜日なのに、会社に　行くでしょう。（×）
③ 会社は　休みなのに、出勤しますか。（×）

L20-3

お金を	いれた		切符が　出ません。
30分も	まって　いる		タクシーが　来ません。
この　レストランは	おいしく　ない	のに、	値段が　高いです。
夫は　料理が	じょうずな		あまり　作って　くれません。
きょうは	にちようびな		働かなければ　なりません。

돈을 넣었는데도 표가 나오지 않습니다. / 30분이나 기다리고 있는데도 택시가 안 옵니다. / 이 레스토랑은 맛있지도 않는데 가격이 비쌉니다. / 남편은 요리를 잘 하는데도 별로 만들어 주지 않습니다. / 오늘은 일요일인데도 일해야 합니다.

切符 표

タクシー 택시

レストラン(restaurant) 레스토랑

値段が　高い 가격이 비싸다

料理 요리

作る 만들다

働く 일하다

음성을 들으면서 따라하세요.

입에 **착** 붙게 **말하기**

1 다음 보기와 같이 「〜場合は」 문형을 이용하여 문장을 만들어 보세요. L20-4

> 보기
> こうつう じ こ けいさつ れんらく
> 交通事故に あいました・すぐ 警察に 連絡します
> こうつう じ こ ば あい けいさつ れんらく
> → 交通事故に あった 場合は、すぐ 警察に 連絡して ください。
> 교통사고를 당한 경우는, 바로 경찰에 연락하세요.

1) 火事が 起きました・すぐ 119番に 電話します →

2) お金を 落としました・交番へ 行きます →

3) 切符を なくしました・駅員に 言います →

4) かぜの 薬を 飲みました・絶対に 車を 運転しません →

けいさつ かじ こうばん きっぷ えきいん ぜったい
警察 경찰 | **火事が 起きる** 화재가 나다 | **交番** 파출소 | **切符** 표 | **駅員** 역무원 | **絶対** 절대로

Answer
1) 火事が 起きた 場合は、すぐ 119番に 電話して ください。
2) お金を 落とした 場合は、交番へ 行って ください。
3) 切符を なくした 場合は、駅員に 言って ください。
4) かぜの 薬を 飲んだ 場合は、絶対に 車を 運転しないで ください。

2 다음 보기와 같이 「〜場合は」 문형을 이용하여 문장을 만들어 보세요. L20-5

> 보기
> かいしゃ やす
> 会社を 休みます・どう しますか
> かいしゃ やす ば あい
> → 会社を 休む 場合は、どう したら いいですか。 회사를 쉴 경우는 어떻게 하면 됩니까?

1) 予約を キャンセルします・いつまでに 連絡しますか →

2) 女の 人に 贈り物を します・どんな 物に しますか →

3) はんこが ありません・どう しますか →

4) 早退しなければ なりません・だれに 言いますか →

おく もの そうたい
キャンセル(cancel) 취소 | **贈り物** 선물 | **はんこ** 도장 | **早退** 조퇴

Answer
1) 予約を キャンセルする 場合は、いつまでに 連絡したら いいですか。
2) 女の 人に 贈り物を する 場合は、どんな 物に したら いいですか。
3) はんこが ない 場合は、どう したら いいですか。
4) 早退しなければ ならない 場合は、だれに 言ったら いいですか。

> 보기
> 火事です・非常口から 逃げます
> → 火事の 場合は、非常口から 逃げて ください。 화재가 났을 경우, 비상구로 도망치세요.

스스로 해본 후에
음성을 들으면서
따라하세요.

1) 熱が 高いです・この 薬を 飲みます →
2) 領収書が 必要です・店の 人に 言います →
3) やけどです・すぐ 水で 冷やします →
4) 体の 調子が 悪いです・無理を しません →

非常口 비상구 | 逃げる 피하다, 도망치다 | 領収書 영수증 | やけど 화상 | 冷やす 식히다 | 無理 무리

Answer
1) 熱が 高い 場合は、この 薬を 飲んで ください。
2) 領収書が 必要な 場合は、店の 人に 言って ください。
3) やけどの 場合は、すぐ 水で 冷やして ください。
4) 体の 調子が 悪い 場合は、無理を しないで ください。

④ 다음 보기와 같이 「～のに」 문형을 이용하여 문장을 만들어 보세요. L20-7

> 보기
> お金を 入れました・切符が 出ません
> → お金を 入れたのに、切符が 出ません。 돈을 넣었는데도, 표가 나오지 않습니다.

스스로 해본 후에
음성을 들으면서
따라하세요.

1) 2時間も 待ちました・ミラーさんは 来ませんでした →
2) 速達で 手紙を 出しました・3日も かかりました →
3) 一生懸命 練習しました・運動会は 中止に なりました →
4) 田中さんは 太って いません・ダイエットを して います →

速達 속달 | かかる (시간이) 걸리다 | 中止 중지 | ダイエット (diet) 다이어트

Answer
1) 2時間も 待ったのに、ミラーさんは 来ませんでした。
2) 速達で 手紙を 出したのに、3日も かかりました。
3) 一生懸命 練習したのに、運動会は 中止に なりました。
4) 田中さんは 太って いないのに、ダイエットを して います。

셀로판지를 이용하여 말하기 연습을 해 봅시다.

⑤ 다음 보기와 같이 「～のに」 문형을 이용하여 문장을 만들어 보세요. L20-8

> 보기
> もう　4月に　なりました・まだ　寒いです
> →もう　4月に　なったのに、まだ　寒いです。　이미 4월인데도, 아직 춥습니다.

스스로 해본 후에 음성을 들으면서 따라하세요.

1) 仕事は　忙しいです・給料は　安いです →

2) 休みです・仕事を　しなければ　なりません →

3) はんこが　必要でした・持って　行くのを　忘れました →

4) この　アパートは　汚くて、狭いです・家賃は　高いです →

給料 급료, 입금 ｜ 家賃 집세

Answer
　1) 仕事は　忙しいのに、給料は　安いです。
　2) 休みなのに、仕事を　しなければ　なりません。
　3) はんこが　必要だったのに、持って　行くのを　忘れました。
　4) この　アパートは　汚くて、狭いのに、家賃は　高いです。

⑥ 다음 보기와 같이 괄호 안의 문장을 활용하여 질문에 알맞게 대답해 보세요. L20-9

> 보기
> どう　したんですか。（スイッチを　入れました・パソコンが　動きません）왜 그래요?
> →スイッチを　入れたのに、パソコンが　動かないんです。
> 스위치를 눌렀는데도, 컴퓨터가 작동되지 않아요.

스스로 해본 후에 음성을 들으면서 따라하세요.

1) どう　したんですか。（ボタンを　押しました・ジュースが　出ません）→

2) 体の　調子は　どうですか。（ちゃんと　薬を　飲んで　います・よく　なりません）→

3) 新しい　車は　どうですか。（値段は　高かったです・よく　故障します）→

4) どうして　そんなに　急いで　いるんですか。（9時から　会議です・まだ　準備が
　できて　いません）→

スイッチ 스위치 ｜ 動く 움직이다, 작동하다 ｜ 故障 고장

Answer
　1) ボタンを　押したのに、ジュースが　出ないんです。　2) ちゃんと　薬を　飲んで　いるのに、よく　ならないんです。
　3) 値段は　高かったのに、よく　故障するんです。　4) 9時から　会議なのに、まだ　準備が　できて　いないんです。

보기 ことしも　社員旅行が　ありましたか。（楽しみに　して　いました）
올해도 사원여행이 있었습니까?

→いいえ、楽しみに　して　いたのに、ありませんでした。
아니요, 기대하고 있었는데 없습니다.

1) 3時の　新幹線に　間に　合いましたか。（走って　行きました）→

2) グプタさんは　パーティーに　来ましたか。（インド料理を　用意して　おきました）→

3) 試験の　点は　よかったですか。（毎晩　遅くまで　勉強しました）→

4) コンサートの　チケットは　買えましたか。（けさ　5時から　並びました）→

間に　合う 시간에 늦지 않게 대다 | 用意 준비 | 毎晩 매일 밤 | けさ 오늘 아침 | 並ぶ 줄을 서다, 늘어서다

Answer
1) いいえ、走って　行ったのに、間に　合いませんでした。
2) いいえ、インド料理を　用意して　おいたのに、来ませんでした。
3) いいえ、毎晩　遅くまで　勉強したのに、よく　なかったです。
4) いいえ、けさ　5時から　並んだのに、買えませんでした。

L20-11

● 상황을 가정하여 말하기

A キャンプの 予定は 以上です。何か 質問が
ありますか。

캠프의 예정은 이상입니다. 뭔가 질문이
있나요?

B ① 雨が 降った 場合は、どう したら
いいですか。

비가 내릴 경우는, 어떻게 하면
되나요?

A その 場合は 係に 電話で ② 聞いて
ください。

그럴 경우는 담당자에게 전화해서 물어
보세요.

B はい。わかりました。

네. 알겠습니다.

1) ① 出発の 時間に 間に 合いません　② 知らせます
2) ① 急に 行けなく なりました　② 連絡します

キャンプ 캠프 | 係 담당(자) | 知らせる 알리다 | 急に 갑자기

1) ① 출발시간에 늦습니다 ② 알립니다　2) ① 갑자기 못 가게 되었습니다 ② 연락합니다

L20-12

회화 2

● 역접표현 말하기

A すみません。 　　　실례합니다.

B はい、何ですか。 　　　네. 무슨 일입니까?

A ① ボタンを 押した のに、 　　　단추를 눌렀는데도,

② 切符が 出ない んですが……。 　　　표가 나오지 않습니다만….

B ちょっと 待って ください。調べますから。 　　　잠시 기다려 주세요. 알아볼 테니까요.

1) ① 千円札を 入れました　② お釣りが 出ません
2) ① この レバーを 回しました　② お金が 戻りません

お釣り 거스름돈 ｜ レバー (lever) 레버, 손잡이 ｜ 回す 돌리다 ｜ 戻る 되돌아오다

1) ① 천 엔 지폐를 넣었습니다　② 거스름돈이 나오지 않습니다　2) ① 이 레버를 돌렸습니다　② 돈이 돌아오지 않습니다

L20-13

회화 3

● 예상 밖의 소식 듣기

A あの 人、今度 ① 結婚する んですよ。 　　　저 사람, 다음에 결혼한답니다.

B えっ、信じられませんね。あんなに ② 独身の 　　　아니, 믿을 수가 없네요. 그렇게 독신이

ほうが いい と 言って いたのに、……。 　　　좋다고 말해 놓고선….

A そうですか。 　　　그렇습니까?

1) ① 海外旅行に 行きます　② 飛行機が 嫌いです
2) ① 小学校の 先生に なります　② 子どもは 好きじゃ ありません

独身 독신 ｜ 小学校 초등학교

1) ① 해외여행에 갑니다　② 비행기를 싫어합니다　2) ① 초등학교 선생님이 됩니다　② 아이는 좋아하지 않습니다

一生懸命　練習したのに
いっしょうけんめい　れんしゅう

열심히 연습했는데

L20-14

마라톤 대회 참가자에게 직원이 대회의 규칙에 대해서 설명하고 있습니다. 코스를 이탈했을 경우와 경기 중 컨디션이 나빠졌을 때에는 어떻게 하는 것이 좋은지 잘 살펴봅시다.

01 係員（かかりいん）　皆（みな）さん、この　マラソンは　健康（けんこう）マラソンですから、無理（むり）を しないで　ください。

もし　気分（きぶん）が　悪（わる）く　なったら、係員（かかりいん）に　言（い）って　ください。

参加者（さんかしゃ）　はい。

係員　コースを　まちがえた　場合（ばあい）は、元（もと）の　所（ところ）に　戻（もど）って　続（つづ）けてください。

参加者　あのう、途中（とちゅう）で　やめたい　場合（ばあい）は、どう　したら いいですか。

係員　その　場合（ばあい）は、近（ちか）くの　係員（かかりいん）に　名前（なまえ）を　言（い）ってから、帰（かえ）って ください。では、スタートの　時間（じかん）です。

02 鈴木（すずき）　ミラーさん、マラソンは　どうでしたか。

ミラー　２位（い）でした。

鈴木　２位（い）だったんですか。　すごいですね。

ミラー　いいえ、一生懸命（いっしょうけんめい）　練習（れんしゅう）したのに、

優勝（ゆうしょう）できなくて、残念（ざんねん）です。

鈴木　また　来年（らいねん）が　ありますよ。

136

一生懸命(いっしょうけんめい) 열심히

練習(れんしゅう) 연습

係員(かかりいん) 담당자

皆(みな)さん 여러분

マラソン(marathon) 마라톤

健康(けんこう) 건강

無理(むり) 무리

もし 혹시, 만약

気分(きぶん)が　悪(わる)い 속이 좋지 않다, 컨디션이 나쁘다

参加者(さんかしゃ) 참가자

コース(course) 코스

まちがえる 잘못하다, 착각을 하다

場合(ばあい) 경우

元(もと) 원래, 원상태

所(ところ) 곳, 장소

戻(もど)る 되돌아가(오)다

続(つづ)ける 계속하다

途中(とちゅう) 도중

やめる 그만두다

近(ちか)く 근처, 가까운 곳

名前(なまえ) 이름

帰(かえ)る 돌아가(오)다

スタート(start) 스타트

時間(じかん) 시간

〜位(い) 〜위

優勝(ゆうしょう) 우승

残念(ざんねん)です 아쉬워요, 유감이에요

来年(らいねん) 내년

01

담당자 ： 여러분, 이 마라톤은 건강 마라톤이니까 무리하지 마세요.
　　　　 만약 컨디션이 나빠지면 담당자에게 말해 주세요.
참가자 ： 네.
담당자 ： 코스를 틀렸을 경우에는 원래의 장소로 되돌아와 계속해 주세
　　　　 요.
참가자 ： 저, 도중에 그만두고 싶을 경우에는 어떻게 하면 되나요?
담당자 ： 그럴 경우에는 가까운 곳에 있는 담당자에게 이름을 얘기하고
　　　　 돌아가세요. 그럼, 스타트할 시간입니다.

02

스즈키 ： 밀러 씨, 마라톤은 어땠어요?
밀러　 ： 2위 했어요.
스즈키 ： 2위 했어요? 대단하네요.
밀러　 ： 아니에요, 열심히 연습했는데 우승하지 못 해서 아쉬워요.
스즈키 ： 내년이 또 있잖아요.

① **一生懸命** 열심히
（いっしょうけんめい）

「一生懸命」는 '열심히', '최선을 다해서'라는 뜻입니다. 한자로 「一所懸命」라고 쓰는
경우도 있는데 같은 표현입니다. 「一所懸命」는 12세기 초 일본에 원나라 군사가 쳐들
어 왔을 때 목숨을 걸고 영지를 지켜냈다는 일화에서 생겨난 말이라고 합니다. '목숨을 걸고(懸命) 영지
(一所)를 지켜낸다'라는 뜻에서 한자가 변하여 「一生懸命」라는 말이 생겨났습니다. 유사한 표현으로는
「精一杯(온 힘을 다하여)」「力の　限り(힘닿는 한)」등이 있습니다.

> 예　受験を　ひかえ、一生懸命に　勉強した。입시를 앞두고 열심히 공부했다.
>
> これからは　何ごとでも　精一杯　頑張る　つもりです。
> 앞으로는 어떤 일이든 온 힘을 다해 열심히 할 생각입니다.
>
> 力の　限り　頑張ります。よろしく　お願いします。
> 힘닿는 한 열심히 하겠습니다. 잘 부탁합니다.

② **気分が　悪く　なる** 속이 메스껍다
（きぶん）　（わる）

「気分が　悪く　なる」는 '속이 메스껍다, 토할 것 같다'라는 뜻입니다. 유사한 표현으로 「吐気が　す
る(토할 것 같다)」가 있습니다. 참고로 「気持ち」는 어떤 상황에서 화자의 감각에 의해 일어나는 마음 상
태, 즉 사물에 따라 느끼는 화자의 마음 상태나 감정을 나타냅니다. 예를 들어, 징그러운 벌레 보았을 때
의 느낌을 생각해 봅시다. 눈(시각)으로 벌레를 보았을 때 사람이라면 좋은 기분(느낌)을 가질 수 없겠죠?
그럴 때의 기분을 「気持ち　悪い」라고 합니다.

③ **まちがえる** 틀리다

「まちがえる」는 '틀리다'라는 뜻입니다. 고의가 아니고 잘못 알거나 실수를 해서 일을 그르치는 것을 나
타내는 표현인데요, 단순히 두 사물을 비교하여 '다르다'라고 말할 때에는 「違う」라고 합니다. 예를 들어
「ケーキを　作る　とき、塩と　砂糖を　入れまちがえた(케이크를 만들 때, 소금과 설탕을 잘못
넣었다)」라고 하면 '실수로 설탕과 소금을 잘못 넣었다'라는 상황표현이 되고 「塩と　砂糖は　味が
違う(소금과 설탕은 맛이 다르다)」라고 하면 두 사물을 비교하여 성질이 다름을 나타내는 표현이 됩니
다.　그럼, 실수로 잘못 걸려온 전화는 일본어로 무엇이라고 할까요? 정답은 「まちがい電話」입니다.

④ **残念です。** 유감이네요
（ざんねん）

「残念だ」는 '유감이다'라는 뜻이고, 안타까움, 아쉬움을 나타내는 표현입니다. 관련표현으로 「残念な
ことに　雨で　試合が　中止に　なった(유감스럽게도 비가 와서 시합이 중지되었다)」「残念なが
ら　やめます(유감스럽지만 그만둡니다)」와 같은 표현이 있습니다. 관련어와 함께 암기해둡시다.

도전 듣기 · 쓰기

1) **L20-15** 다음 질문을 듣고 자신의 상황에 비추어 자유롭게 답하세요.

1) ____

2) ____

2) **L20-16** 다음 대화를 듣고 제시문에 맞으면 ○, 틀리면 ×표를 하세요.

1) ( )   2) ( )   3) ( )   4) ( )   5) ( )

3) 다음 보기와 같이 문장을 주어진 표현을 활용하여 문장을 완성하세요.

> 보기 予定が　（変わりました → 変わった）　場合は、連絡して　ください。
>
> 예정이 바뀐 경우는 연락해 주세요.

連絡します　　お金を　返します　　警察の　許可を　もらいます 係に　申し込みます　　この　ボタンで　調節します

1) ここに　車を　（止めます →　　　　　　　　）　場合は、________________
   なければ　なりません。

2) コピーの　字が　（薄いです →　　　　　　　　）　場合は、________________
   ください。

3) コンサートが　（中止です →　　　　　　　　）　場合は、________________
   もらえます。

4) お弁当が　（必要です →　　　　　　　　　　）　場合は、____________ ください。

④ 다음 보기와 같이 「〜のに」의 의미에 유의하며 형태를 바꾸어 문장을 완성하세요.

> 보기 一生懸命　（練習しました → 練習した）のに、負けて　しまいました。
> 열심히 연습했는데, 지고 말았습니다.

1) まだ　（読んで　いません →　　　　　　　　　）のに、母が　雑誌を　捨てて
　　しまいました。

2) 結婚式に　（招待されました →　　　　　　　　　）のに、都合が　悪くて、
　　行けませんでした。

3) もうすぐ　（4月です →　　　　　　　　）のに、なかなか　暖かく　なりません。

4) （寒いです →　　　　　　　）のに、子どもは　外で　遊んで　います。

⑤ 다음 보기와 같이 주어진 표현을 활용하여 문장을 완성하세요.

> 보기 かぜは　治りましたか。감기는 나았습니까?
> …いいえ、毎日　薬を　飲んで　いるのに、まだ　治りません。
> 아니요, 매일 약을 먹고 있는데도 아직 안 낫습니다.

> 薬を　飲んで　います　　　　楽しみに　して　います　　　　会議が　始まります
> たくさん　買って　おきます　　　　地図を　持って　行きます

1) ミラーさんは　来ましたか。

　　…いいえ、もうすぐ ＿＿＿＿＿＿＿＿のに、まだ　来ません。

2) ことしも　お祭りに　行きましたか。

　　…いいえ、＿＿＿＿＿＿＿＿のに、雨で　中止でした。

3) 忘年会の　飲み物は　足りましたか。

… いいえ、＿＿＿＿＿＿＿＿＿のに、足りませんでした。

4) 駅へ　行く　道は　すぐ　わかりましたか。

… いいえ、＿＿＿＿＿＿＿＿＿のに、なかなか　わかりませんでした。

6 다음 보기와 같이 문장을 완성하세요.

> 보기　おいしい　料理を　作って、待って　いたのに、彼は　来ませんでした。
>
> 맛있는 요리를 만들어서 기다리고 있었는데 그 사람은 오지 않았습니다.

1) 6年も　英語を　勉強したのに、あまり　＿＿＿＿＿＿＿。

2) あの　レストランは　高いのに、あまり　＿＿＿＿＿＿＿。

3) カメラを　持って　行ったのに、＿＿＿＿＿＿＿。

4) この　洗濯機は　先週　修理したのに、＿＿＿＿＿＿＿。

⑦ 다음 본문을 읽고 내용에 맞으면 〇, 틀리면 ×표를 하세요.

悩みの　相談

【相談】　僕の　悩みは　朝　起きられない　ことです。目覚まし時計が　3つも　あるのに、起きられません。夜は　早く　寝るように　して　いますが、朝　起きられるか　どうか、心配で、なかなか　眠れません。隣の　部屋の　友達は　「毎朝　君の　目覚ましで　目が　覚める」と　言って　いますが、僕は　気が　つきません。気が　ついても、止めて、また　寝て　しまうんです。どう　したら　いいですか。

（小川たけし　大学生）

【回答】　まず　寝る　まえに、難しくて、おもしろくない　本を　読みましょう。すぐ　眠く　なりますよ。それから　3つの　目覚まし時計は　違う　時間に　鳴るように、セットして、いろいろな　所に　置いて　おきます。時計が　鳴ると、起きて、止めに　行かなければ　ならないので、目が　覚めますよ。それでも　だめな　場合は、隣の　友達に　起こして　もらいましょう。

---

1) (　　　) 小川君は　朝　隣の　部屋の　友達を　起こして　あげます。

2) (　　　) 小川君は　夜　すぐ　眠って　しまいます。

3) (　　　) 小川君は　目覚まし時計が　鳴るか　どうか、心配です。

4) (　　　) 答える　人は　難しくて、おもしろくない　本を　読んだら、眠く　なると　思って　います。

메모하면서 문제를 푸세요.

중간고사

① 다음 괄호 안에 알맞은 조사를 써 넣으세요.

> 보기 ワープロ（ が ）　打てるように　なりました。

1) 卒業は　来年の　6月（　　）　予定です。

2) 運動会で　足（　　）　けが（　　）　しました。

3) あの　漢字は　「故障」（　　）　読みます。

4) この　マークは　水で　洗える（　　）　いう　意味です。

5) 鈴木さんは　今　席（　　）　外して　います。

6) 説明書（　　）　とおりに、テーブルを　組み立てます。

7) 忘年会（　　）　あとで、二次会に　行って、帰ったのは　12時でした。

8) 夜　11時（　　）　過ぎたら、電話を　かけないように　して　ください。

9) 試合（　　）　出られるように、毎日　練習して　います。

10) わたしは　母（　　）　漫画の　本（　　）　捨てられました。

11) 大阪（　　）　国際会議（　　）　開かれます。

12) 日本の　お酒（　　）　米（　　）　造られます。

13) あの　教会（　　）　木（　　）　造られて　います。

14) 飛行機は　ライト兄弟（　　）　発明されました。

15) この　小説は　いろいろな　国の　ことば（　　）　翻訳されて　います。

16) 石油は　サウジアラビアなど（　　）　輸入されて　います。

17) 東京の　人は　歩くの（　　）　速いです。

18) 林さん（　　）　赤ちゃんが　生まれたの（　　）　知って　いますか。

19) 運動して　汗（　　）　かいたので、シャワーを　浴びたいです。

20) 火事（　　）　家が　焼けました。

해답은 별책에 있습니다.

 다음 보기와 같이 문맥에 맞게 바꾸어 문장을 완성하세요.

> 보기 毎日　（運動します → 運動した）　ほうが　いいです。

1) 早く　（届きます →　　　　　　）ように、速達で　出します。

2) 家族が　（心配します →　　　　　　）ように、電話します。

3) 飼って　いる　猫が　（います →　　　　　　）　なったので、捜して　います。

4) 毎日　1時間　（歩きます →　　　　　　）ように　して　います。

5) 要らない　物は　絶対に　（買います →　　　　　　）ように　して　います。

6) 絵を　（かきます →　　　　　　）のは　おもしろいです。

7) 手紙に　切手を　（はります →　　　　　　）のを　忘れました。

8) きのう　近くで　事故が　（あります →　　　　　　）のを　知って　いますか。

9) 母の　手紙を　（読みます →　　　　　　）、安心しました。

10) 電気屋が　テレビの　修理に　（来ます →　　　　　　）ので、午後は　うちに　います。

11) どこで　財布を　（なくします →　　　　　　）か、覚えて　いません。

12) サイズが　（合います →　　　　　　）か　どうか、（着ます →　　　　　　）みます。

③ 다음 보기와 같이 문맥에 어울리는 표현을 골라 맞게 ○표 하세요.

> 보기　まっすぐ　（行くと、行く　とき）、交差点が　あります。

1) 電気が　消えて　（います、あります）。

2) ドアを　（開いて、開けて）　おいて　ください。

3) わたしは　夏休みに　アメリカへ　（行く、行こう）と　思って　います。

4) 歌舞伎に　ついて　知りたいんですが、どんな　本を　（読めば、
   読んだ　ほうが）　いいですか。

5) あそこに　（「禁煙」が、「禁煙」と）　書いて　あります。

6) 気分が　（悪くて、悪いので）、早退しても　いいですか。

④ 다음 보기와 같이 문맥에 맞게 바꾸어 문장을 완성하세요.

> 보기　この　辞書は　田中さんが　くれました。
> →この　辞書は　田中さんに　<u>もらいました</u>。

1) わたしは　自分で　着物を　着る　ことが　できません。

   →わたしは　自分で　着物が　＿＿＿＿＿＿＿＿＿＿＿＿＿＿＿＿。

2) もらった　ワインは　全部　飲みました。

   →もらった　ワインは　飲んで　＿＿＿＿＿＿＿＿＿＿＿＿＿＿＿＿。

3) 値段が　安いです。味が　いいです。ですから、いつも　この　店で
   食べて　います。

   →＿＿＿＿＿＿＿＿＿＿＿＿＿し、いつも　この　店で　食べて　います。

4) 弟が　わたしの　パソコンを　壊しました。

   →わたしは　弟に　＿＿＿＿＿＿＿＿＿＿＿＿＿＿＿＿＿＿＿。

5) ベルが　電話を　発明しました。

　→電話は ________________________________。

6) 父は　3年まえに　亡くなりました。

　→________________________________のは　3年まえです。

⑤ 보기와 같이 문맥에 맞게 바꾸어 문장을 완성하세요.

보기　子どもの　誕生日に　自転車を　（買います→買って）　やりました。

1) 先生に　作文の　まちがいを　（直します→　　　　）　いただきました。

2) 部長の　奥さんは　わたしに　お茶を　（教えます→　　　　　　）

　　くださいました。

3) シャツの　ボタンが　（とれます→　　　　　）そうです。

4) その　本、漢字が　多くて、（難しい→　　　　　）そうですね。

5) ちょっと　たばこを　（買います→　　　　　）　来ます。

6) ごはんの　量が　（多いです→　　　　　）すぎます。

7) この　コップは　（割れます→　　　　）にくいですから、子どもが

　　（使います→　　　　　）のに　安全で　いいです。

8) 医者に　（なります→　　　　　）　ために、勉強して　います。

9) さっき　（習います→　　　　）のに、もう　忘れて　しまいました。

10) 夫は　料理が　（上手です→　　　　　）のに、作って　くれません。

<u>6</u>　보기와 같이 문맥에 맞게 바꾸어 문장을 완성하세요.

> 보기　部屋を　もっと　（きれい → きれいに）　したいです。

1) 砂糖の　量を　（半分→　　　　　　）　して　ください。

2) 髪を　（赤い→　　　　　　）　して　みたいです。

3) これから　論文の　書き方を　（詳しい→　　　　　　）　説明します。

4) 電気や　水は　（大切→　　　　　）　使いましょう。

<u>7</u>　다음 괄호 안에 알맞은 조사를 써 넣으세요.

> 보기　事故（　で　）、会社に　遅れました。

1) 結婚の　お祝い（　　）　部長に　時計を　いただきました。

2) あそこで　荷物（　　）　預かって　くれます。

3) 家族（　　）　ために、大きい　うちを　買いたいです。

4) この　セーターは　わたし（　　）　ぴったりです。

5) この　バッグは　物が　入れやすくて、旅行や　仕事（　　）　便利です。

6) 田舎は　物価（　　）　安いし、空気（　　）　きれいです。

7) もう　夜　遅いですから、静か（　　）　して　いただけませんか。

8) 駅まで　歩いて　10分（　　）　行けます。

9) 今晩の　おかずは　すき焼き（　　）　しましょう。

10) わたしは　水道の　歴史（　　）　興味が　あります。

11) 来週　ボーナス（　　）　出ます。

12) この　車、修理（　　）　何日　かかりますか。

…そうですね。1週間（　　）　かかります。

えっ、1週間（　　）　かかるんですか。

13) マラソンを　途中（　　）　やめたい　場合は、係員（　　）　名前を
言ってから、帰って　ください。

8 다음 보기와 같이 (　　) 안에 제시된 단어를 활용하여 넣으세요.

보기　休みの　日は　（たいてい）　絵を　かいて　います。

一生懸命	急に	今にも	ちゃんと	絶対に
さっき	~~たいてい~~	やっと	できるだけ	

1) 見た　とおりに、（　　　　　）　詳しく　話して　ください。

2) 田中さんは　どこですか。

…田中さんなら、（　　　　　）　食堂で　見ましたよ。

3) 火事や　地震の　場合は、（　　　　　）　エレベーターを　使わないで
ください。

4) 自分の　店を　持つ　ために、（　　　　　）　働いて　います。

5) （　　　　　）　雨が　降りそうです。

6) （　　　　　）　薬を　飲んで　いるのに、病気が　治りません。

7) キャンプに　（　　　　　）　行けなく　なった　場合は、係に　電話で
連絡して　ください。

8) このごろ　（　　　　　）　まちがえないで　かたかなの　ことばが
書けるように　なりました。

중간고사

9 다음 보기와 같이 상반되는 의미의 단어를 써 넣으세요.

> 보기 出発します （到着します）

1) ぬれます （　　　　　）　　2) 太ります （　　　　　）

3) 上がります （　　　　　）　　4) 捨てます （　　　　　）

5) 増えます （　　　　　）　　6) 成功します （　　　　　）

7) 笑います （　　　　　）　　8) 入学します （　　　　　）

9) 厚い （　　　　　）　　10) 軟らかい （　　　　　）

11) 大きな （　　　　　）　　12) 簡単 （　　　　　）

13) 細い （　　　　　）　　14) きれい （　　　　　）

15) おいしい （　　　　　）　　16) おもしろい （　　　　　）

17) 祖父 （　　　　　）　　18) 表 （　　　　　）

19) 出口 （　　　　　）　　20) ほんとう （　　　　　）

21) おば （　　　　　）　　22) 戦争 （　　　　　）

23) 冷房 （　　　　　）　　24) 予習 （　　　　　）

25) 質問 （　　　　　）　　26) 東 （　　　　　）

해답은 별책에 있습니다.

점수 환산(문제당 1점) : 합계 득점 ÷ 104 × 100점　　　　점

동사 현재형 ～ところです
동사 과거형 ～ところです
～た ばかりです

○ 중요단어 파악하기

ちょうど　今（いま）から　試合（しあい）が　はじまる
ところです。

딱 지금부터 시합이 시작될 참입니다.

たった今（いま）　おきた　ところです。

방금 일어났습니다.

わたしは　さっき　昼（ひる）ごはんを　食（た）べた
ばかりです。

저는 방금 점심(밥)을 먹었습니다.

1. 会議は 今から 始まる　ところです。
　①　　　②　　　　③
①회의는　②지금부터　③시작될 참입니다.

2. 彼は 3月に 大学を 卒業した　ばかりです。
　①　　②　　　③　　　④
①그는　②3월에　③대학을　④갓 졸업했습니다.

3. 書類は 速達で 出しましたから、
　①　　　②　　　③
①서류는　②속달로　③보냈으니까,

あした 着く　はずです。
　④　　⑤
④내일　⑤도착할 것입니다.

1 ~(하)려고 합니다 / ~(하)고 있는 중입니다 / 막 ~(했)습니다

～ところです

「～ところです」는 동사의 사전형과 た형에 모두 사용됩니다. 「사전형+ところです」는 우리말로 '~하려고 합니다, ~(할)참입니다'라는 뜻이 되며 동작이 시작되기 직전임을 나타냅니다. 동작이 과거인 경우에는 「電話が　なった　時、私は　家を　出る　ところでした(전화가 울렸을 때, 나는 집을 나서려고 하였습니다)」과 같이 쓰입니다. 「동사의 た형 ところです」는 동작이나 사건이 끝난 직후임을 나타내고 우리말로 '방금 ~(했)습니다'라는 뜻이 됩니다. 이 경우는 무의지 동사도 사용할 수 있습니다. 또한 「무의지 동사의 사전형+ところでした」는 「もう　少しで　事故に　なる　ところでした(하마터면 사고가 날 뻔했습니다)」와 같이 '실제로는 일어나지 않았지만 ~(할) 뻔했다'라는 표현으로 사용됩니다.

L21-2

	試合が	はじまる	
ちょうど 今から		でかける	ところです。
	みんなで	しょくじする	

ちょうど 꼭, 정확히, 딱
試合 시합
始まる 시작되다
出かける 나가다, 외출하다
みんなで 모두 같이
食事する 식사하다

딱 지금부터 시합이 시작될 참입니다. / 마침 지금부터 외출하려고 합니다. / 딱 지금부터 모두 함께 식사할 참입니다.

L21-3

	部屋を	かたづけて　いる	
今	論文を	かいて　いる	ところです。
	アパートを	さがして　いる	

部屋 방
片づける 치우다, 정리하다
論文 논문
アパート 아파트
探す 찾다

지금 방을 정리하고 있는 중입니다. / 지금 논문을 쓰고 있는 중입니다. / 지금 아파트를 찾고 있는 중입니다.

L21-4

		おきた	
たった今	バスが	でた	ところです。
	うちへ	かえって　きた	

たった今 이제 막, 방금
起きる 일어나다
バスが　出る 버스가 출발하다

방금 일어났습니다. / 방금 버스가 출발했습니다. / 방금 집에 돌아왔습니다.

~(한) 지 얼마 안 됐습니다 / 방금 ~(했)습니다

～ばかりです

「동사의 た형＋ばかりです」는 '방금 ~했습니다'라는 뜻입니다. 앞서 배운 「동사의 た형＋とこ
ろです」와 거의 같은 의미이지만 「동사의 た형＋ところです」가 '그 동작이 지금 방금 끝났음'
을 강조하는 표현이라면 「동사의 た형＋ばかりです」는 '그 동작이 종료된 지 시간이 얼마 지나
지 않았음'을 나타내는 데 초점이 맞춰진 표현이라고 할 수 있습니다. 「동사의 た형＋ばかりで
す」는 「～ばかりで (~(한) 지 얼마 안되서)」「～ばかりなので (~(한) 지 얼마 안되서)」「～ば
かりだから (~(한) 지 얼마 안 되니까)」「～ばかりなので (~(한) 지 얼마 안 됐는데도)」와 같
은 형태로 이유나 역접을 나타내는 표현이 뒤에 오는 경우가 많습니다.

L21-5

林さんは　先月　この　会社に	はいった	
わたしは　さっき　昼ごはんを	たべた	ばかりです。
この　コピー機は　きのう	しゅうりした	

하야시 씨는 지난 달에 이 회사에 들어왔습니다. / 저는 방금 점심밥을 먹었습니다. / 이 복사기는 어제
수리했습니다.

先月 지난 달
入る 들어오다, 들어가다
さっき 방금
昼ごはん 점심밥
コピー機 복사기
修理する 수리하다

~(할) 것입니다

～はずです

「동사의 사전형, 동사의 ない형＋はずです, な형용사의 어간＋なはずです、명사＋のはず
です」는 화자가 어떤 근거를 바탕으로 당연히 그렇다고 생각한 것을 서술할 때 쓰입니다.

L21-6

荷物は　あした	とどく	
グプタさんは　お酒を	のまない	
課長は　ドイツ語が	じょうずな	はずです。
あの　スーパーは　あしたは	やすみの	

짐은 내일 도착할 것입니다. / 구프타 씨는 술을 마시지 않을 것입니다. / 과장님은 독일어가 능숙할 것
입니다. / 저 슈퍼마켓은 내일은 휴무일 것입니다.

荷物 짐
届く 도착하다
課長 과장님
ドイツ語 독일어
スーパー 슈퍼마켓

셀로판지를 이용하여 말하기 연습을 해 봅시다.

① 다음 보기와 같이 「〜ところです」 문형을 이용하여 문장을 만들어 보세요. L21-7

보기 昼ごはんは　もう　食べましたか。（これから） 점심밥은 벌써 먹었습니까?

→いいえ、これから　食べる　ところです。 아니요, 이제부터 먹으려는 참입니다.

스스로 해본 후에 음성을 들으면서 따라하세요.

1) 試合は　もう　始まりましたか。（ちょうど　今から）→

2) 返事は　もう　書きましたか。（これから）→

3) 薬は　もう　飲みましたか。（これから）→

4) おふろには　もう　入りましたか。（ちょうど　今から）→

これから 지금부터, 이제부터 ｜ 返事 답장 ｜ おふろに　入る 목욕을 하다

Answer
1) いいえ、ちょうど　今から　始まる　ところです。　　2) いいえ、これから　書く　ところです。
3) いいえ、これから　飲む　ところです。　　4) いいえ、ちょうど　今から　入る　ところです。

② 다음 보기와 같이 「〜ところです」 문형을 이용하여 문장을 만들어 보세요. L21-8

보기 コピーは　もう　できましたか。（やります） 복사는 벌써 다 됐습니까?

→いいえ、今　やって　いる　ところです。 아니요, 지금 하고 있는 중입니다.

스스로 해본 후에 음성을 들으면서 따라하세요.

1) 故障の　原因は　わかりましたか。（調べます）→

2) パンは　もう　焼けましたか。（焼きます）→

3) 論文は　もう　出しましたか。（書きます）→

4) 結婚式の　日は　もう　決めましたか。（相談します）→

やる 하다 ｜ 故障 고장 ｜ 原因 원인 ｜ 焼く 굽다 ｜ 決める 정하다 ｜ 相談 상담

Answer
1) いいえ、今　調べて　いる　ところです。　2) いいえ、今　焼いて　いる　ところです。
3) いいえ、今　書いて　いる　ところです。　4) いいえ、今　相談して　いる　ところです。

③ 다음 보기와 같이 「～ところです」 문형을 이용하여 문장을 만들어 보세요. L21-9

> 보기
> 小川さんは　もう　帰りましたか。 오가와 씨는 벌써 돌아갔습니까?
> → はい、たった今　帰った　ところです。 네, 방금 돌아갔습니다.

1) 8時の　バスは　もう　出ましたか。 →
2) 太郎君は　もう　寝ましたか。 →
3) 会議は　もう　終わりましたか。 →
4) 書類は　もう　届きましたか。 →

書類 서류 | 届く 닿다, 도착하다

Answer
　　1) はい、たった今　出た　ところです。　　2) はい、たった今　寝た　ところです。
　　3) はい、たった今　終わった　ところです。　　4) はい、たった今　届いた　ところです。

④ 다음 보기와 같이 「～ばかりです」 문형을 이용하여 문장을 만들어 보세요. L21-10

> 보기
> さっき　起きました・食欲が　ありません
> → さっき　起きた　ばかりですから、食欲が　ありません。
> 바로 조금 전 일어났기 때문에 식욕이 없습니다.

1) 先週　退院しました・まだ　スポーツは　できません →
2) ことしの　4月に　会社に　入りました・まだ　給料は　安いです →
3) 子どもが　寝ました・静かに　して　ください →
4) さっき　洗濯しました・タオルは　まだ　乾いて　いません →

食欲 식욕 | 退院 퇴원 | 給料 급료 | 乾く 마르다

Answer
　　1) 先週　退院した　ばかりですから、まだ　スポーツは　できません。
　　2) ことしの　4月に　会社に　入った　ばかりですから、まだ　給料は　安いです。
　　3) 子どもが　寝た　ばかりですから、静かに　して　ください。
　　4) さっき　洗濯した　ばかりですから、タオルは　まだ　乾いて　いません。

셀로판지를 이용하여 말하기 연습을 해 봅시다.

5 다음 보기와 같이 「〜ばかりです」 문형을 이용하여 문장을 만들어 보세요. L21-11

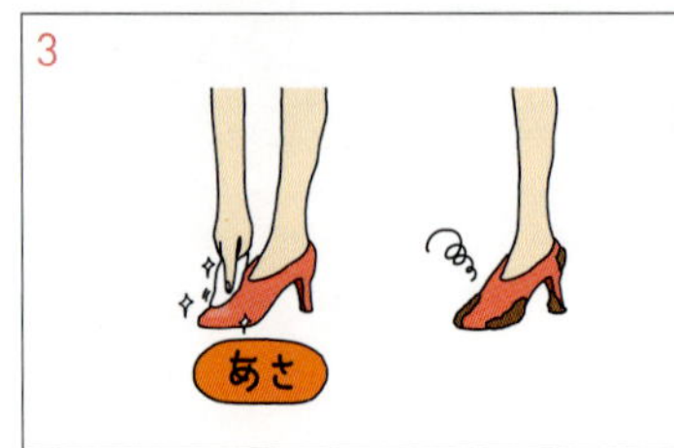

> **보기** この ステレオは 先月 買いました・もう 壊れました
> → この ステレオは 先月 買った ばかりなのに、もう 壊れて しまいました。
>
> 이 스테레오는 바로 지난달에 산 것인데, 벌써 망가져 버렸습니다.

스스로 해본 후에 음성을 들으면서 따라하세요.

1) さっき 名前を 聞きました・もう 忘れました →

2) 先週 ボーナスを もらいました・もう 使いました →

3) 朝 靴を 磨きました・もう 汚れました →

4) あの 二人は 去年 結婚しました・もう 離婚しました →

壊れる 망가지다, 부서지다 | ボーナス (bonus) 보너스 | 磨く 닦다, 연마하다 | 汚れる 더러워지다 | 離婚する 이혼하다

Answer
1) さっき 名前を 聞いた ばかりなのに、もう 忘れて しまいました。
2) 先週 ボーナスを もらった ばかりなのに、もう 使って しまいました。
3) 朝 靴を 磨いた ばかりなのに、もう 汚れて しまいました。
4) あの 二人は 去年 結婚した ばかりなのに、もう 離婚して しまいました。

6 괄호 안의 문장을 활용하여 다음 보기와 같이 대답하세요. 🎧 L21-12

> 스스로 해본 후에
> 음성을 들으면서
> 따라하세요.

1) 彼女は　来るでしょうか。（きのう　出席の　返事を　もらいました）→

2) あの　レストランは　おいしいですか。（案内書に　書いて　あります）→

3) 隣の　人は　留守ですか。（1か月ほど　旅行に　行くと　言って　いました）→

4) カリナさんは　絵が　上手ですか。（美術を　勉強して　います）→

荷物 짐 | 宅配便 택배 | 留守 부재 중, 집에 없음 | 美術 미술

Answer

1) ええ、きのう　出席の　返事を　もらいましたから、来る　はずです。

2) ええ、案内書に　書いて　ありますから、おいしい　はずです。

3) ええ、1カ月ほど　旅行に　行くと　言って　いましたから、留守の　はずです。

4) ええ、美術を　勉強して　いますから、上手な　はずです。

L21-13

●「ところです」연습하기

회화 1

A 夏休み、どこか　行きますか。　　여름휴가에 어딘가 가나요?

B ええ。外国へ　行こうと　思って　　네. 외국에 가려고 생각하고

　いるんですが……。　　있습니다만….

A いいですねえ。どこへ　行くんですか。　부럽네요. 어디로 갈 건가요?

B 今　考えて　いる　ところです。　　지금 생각하고 있는 중이에요.

1) 旅行社の　人に　いろいろ　聞きます　　2) いろいろ　パンフレットを　見ます

旅行社 여행사 | パンフレット (pamphlet) 팸플릿

1) 여행사 사람에게 여러 가지 묻습니다　　2) 여러 가지 팸플릿을 봅니다

L21-14

●「ばかりです」연습하기

회화 2

A ① 大学　は　どうですか。　　대학은 어때요?

B 先月　② 授業が　始まった　ばかりです　지난달 수업이 막 시작했기

　から、まだ　よく　わかりません。　　때문에, 아직 잘 모르겠어요.

A そうですね。初めは　大変かも　しれませんが、　그렇겠네요. 처음은 힘들지도 모르지만,

　頑張って　ください。　　열심히 하세요.

B はい。　　네.

1) ① 研究　② 大学院に　入ります　　2) ① 新しい　仕事　② 始めます

始まる 시작되다 | 初め 처음 | 研究 연구

1) ① 연구　② 대학원에 들어갑니다　　2) ① 새로운 일　② 시작합니다

L21-15

회화
3

● 「〜はずです」연습하기

A　ミラーさん、① きょう　来る　でしょうか。　　　밀러 씨는 오늘 올까요?

B　① 来る　はずですよ。　　　올 거예요.

　　② きのう　電話が　ありました　から。　　　어제 전화가 왔었으니까요.

A　じゃ、大丈夫ですね。　　　그럼, 괜찮겠네요.

1) ① 道が　わかります　② きのう　地図を　渡しました
2) ① 一人で　来られます　② まえに　来た　ことが　あります

渡す 건네다, 넘기다

1) ① 길을 압니다　② 어제 지도를 건넸습니다　　2) ① 혼자서 올 수 있습니다　② 전에 온 적이 있습니다

셀로판지를 이용하여 회화 연습을 해 봅시다.

もうすぐ　着く　はずです

이제 곧 도착할 겁니다

L21-16

타와퐁 씨가 가스회사에 전화를 걸어 고장난 가스렌지를 보러 와 줄 것을 부탁하고 있습니다. 가스회사 직원은 몇 시에 오기로 했는지 대화 내용을 주의깊게 살펴봅시다.

01 係員　はい、ガスサービスセンターで　ございます。

タワポン　あのう、ガスレンジの　調子が　おかしいんですが……。

係員　どんな　具合ですか。

タワポン　先週　直した　ばかりなのに、また　火が　すぐ　消えて　しまうんです。

危ないので、早く　見に　来て　くれませんか。

係員　わかりました。5時ごろには　行けると　思います。ご住所と　お名前を　お願いします。

02 タワポン　もしもし、5時ごろに　ガスレンジを　見に　来て　くれる　はずなんですが、まだですか。

係員　すみません。どちら様でしょうか。

タワポン　タワポンと　いいます。

係員　ちょっと　お待ち　ください。係員に　連絡しますから。

03 係員　お待たせしました。今　そちらに　向かって　いる　ところです。

あと　10分ほど　お待ち　ください。

着(つ)く 닿다, 도착하다

調子(ちょうし) 상태, 컨디션

おかしい 이상하다

具合(ぐあい) (어떤 일의) 형편, 상태

直(なお)す 고치다, 바로잡다

火(ひ) 불

消(き)える 꺼지다

危(あぶ)ない 위험하다

ごろ ~때, ~경

住所(じゅうしょ) 주소

名前(なまえ) 이름

ガスレンジ(gas range) 가스렌지

どちら様(さま) 어느 분

係員(かかりいん) 직원

連絡(れんらく)する 연락하다

待(ま)つ 기다리다

~に 向(む)かう ~로 향하다

01

직원　：　네, 가스 서비스센터입니다.

타와퐁　：　저, 가스레인지 상태가 이상한데요….

직원　：　어떤 상태인가요?

타와퐁　：　지난주 수리하고 얼마 안 됐는데, 또 불이 꺼져버려요. 위험하니까, 빨리 보러 와 주시겠어요?

직원　：　알겠습니다. 5시 쯤에는 갈 수 있을 겁니다. 주소와 성함을 부탁드립니다.

02

타와퐁　：　여보세요, 5시 쯤에 가스레인지를 보러 오시기로 했는데요, 아직인가요?

직원　：　죄송합니다. 어느 분이신지요?

타와퐁　：　타와퐁이라고 합니다.

직원　：　잠시 기다려 주십시오. 직원에게 연락할 테니까요.

03

직원　：　오래 기다리셨습니다. 지금 그쪽으로 향하고 있는 중입니다. 앞으로 10분 정도 기다려주십시오.

★ **꿈과 열정으로 가득한 고시엔 (甲子園)**

여러분은 일본의 고교야구를 본 적이 있으신가요? 일본에서 고교야구의 전국대회는 상상도 못 할 정도로 대단한 인기를 자랑하고 있는데요. 바로 그 전국 대회가 열리는 곳이 바로 고시엔이랍니다. 매시합이 전국에 생방송으로 중계된다니 그 인기를 알만하죠? 4천개 이상의 고교 중 49개팀만이 전국대회, 이 고시엔의 그라운드를 밟을 수 있다고 하는데 그것만으로도 정말 대단한 규모라고 할 수 있겠네요. 선수들은 기념으로 고시엔의 모래를 가져가기도 하는데 덕분에 구장에서는 해마다 모래를 보충하고 있다고 합니다.
고시엔은 프로야구 팀인 한신 타이거즈의 홈 구장이기도 한데요.
　매년 고시엔에서 전국대회가 열릴 때마다 한신 타이거즈의 선수들은 지옥의 원정길을 떠나야 한다고 하네요.

① **調子が　おかしい** 상태가 이상하다

「調子」는 원래 음악에서 사용하는 말로 '가락', '곡조', '장단'이라는 뜻이지만 '상태'라는 뜻으로 사용되기도 합니다. 본문에 등장한 「調子が　おかしい」는 '상태가 이상하다'라는 표현이고, 「調子」가 '상태'라는 뜻으로 사용된 예입니다. 관련표현으로 「調子を　あげる」는 '가락을 높이다'라는 뜻이므로 몸의 컨디션이 좋아지는 것을 나타냅니다. 또한 「調子」는 스타일이나 태도를 지칭하기도 하는데 「強い　調子で　言う(강한 어조로 말하다)」「いつもの　彼とは　調子が　違う(평소의 그와는 태도가 다르다)」와 같은 예가 있습니다.

② **直す** 고치다

「直す」는 '고치다'라는 뜻입니다. 물리적으로 고장난 것을 수리한다는 의미로 쓰일 때에는 한자가 「直す」가 되지만 '병을 치료하다'라는 의미일 때에는 「治す」라는 한자를 사용합니다. 보조동사로 사용하는 용법도 있는데 「동사의 ます형+なおす」라고 하면 우리말로 '다시 ～하다'라는 뜻이 됩니다. 예를 들면 「こっちから　電話を　かけなおします(이쪽에서 전화를 다시 걸겠습니다)」와 같은 표현이 있습니다.

③ **どちら様でしょうか。** 누구십니까?

「どちら様」는 「だれ」의 정중한 표현으로 '누구'라는 뜻입니다. 「だれですか」라고 하면 '누구입니까?'라는 뜻이기 때문에 다소 단도직입적인 느낌을 주지만 「どちら様でしょうか(어느 분이신가요?)」라고 하면 에둘러 표현하는 듯한 느낌을 주기 때문에 회화에서와 같이 고객을 대하는 장면 등에서 자주 사용됩니다.

④ **お待たせしました。** 오래 기다리셨습니다.

「待たせる」는 '기다리게 하다'라는 뜻입니다. 「お待たせしました」라고 하면 '오래 기다리셨습니다'라는 의미이고, 상대방을 기다리게 하였을 때는 '실례를 했습니다'라는 의미입니다. 고객을 대하는 장면이 아닌 편한 상대인 경우에는 「お待たせ(오래 기다렸어?)」라고 사용하기도 합니다.

도전 듣기 · 쓰기

①

L21-17

다음 질문을 듣고 자신의 상황에 비추어 자유롭게 답하세요.

1) ____

2) ____

②

L21-18

다음 대화를 듣고 제시문에 맞으면 O, 틀리면 ×표를 하세요.

1) (　　)　　　　2) (　　)　　　　3) (　　)　　　　4) (　　)　　　　5) (　　)

③

다음 보기와 같이 빈칸에 알맞은 표현을 써 넣으세요.

> 보기　もう　昼ごはんを　食べましたか。벌써 점심밥을 먹었습니까?
>
> …いいえ、今から　（食べる）　ところです。아니요, 지금부터 먹으려는 참입니다.

1) ワットさんは　もう　出かけましたか。

　…はい、たった今　（　　　　　）　ところです。

2) コンサートは　もう　始まりましたか。

　…これから　（　　　　　）　ところですから、急いで　ください。

3) 火事の　原因は　調べましたか。

　…今　（　　　　　）　ところです。

4) 会議の　資料は　もう　コピーしましたか。

　…今　田中さんが　（　　　　　）　ところなので、もう　少し　待って　ください。

4 다음 보기와 같이 대화를 완성하세요.

> 보기
> この　パン、おいしそうですね。이 빵, 맛있을 거 같네요.
> …ええ、さっき　（焼いた）　ばかりなんですよ。どうぞ　食べて　ください。
> 네, 방금 전에 구운 겁니다. 드셔 보세요.

1) いつ　日本へ　来ましたか。…2週間まえに　（　　　　　　　）　ばかりです。

2) いい　車ですね。新しいんですか。…ええ、先週　（　　　　　　　）　ばかりなんです。

3) お子さんは　おいくつですか。…1か月です。先月　（　　　　　）　ばかりです。

4) コーヒーは　いかがですか。…いいえ、けっこうです。さっき　（　　　　　　　）
　ばかりですから。

5 다음 보기와 같이 빈칸에 들어갈 알맞은 단어를 골라 문장을 완성하세요.

> 보기
> タワポンさんは　2時に　うちを　出ると　言って　いましたから、3時ごろ
> ここに　（着く）　はずです。
> 타와퐁씨는 2시에 집을 나온다고 말했으니까, 3시쯤 여기에 도착할 겁니다.

必要です	おいしいです	医者です	わかります	着きます

1) 田中さんに　きのう　うちの　地図を　かいて　渡しましたから、道は　（　　　　　　）
　はずです。

2) 部長の　息子さんは　（　　　　　）　はずです。

3) あの　レストランは　予約が　（　　　　　）　はずです。

4) この　料理は　ミラーさんが　作りましたから、（　　　　　　）　はずです。

해답은 별책에 있습니다.

7  다음 본문을 읽고 내용에 맞으면 ○, 틀리면 ×표를 하세요.

電子図書館（でんし としょかん）

　　　図書館は　知識の　宝庫です。　いろいろな　情報が　集められて　います。図書館へ　行けば、いつでも　必要な　本が　手に　入る　はずです。しかし、図書館に　欲しい　本が　ない　ときや、調べに　行く　時間が　ない　ときが　あります。そんな　とき、電子図書館が　役に　立ちます。

　　　電子図書館は　パソコンを　使って　図書館を　利用する　システムです。例えば、キーワードや　本の　名前の　一部分を　入力すれば、欲しい　本が　すぐ　調べられます。辞書　1冊が　2秒で　出せるし、図や　写真も　簡単に　見られます。出た　ばかりの　新しい　本も　すぐ　見られます。電子図書館なら、いつでも　どこででも　利用できます。

　　　最近　人は　本を　読まなく　なったと　言われて　いますが、パソコンを　使って　図書館を　利用する　人が　増えるかも　しれません。

1) (　　　) 図書館へ　行けば、いつでも　読みたい　本が　手に　入ります。

2) (　　　) 電子図書館は　パソコンで　本を　探して、見る　ことが　できる　システムです。

3) (　　　) 電子図書館で　本を　探す　とき、その　本の　名前が　全部　わからなければ、見つけられません。

4) (　　　) 図書館が　休みの　日は　電子図書館が　使えません。

22

전문의 そうです
양태의 ようです
감각을 나타내는 표현

중요단어 파악하기

^{しんぶん}
新聞に よると 台風は 来ない
そうです。

신문에 의하면 태풍은 오지 않는 다고합니다.

パトカーが 来て います。どうも
事故の ようですね。

경찰차가 와 있습니다. 아무래도 사고인 모양이네요.

玄関で だれかの 声が します。

현관에서 누군가의 목소리가 들립니다.

1.　天気予報に　よると、あしたは
　　　①　　　　　②　　　　③
①일기예보에　　②의하면,　　③내일은

　　寒く　なるそうです。
　　　　④
④추워진다고 합니다.

2.　隣の　部屋に　だれか　いるようです。
　　　①　　　　②　　　③
①옆방에　　　②누군가　　③있는 모양입니다.

1 전문의 そうです

전문의 「そうです」는 화자가 정보를 통해 알게 된 사실을 상대방에게 전달하고자 할 때 사용되는 표현으로 각 품사의 보통형에 접속합니다. 앞서 배운 양태의 「そうです」는 동사의 ます형, い・な형용사의 어간에 접속하기 때문에 그 접속 형태를 보면 어떤 용법으로 쓰였는지를 쉽게 구별할 수 있습니다. 또한 양태의 「そうです」에는 명사가 접속할 수 없지만 전문의 「そうです」에는 명사를 붙일 수 있다는 차이점이 있습니다. 그럼, 각 품사별 전문의 「そうです」의 접속 형태를 체크해 봅시다.

동사		な형용사	
行く 간다 行かない 가지 않는다 行った 갔다 行かなかった 가지 않았다	＋そうです 〜고 합니다	元気だ 건강하다 元気じゃない 건강하지 않다 元気だった 건강했다 元気じゃなかった 건강하지 않았다	＋そうです 〜고 합니다

い형용사		명사+だ	
痛い 아프다 痛くない 아프지 않다 痛かった 아팠다 痛くなかった 아프지 않았다	＋そうです 〜고 합니다	休みだ 휴일이다 休みじゃない 휴일이 아니다 休みだった 휴일이었다 休みじゃなかった 휴일이 아니었다	＋そうです 〜고 합니다

주의

제 18과에서 학습한 양태의 「〜そうです」와는 의미나 접속 방법이 다르기 때문에 주의가 필요합니다. 아래 예를 비교해 보기로 합시다.

① 雨が 降りそうです。(비가 올 것 같습니다.) 양태

② 雨が 降るそうです。(비가 온다고 합니다.) 전문

③ この 料理は おいしそうです。(이 요리는 맛있을 것 같습니다.) 양태

④ この 料理は おいしいそうです。(이 요리는 맛있다고 합니다.) 전문

「ようです」는 오감과 주변상황에 따른 판단을 근거로 한 화자의 추측을 나타내는 표현으로 각 품사의 보통형에 접속합니다. 양태의 「そうです」와 달리 시각적인 정보 이외에도 주변상황을 따른 화자의 종합적인 추측을 나타내므로 「そうです」보다 그 사용범위가 넓습니다. 「ようです」의 각 품사별 접속을 살펴보면 다음과 같습니다. な형용사와 명사의 경우 「な＋ようです」「の＋ようです」의 형태가 된다는 점에 주의합시다.

동사		な형용사＋な	
帰る 돌아가다 帰らない 돌아가지 않다 帰った 돌아갔다 帰らなかった 돌아가지 않았다	＋ようです 〜것 같습니다	静かな 조용한 静かじゃない 조용하지 않다 静かだった 조용했다 静かじゃなかった 조용하지 않았다	＋ようです 〜것 같습니다

い형용사		명사＋の	
おいしい 맛있다 おいしくない 맛있지 않다 おいしかった 맛있었다 おいしくなかった 맛있지 않았다	＋ようです 〜것 같습니다	学生の 학생인 学生じゃない 학생이 아니다 学生だった 학생이었다 学生じゃなかった 학생이 아니었다	＋ようです 〜것 같습니다

문형 꼭꼭 익히기

1 ~라고 합니다

보통형 + そうです 〈전문〉

「보통형 + そうです」는 우리말로 '~라고 합니다'로 해석되며 화자 자신이 듣거나 책에서 읽거나 한 일을 상대방에게 전달하는 표현입니다. 어떤 정보원(情報源)에 기초하여 알게 된 일을 전할 때에는 정보원에 「~に　よると (~에 의하면)」을 붙입니다. 「보통형 + そうです」는 그 자체로는 과거형이나 의문형이 되지 않기 때문에 「山田さんは　入試に　失敗したそうでした (×)」「来年　ここで　全国大会が　開かれる　そうですか (×)」와 같은 문장이 성립할 수 없습니다.

L22-2

新聞 신문

~に　よると ~에 의하면
神戸 고베(지명)

けさ 오늘 아침

ひどい (정도가) 심하다
地震 지진

けがを　する 부상을 입다

ことし 올해
夏 여름
短い 짧다
札幌 삿포로(지명)
雪祭り 눈 축제
曇り 흐림

	あしたは　雨が	ふる
	台風は	こない
	けさ　神戸で　ひどい　地震が	あった
新聞に　よると、	地震で　けがを　した　人は	いなかった
	ことしは　夏が	みじかい
	札幌の　雪祭りは	きれいだ
	あしたの　天気は	くもりだ

そうです。

신문에 의하면 내일은 비가 내린다고 합니다. / 신문에 의하면 태풍은 오지 않는다고 합니다. / 신문에 의하면 오늘 아침 고베에서 심한 지진이 있었다고 합니다. / 신문에 의하면 지진으로 부상을 입은 사람은 없다고 합니다. / 신문에 의하면 올해 여름은 짧다고 합니다. / 신문에 의하면 삿포로의 눈 축제는 아름답다고 합니다. / 신문에 의하면 내일 날씨는 흐리다고 합니다.

~인 모양입니다

보통형 + ようです 〈양태〉

「보통형 + ようです」는 우리말로 '~인 모양입니다', '~인 것 같습니다'로 해석되며 어떤 근거에 기초한 화자의 추측을 나타내는 표현입니다. 앞서 배운 「양태의 そうです」가 시각적인 정보에 의한 화자의 판단을 나타내는 것에 비해 「ようです」는 시각뿐만 아니라 화자가 경험한 오감의 모든 정보와 주변 정황에 따른 판단도 추측의 근거가 됩니다. 따라서 「ようです」는 「양태의 そうです」와 달리 「こげくさい　においが　します。何（なに）かが　燃（も）えて　いる　ようです(타는 냄새가 납니다. 뭔가가 타는 모양입니다)」와 같은 표현이 가능합니다.

L22-3

음성을 들으면서 따라하세요.

コンサート(concert) 콘서트
始（はじ）まる 시작되다
課長（かちょう） 과장님
事務所（じむしょ） 사무실
試験（しけん） 시험
合格（ごうかく）する 합격하다
外（そと） 밖
文学（ぶんがく） 문학

コンサートが	はじまる	
課長（かちょう）は　事務所（じむしょ）に	いない	
きのうの　晩（ばん）　雨（あめ）が	ふった	
タワポンさんは　試験（しけん）に	ごうかくしなかった	ようです。
外（そと）は	さむい	
部長（ぶちょう）は　イギリス文学（ぶんがく）が	すきな	
小川（おがわ）さんの　話（はなし）は	ほんとうの	

콘서트가 시작된 모양입니다. / 과장님은 사무실에 없는 모양입니다. / 어젯밤 비가 온 모양입니다. / 타와퐁 씨는 시험에 합격하지 못한 모양입니다. / 밖은 추운 것 같습니다. / 부장님은 영국문학을 좋아하시는 모양입니다. / 오가와 씨의 이야기는 정말인 것 같습니다.

입에 착 붙게 말하기

---

1 다음 보기와 같이 「そうです」 문형을 이용하여 문장을 만들어 보세요. L22-4

> **보기** 天気予報・あしたは　暑く　なります
> → 天気予報に　よると、あしたは　暑く　なるそうです。 일기예보에 의하면, 내일은 더워진다고 합니다.

1) きのうの　新聞・日本の　女性は　世界で　いちばん　長生きします →

2) アメリカの　科学雑誌・新しい　星が　発見されました →

3) 家族の　手紙・ニューヨークは　とても　寒いです →

4) ワンさんの　話・医学の　勉強は　大変です →

Answer

1) きのうの　新聞に　よると、日本の　女性は　世界で　いちばん　長生きするそうです。

2) アメリカの　科学雑誌に　よると、新しい　星が　発見されたそうです。

3) 家族の　手紙に　よると、ニューヨークは　とても　寒いそうです。

4) ワンさんの　話に　よると、医学の　勉強は　大変だそうです。

---

2 다음 보기와 같이 「そうです」 문형을 이용하여 문장을 만들어 보세요. L22-5

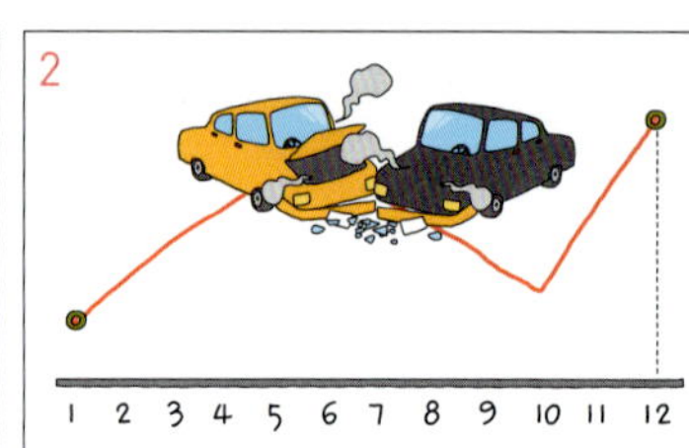

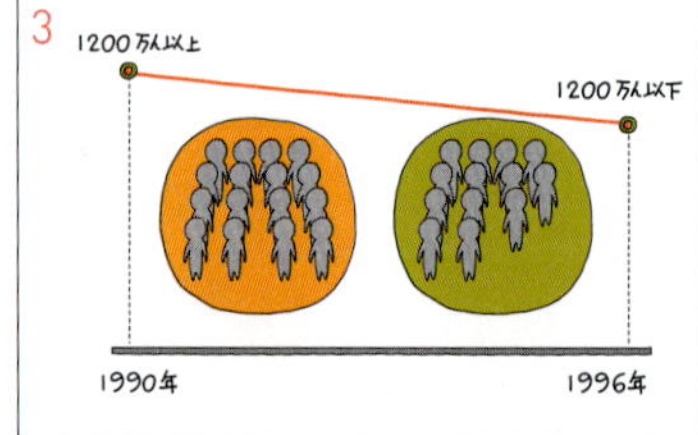

> **보기** 実験は　どうでしたか。（7時の　ニュース） 실험은 어땠습니까?
> → 7時の　ニュースに　よると、失敗したそうです。 7시 뉴스에 의하면, 실패했다고 합니다.

1) サッカーの　試合は　どちらが　勝ったんですか。（サントスさんの　話）→

2) 交通事故が　いちばん　多いのは　何月ですか。（警察の　発表）→

3) 最近　東京の　人口は　増えて　いるんですか。（いいえ、最近の　データ）→

4) 首相は　大統領の　意見に　賛成ですか。（いいえ、けさの　ニュース）→

実験 실험 | **どちら** 어느 쪽 | **増える** 늘다, 증가하다 | **首相** 수상 | **賛成** 찬성

Answer
1) サントスさんの　話に　よると、イタリアが　勝ったそうです。
2) 警察の　発表に　よると、12月だそうです。
3) いいえ、最近の　データに　よると、減っているそうです。
4) いいえ、けさの　ニュースに　よると、反対だそうです。

---

(3) 다음 보기와 같이 「そうです」 문형을 이용하여 문장을 만들어 보세요.　L22-6

> 보기　小川さんは　どこに　転勤したんですか。（大阪） 오가와 씨는 어디로 전근 간 겁니까?
> → 大阪に　転勤したそうです。 오사카로 전근했다고 합니다.

1) あの　ビルは　いつ　できるんですか。（来年の　3月）→

2) タワポンさんは　何を　勉強して　いるんですか。（日本文学）→

3) 火事の　原因は　何だったんですか。（たばこの　火）→

4) どうして　あの　二人は　別れたんですか。（考え方が　違いました）→

転勤 전근 | **原因** 원인 | **たばこ** 담배 | **別れる** 헤어지다

Answer
1) 来年の　3月に　できるそうです。
2) 日本文学を　勉強して　いるそうです。
3) たばこの　火だったそうです。
4) 考え方が　違ったそうです。

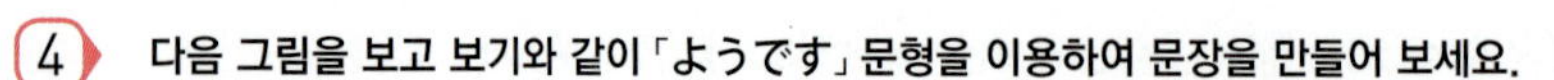

④ 다음 그림을 보고 보기와 같이 「ようです」 문형을 이용하여 문장을 만들어 보세요. L22-7

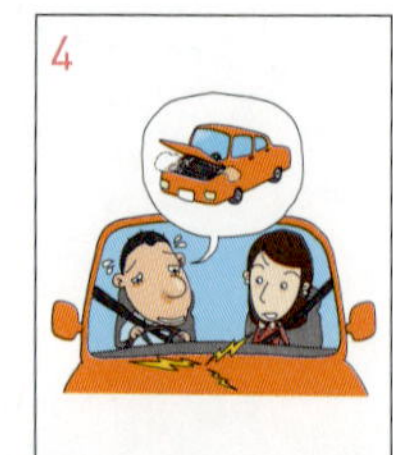

보기　変な　におい（何か　燃えて　います）

A：変な　においが　しますね。이상한 냄새가 나네요.

B：ええ、何か　燃えて　いるようです。네, 뭔가 타고 있는 것 같아요.

스스로 해본 후에
음성을 들으면서
따라하세요.

1) 子どもの　声（子どもたちが　けんかして　います）→

2) いい　におい（ケーキを　焼いて　います）→

3) 変な　味（しょうゆと　ソースを　まちがえました）→

4) 変な　音（エンジンが　故障です）→

燃える（불）타다 ｜ けんかする 싸움하다 ｜ しょうゆ 간장 ｜ エンジン (engine) 엔진 ｜ 故障 고장

Answer

1) 子どもの　声が　しますね。…ええ、子どもたちが　けんかして　いるようです。

2) いい　においが　しますね。…ええ、ケーキを　焼いて　いるようです。

3) 変な　味が　しますね。…ええ、しょうゆと　ソースを　まちがえたようです。

4) 変な　音が　しますね。…ええ、エンジンが　故障のようです。

보기	1	2	3	4
	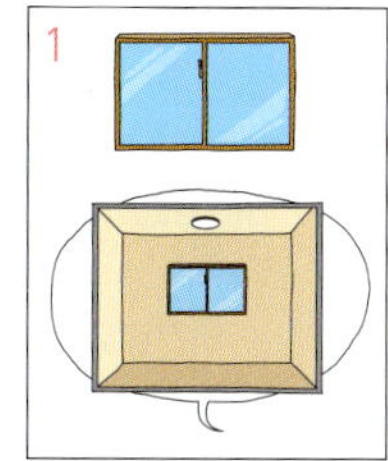			

> **보기**
> 人が　集まって　いますね。(事故です) 사람들이 모여 있네요. (사고입니다)
> → ええ。事故のようですね。 네, 사고인 것 같아요.

1) 電気が　消えて　いますね。(もう　だれも　いません) →
2) 木の　葉が　たくさん　落ちて　いますね。(強い　風が　吹きました) →
3) あの　人、傘を　さして　いますね。(雨が　降って　います) →
4) かぎが　掛かって　いますね。(留守です) →

集まる 모으다 | 消える 꺼지다 | 木の葉 나뭇잎 | 風が　吹く 바람이 불다 | 傘を　さす 우산을 쓰다 | かぎ 열쇠

Answer
1) ええ。もう　だれも　いないようですね。　　2) ええ。強い　風が　吹いたようですね。
3) ええ。雨が　降って　いるようですね。　　4) ええ。留守のようですね。

6 다음 보기와 같이 주어진 문장을 활용하여 한 문장으로 말해 보세요. 🎧 L22-9

> **보기**
> だれか　来ました・ちょっと　見て　来ます
> → だれか　来たようですから、ちょっと　見て　来ます。
> 누군가 온 것 같으니까, 잠깐 보고 올게요.

1) 庭に　猫が　います・見て　来ます →
2) 外は　寒いです・コートを　着て　行った　ほうが　いいです →
3) ミラーさんは　カラオケが　好きです・ぜひ　誘いましょう →
4) この　荷物は　忘れ物です・交番へ　持って　行きましょう →

庭 마당, 정원 | カラオケ 노래방 | 誘う 권하다 | 忘れ物 분실물 | 交番 파출소

Answer
1) 庭に　猫が　いるようですから、見て　来ます。
2) 外は　寒いようですから、コートを　着て　行った　ほうが　いいです。
3) ミラーさんは　カラオケが　好きなようですから、ぜひ　誘いましょう。
4) この　荷物は　忘れ物のようですから、交番へ　持って　行きましょう。

L22-10

● 제3자에게 소식 전하기

회화 1

A ① 小川さんが　課長に　なった
そうですよ。

오가와 씨가 과장이 됐다고
하네요.

B ほんとうですか。　いつですか。

정말입니까? 언제요?

A 4月1日だそうです。

4월 1일이래요.

B じゃ、②お祝いを　し ないと…。

그럼, 축하를 해야 겠네….

1) ① 小川さんの　奥さんが　入院しました　② お見舞いに　行きます
2) ① 小川さんの　お母さんが　80歳に　なります　② 何か　お祝いを　あげます

課長 과장 ｜ お祝い 축하 ｜ お見舞い 문병

1) ① 오가와 씨의 부인이 입원했습니다　② 문병 갑니다
2) ① 오가와 씨의 어머니가 80세가 되었습니다　② 뭔가 축하선물을 줍니다

L22-11

● 정보 전하기

회화 2

A けさの　① ラジオを　聞きました か。

오늘 아침 라디오를 들었어요?

B いいえ。何か　あったんですか。

아니요. 뭔가 있었습니까?

A ええ。② カリフォルニアで　山火事が
あった そうですよ。

네. 캘리포니아에서 산불이
났다고 해요.

B ほんとうですか。怖いですね。

정말이에요? 무섭네요.

1) ① 新聞を　読みます　② グアムで　飛行機が　落ちました
2) ① テレビを　見ます　② イランで　大きな　地震が　ありました

カリフォルニア 캘리포니아 ｜ 山火事 산불 ｜ 怖い 무섭다, 두렵다

1) ① 신문을 봅니다　② 괌에서 비행기가 떨어졌습니다　　2) ① 텔레비전을 봅니다　② 이란에서 큰 지진이 있었습니다

L22-12

● 보거나 듣고 판단하기

회화 3

A　どう　したんですか。　　　　　왜 그러세요?

B　どうも　①事故が　あった　ようです。　　아무래도 사고가 있었던 것 같아요.

A　そうですね。②パトカーが　来て　　그러게요. 경찰차가 와

　いますね。　　　　있네요.

1) ①エンジンが　故障です　　②変な　音が　します
2) ①道を　まちがえました　②いつもの　景色と　違います

パトカー (일본조어 patrol car)경찰 순찰차 | 景色 경치

1) ① 엔진이 고장입니다　② 이상한 소리가 납니다　　2) ① 길을 잘못 들었습니다　② 여느 때의 경치와 다릅니다

婚約したそうです
こんやく

약혼했다고 합니다

L22-13

다카하시 씨와 하야시 씨가 와타나베 씨에 대해 이야기 하고 있습니다. 와타나베 씨는 최근에 IMC사의 스즈키 씨와 약혼을 했다고 하는데요, 이 사실을 전하기 위해 사용된 표현에 주의를 기울이며 회화내용을 파악해 봅시다.

01 渡辺（わたなべ）　お先（さき）に　失礼（しつれい）します。

高橋（たかはし）　あっ、渡辺（わたなべ）さん、ちょっと　待（ま）って。僕（ぼく）も　帰（かえ）りますから……。

渡辺　すみません、ちょっと　急（いそ）ぎますから。

02 高橋　渡辺（わたなべ）さん、このごろ　早（はや）く　帰（かえ）りますね。どうも　恋人（こいびと）が
できたようですね。

林（はやし）　あ、知（し）らないんですか。この間（あいだ）　婚約（こんやく）したそうですよ。

高橋　えっ、だれですか、相手（あい　て）は。

林　IMCの　鈴木（すず　き）さんですよ。

高橋　えっ、鈴木（すず　き）さん？

林　去年（きょねん）　渡辺（わたなべ）さんの　友達（ともだち）の　結婚式（けっこんしき）で　知（し）り合（あ）った
そうですよ。

高橋　そうですか。

林　ところで、高橋（たかはし）さんは？

高橋　僕（ぼく）ですか。僕（ぼく）は　仕事（し　ごと）が　恋人（こいびと）です。

婚約(こんやく)する 약혼하다

お先(さき)に 먼저

失礼(しつれい) 실례

急(いそ)ぐ 서두르다

どうも 아무래도

恋人(こいびと)が　できる 애인이 생기다

知(し)る 알다

この間(あいだ) 일전, 최근

相手(あいて) 상대

結婚式(けっこんしき) 결혼식

知(し)り合(あ)う 서로 알다

仕事(しごと) 일, 업무

와타나베 : 먼저 실례하겠습니다.
다카하시 : 앗, 와타나베 씨, 잠깐 기다려주세요. 저도 가니까….
와타나베 : 죄송합니다, 좀 급해서요.

02

다카하시 : 와타나베 씨가 요즘 일찍 가네요. 아무래도 애인이 생긴 모양이군요.
하야시 　: 아, 몰랐어요? 요번에 약혼했대요.
다카하시 : 아니, 누구에요? 상대는.
하야시 　: IMC의 스즈키 씨에요.
다카하시 : 아니, 스즈키 씨요?
하야시 　: 작년에 와타나베 씨 친구의 결혼식에서 서로 알게 되었다고 하네요.
다카하시 : 그래요?
하야시 　: 그런데, 다카하시 씨는요?
다카하시 : 저요? 저는 일이 애인에요.

★ 일본인의 맥주 사랑

　일본에서 지내다보면 공통적으로 느끼실만한 점이 있습니다. 바로 맥주의 종류가 너무나 다양하다는 점인데요. 실제로 일본 맥주는 아시아 여느 나라에 비해 그 역사도 길고 지금은 세계에서도 손꼽을 정도의 규모를 자랑하고 있답니다. 업계의 큰 손인 4개 기업의 맥주 종류만 합쳐도 3,40종류는 가뿐히 넘고 이것 말고도 지역마다 특유의 맥주가 있을만큼 다양하게 발전을 이루고 있습니다. 아직도 이자카야(居酒屋 : 선술집)에 가면 とりあえずビール(일단 맥주)라는 말이 있을 정도로 맥주는 일본인들에게 사랑받고 있는 술이라고 할 수 있겠습니다.

　자신들의 전통주를 지키고 발전시키는 것은 물론 타국의 맥주 역시 사신의 것으로 발전 시키는 모습은 음주 문화를 떠나 우리의 문화 발전에 있어서도 본받을만한 부분이 아닐까 싶네요.

① **婚約する** 약혼하다

「婚約」는 '약혼'이라는 뜻입니다. 우리말은 '약혼하다'라고 하면 「約婚하다」라고 쓰기 때문에 한자의 쓰임이 우리말과 달라 자주 틀리는 표현입니다. 일본도 약혼을 할 때 우리나라로 하면 '함'과 같이 간단히 예물을 교환하는 의식이 있는데 이를 「結納」라고 합니다. '예물을 교환하다'라는 표현은 「結納を　入れる」라고 합니다.

② **急ぐ** 서두르다

「急ぐ」는 '서두르다'라는 뜻입니다. 회화 장면에서와 같이 '빨리 가야 되요'라고 말할 때에는 「すみません、急いでいるんです」라고 합니다. 「急ぐ」는 동사이지만 마치 부사가 용언을 수식하는 것처럼 같은 동사 앞에 붙어 사용되는 경우가 많습니다. 예를 들면 「時間が　なくて、急いで　食べた(시간이 없어서 서둘러 먹었다)」「登山の　途中、日が　暮れるのを　見て　急いで　おりて　きた(등산 도중, 해가 지는 것을 보고 서둘러 내려왔다)」와 같은 경우입니다.

③ **恋人が　できる** 애인이 생기다

「恋人が　できる」는 '애인이 생기다'라는 의미입니다. 우리말로 '애인을 사귀다'와 같이 표현하고 싶을 때에는 「付き合う」라는 동사를 사용합니다. 「恋人」는 '연인', '애인'이라는 표현이지만 우리말의 여자친구, 남자친구에 해당하는 말은 일본어로 「彼(남자친구)」「彼女(여자친구)」가 됩니다. 또한 '남자친구(여자친구)를 사귀고 싶다'라는 표현은 「付き合う」를 쓰기보다는 「ほしい」를 써서 「彼(彼女)が　ほしい」라고 합니다.

④ **知り合う** (서로) 알게 되다

「知り合う」는 '(서로) 알게 되다'라는 뜻입니다. 「동사의 ます형」에 「合う」를 붙이면 '(서로) ~하다'라는 복합동사가 만들어 집니다. 예를 들면 「話し合う : 서로 이야기하다」「愛し合う (서로 사랑하다)」「助け合う (서로 돕다)」와 같은 표현이 있습니다. 「知り合う」는 동사형이지만 이 동사의 명사형인 「(お)知り合い (아는 사람)」도 자주 사용됩니다.

도전 듣기 · 쓰기

1 다음 질문을 듣고 자신의 상황에 비추어 자유롭게 답하세요.

L22-14

1) ____

2) ____

2 다음 대화를 듣고 제시문에 맞으면 〇, 틀리면 ×표를 하세요.

L22-15

1) (　　) 　　　　2) (　　) 　　　　3) (　　) 　　　　4) (　　) 　　　　5) (　　)

3 다음 (　) 안에 들어갈 알맞은 표현을 골라 올바른 형태로 써 넣으세요.

> 보기　母の　手紙に　よると、うちの　犬が　(死んだ)そうです。
>
> 어머니의 편지에 의하면, 우리 집 개가 죽었다고 합니다.

かわいいです	にぎやかです	男の　子です	生まれました
~~死にました~~	遅れます		

1) 祇園祭を　見た　ことが　ありますか。

　… いいえ、ありませんが、とても　(　　　　　　　)そうですね。

2) さっき　田中さんから　電話が　ありました。
　電車の　事故で　30分ぐらい　(　　　　　　　)そうです。

3) 木村さんに　赤ちゃんが　(　　　　　　　)そうです。

　…それは　よかったですね。　どちらですか。

　(　　　　　　　)そうです。とても　(　　　　　　　)そうですよ。

4 다음 보기와 같이 접속에 유의하여 문장을 완성해 보세요.

> 보기　外は　雪が　降って　いて、（寒いです → 寒）そうです。　밖은 눈이 내려서, 추울 것 같아요.
> 天気予報に　よると、あしたも　（寒いです → 寒い）そうです。
> 일기예보에 의하면 내일도 춥다고 합니다.

1) カタログで　見ると、新しい　掃除機は　（いいです →　　　　）そうですが、
　使った　人の　話に　よると、あまり　（便利じゃ　ありません →　　　　　　）
　そうです。

2) シュミットさんは　写真で　見ると、（怖い →　　　　）そうですが、
　話して　みると、とても　（優しい　人です →　　　　）そうです。

3) 彼は　大きい　家が　あって、（幸せです →　　　　）そうですが、
　実は　仕事が　うまく　いかなくて、（困って　います →　　　　）そうです。

5 다음 보기와 같이 제시된 단어를 활용하여 빈칸에 알맞게 써 넣으세요.

>  보기　交差点に　人が　集まって　います。事故が　（あった）ようです。
> 교차로에 사람이 모여 있어요. 사고가 있었던 것 같아요.

います	~~あります~~	来ます	古いです	カレーです

1) 事務所の　電気が　消えて　います。だれも　（　　　　　）ようです。

2) 玄関で　人の　声が　しました。だれか　（　　　　　）ようです。

3) いい　においが　します。きょうの　晩ごはんは　（　　　　　）ようです。

4) この　牛乳は　ちょっと　変な　味が　します。（　　　　　）ようです。

 **문맥에 맞는 단어에 ○표를 하세요.**

> 보기 　星が　きれいですね。あしたも　（晴れた、晴れだ、(晴れ)）そうですね。
> 별이 예쁘네요. 내일도 맑을 것 같네요.

1) せきも　出るし、頭も　痛いし、どうも　かぜを　ひいた　（そうです、ようです、
　　はずです）から、きょうは　うちに　います。

2) 手紙に　よると、小川さんは　（元気な、元気だ、元気に）そうです。

3) 林さんに　聞きましたが、息子さんが　（結婚しそうですね、結婚するそうですね、
　　結婚する　はずですね）。おめでとう　ございます。

4) 時計が　けさから　動きません。（故障だ、故障の、故障）ようです。

 **다음 본문을 읽고 내용에 맞으면 ○, 틀리면 ×표를 하세요.**

　　　　　　　　　　　　　　　　　　　　　　　　長生きする　ために

　　　1996年の　日本人の　平均寿命は　女性が　83.59歳、男性が　77.01歳だ
そうです。男性と　比べて　女性の　ほうが　6年以上も　長生きするのは　ど
うしてでしょうか。
　　　ある　博士に　よると、女性は　年を　取っても、明るい　色の　服を　着る
ので、脳が　よく　働いて、ホルモンが　出るからだそうです。
　　　また、ある　化粧品会社の　調べに　よると、女性は　化粧を　して　いる
ときと　して　いない　ときでは、ずいぶん　変わる　そうです。化粧を　する
と、声が　高く、大きく　なり、相手の　目を　よく　見て　話すように　なる
そうです。化粧は　人を　元気に　するのです。
　　　男性も　長生きする　ために、明るい　色の　服を　着て、化粧を　して　み
たら、どうでしょう。

1) (　　) 男性は　女性より　長生きします。

2) (　　) 明るい　色の　服を　着ると、長生きできるようです。

3) (　　) 女性は　化粧を　すると、元気に　なります。

4) (　　) この　人は　男性も　化粧を　した　ほうが　いいと　思って　います。

동사의 사역표현

● 중요**단어** 파악하기

部長は　加藤さんを　出張させました。
부장님은 가토 씨를 출장 보냈습니다.

ちょっと　コピー機を　使わせて
いただけませんか。
잠깐 복사기를 사용하게 해 주시겠습니까?

<u>1</u>

息子を　　イギリスへ　　留学させます。
①　　　　　②　　　　　　③

①아들을　　②영국에　　　③유학시킵니다.

<u>2</u>

娘に　　ピアノを　　習わせます。
①　　　　②　　　　　③

①딸에게　②피아노를　③배우게 합니다.

1 동사의 사역형

1) 사역형의 의미

동사의 사역형이란 우리말로 '~을 하게 하다(시키다)'로 해석되며 사역주(동작을 시키는 사람)가 동작주(동작을 하는 사람)에게 어떠한 행동을 하도록 시키는 것을 나타내는 표현입니다. 사역문은 크게 ① 「を」를 취하는 동사와 ② 「を」를 취하지 않는 동사로 나뉩니다. ①의 경우 원문 「部下が 仕事を 手伝います(부하가 일을 돕습니다)」을 사역문으로 바꾸면 「上司は 部下に 仕事を 手伝わせます(상사가 부하에게 일을 돕게 시킵니다)」가 되어 「~は ~に ~を＋동사의 사역형」의 형태를 취하며, ②의 경우 원문 「部下が 本社へ 行きます(부하가 본사에 갑니다)」를 사역형으로 바꾸면 「上司は 部下を 本社へ 行かせます(상사가 부하를 본사에 가게 시킵니다)」가 되어 「~は ~を＋동사의 사역형」의 형태를 취합니다.

앞서 살펴본 것과 같이 사역표현이라고 하는 것은 「上司が 部下に 仕事を 手伝わせます」와 같이 주어가 행위를 하는 사람에게 무언가 행동하도록 시키는 것을 나타내는 것이 기본적인 의미입니다. 따라서 여기에는 강제적인 뉘앙스가 생겨나는 경우가 많지만, 동사의 성질과 문장의 정황에 따라서는 「好きなように やらせて おきます(원하는 대로 하게끔 내버려둡니다)」와 같이 강제적인 의미를 포함하지 않는 경우도 있습니다. 사역형의 대표적인 용례를 살펴보면 다음과 같습니다.

① 先生は （命令して） 遅刻した 学生に 教室を 掃除させます。[강제]
　선생님은 (명령하여) 지각한 학생에게 교실 청소를 시킵니다.

② 子どもには 一日に 1時間だけ ゲームを させます。[허용]
　아이에게는 하루에 1시간씩만 게임을 하게 합니다.

③ ひどい ことを 言って、彼女を 泣かせて しまいました。[유발]
　심한 말을 해서 그녀를 울리고 말았습니다.

④ 土曜日は 暗く なるまで 子どもを 外で 遊ばせて います。[방치]
　토요일은 어두워질 때까지 아이를 밖에서 놀게 내버려둡니다.

⑤ 戦争で 子どもを 死なせて しまいました。[책임]
　전쟁으로 아이를 잃었습니다(죽게 했습니다).

2) 사역형의 동사접속 형태

동사의 사역형은 「동사의 ない형 + (さ)せます」를 붙입니다. 3그룹 동사는 예외이므로 する는 「させ
ます (하게 합니다)」、来る는 「来させます (오게 합니다)」가 됩니다. 아래의 예를 반복 연습하여 형태
를 완벽하게 암기하도록 합시다.

그룹		사역형
1그룹	かきます 씁니다	かかせます 쓰게 합니다
	いそぎます 서두릅니다	いそがせます 서두르게 합니다
	のみます 마십니다	のませます 마시게 합니다
	はこびます 옮깁니다	はこばせます 옮기게 합니다
	つくります 만듭니다	つくらせます 만들게 합니다
	てつだいます 돕습니다	てつだわせます 돕게 합니다
	もちます 듭니다	もたせます 들게 합니다
	なおします 고칩니다	なおさせます 고치게 합니다
2그룹	たべます 먹습니다	たべさせます 먹게 합니다
	しらべます 조사합니다	しらべさせます 조사하게 합니다
	います 있습니다	いさせます 있게 합니다
3그룹	きます 옵니다	こさせます 오게 합니다
	します 합니다	させます 시킵니다

문형 꼭꼭 익히기

1 ~은 ~를 ~(하도록) 시킵니다

~は　~を＋동사의 사역형

이 문형은 원문의 동사가 「を」를 취하지 않을 경우 사역형으로 변화시켰을 때 「~は　~を＋동사의 사역형」을 취하는 경우입니다. 동작을 하도록 시키는 사람에게 조사로, 그리고 동작을 하도록 명령받은 사람에게 조사 「を」를 붙입니다.

L23-2

部長は	ミラーさん	を	アメリカへ	しゅっちょうさせました。
	かちょう		会議に	しゅっせきさせました。
	すずきさん		3日間	やすませました。
	むすこさん		旅行に	いかせました。

부장님은 밀러 씨를 미국에 출장 보냈습니다. / 부장님은 과장님을 회의에 출석시켰습니다. / 부장님은 스즈키 씨를 3일간 쉬게 했습니다. / 부장님은 아들을 여행 보냈습니다.

部長 부장님
出張する 출장가다
会議 회의
出席する 출석하다
休む 쉬다
旅行 여행

2 ~은 ~에게 ~을 (하도록) 시킵니다

~は　~に　~を＋동사의 사역형

이 문형은 원문의 동사가 「を」를 취하는 경우 사역형으로 변화시켰을 때 「~は　~に　~を＋동사의 사역형」을 취하는 경우입니다. 동작을 하도록 시키는 사람에게 조사 「は」를, 그리고 동작을 하도록 명령받은 사람에게 조사 「に」를 붙입니다.

L23-3

わたしは	こども	に	ぎゅうにゅう	を	のませます。
	むすめ		がいこくご		べんきょうさせます。
	こども		すきな　しごと		させます。
	むすこ		ほしい　もの		かわせます。

나는 아이에게 우유를 마시게 합니다. / 나는 딸에게 외국어 공부를 시킵니다. / 나는 아이에게 좋아하는 일을 하게 합니다. / 나는 아들에게 원하는 것을 사게 합니다.

子ども 어린이, 아이
牛乳 우유
娘 딸
外国語 외국어
勉強する 공부하다

동사의 사역형＋て　いただけませんか

초급에서 이미 학습한「～て　いただけませんか」는 상대방에게 어떤 행위를 하도록 부탁할 때 쓰는 표현이었습니다. 이 문형에 동사의 사역형을 접속하면 자신의 행동을 인정해 달라고 상대방에게 부탁하는 표현이 됩니다. 이 표현은 어떠한 행동을 하도록 허가할 수 있는 권한을 가지고 있는 사람에게 매우 정중하게 부탁할 때 자주 사용되며, 우리말로 '～하게 해 주시지 않겠습니까?'로 해석됩니다.

L23-4

すみませんが、	あした	やすませて	いただけませんか。
	ここで ちょっと	またせて	
		コピーさせて	

죄송합니다만, 내일 쉬게 해 주시겠습니까? / 죄송합니다만, 여기서 기다리게 해 주시겠습니까? / 죄송합니다만, 조금 기다리게 해 주시겠습니까? / 죄송합니다만, 복사하게 해 주시겠습니까?

ちょっと 잠깐, 조금
コピーする 복사하다

셀로판지를 이용하여 말하기 연습을 해 봅시다.

① 한 사람이 다른 사람에게 무언가를 시키는 그림입니다. 다음 보기와 같이 사역형의 표현을 사용하여 말해 보세요. L23-5

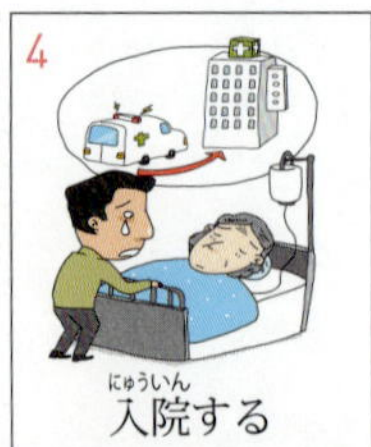

> 보기　わたし・娘 → わたしは　娘を　買い物に　行かせました。　나는 딸에게 쇼핑을 가게 했습니다.

스스로 해본 후에
음성을 들으면서
따라하세요.

1) わたし・息子 →

2) 課長・ミラーさん →

3) 僕・妹 →

4) 父・祖母 →

にゅういん
入院する 입원하다

Answer
1) わたしは　息子を　立たせました。
2) 課長は　ミラーさんを　出張させました。
3) 僕は　妹を　泣かせました。
4) 父は　祖母を　入院させました。

보기

娘は　スペイン語を　習いました・わたし

→ わたしは　娘に　スペイン語を　習わせました。 나는 딸에게 스페인어를 배우게 했습니다.

스스로 해본 후에
음성을 들으면서
따라하세요.

1) 学生は　テープを　聞きました・先生 →

2) ミラーさんは　ファイルを　持って　来ました・部長 →

3) 息子は　料理を　作りました・わたし →

4) 妹は　部屋を　掃除しました・母 →

スペイン語 스페인어 │ ファイル (file) 파일 │ 掃除する 청소하다

Answer
1) 先生は　学生に　テープを　聞かせました。
2) 部長は　ミラーさんに　ファイルを　持って　来させました。
3) わたしは　息子に　料理を　作らせました。
4) 母は　妹に　部屋を　掃除させました。

셀로판지를 이용하여 말하기 연습을 해 봅시다.

3 다음 보기와 같이 주어진 문장을 한 문장으로 완성하세요. L23-7

> 보기
>
> 1) 体に いいです・毎朝 子どもは 牛乳を 飲んで います
> → 体に いいので、毎朝 子どもに 牛乳を 飲ませて います。
> 몸에 좋으니까, 매일 아침 아이에게 우유를 먹이고 있습니다.
>
> 2) 息子は 来年 入学試験を 受けます・息子は 塾に 通って います
> → 息子は 来年 入学試験を 受けるので、息子を 塾に 通わせて います。
> 아들은 내년 입학시험을 보기 때문에, 아들을 학원에 보내고 있습니다.

1) 朝は 忙しいです・娘は 朝ごはんの 準備を 手伝って います →
2) 犬を 飼って います・息子は 犬の 世話を して います →
3) 体に いいです・毎週 息子は プールへ 行って います →
4) この 公園は うちから 近いです・娘は いつも ここで 遊んで います →

스스로 해본 후에 음성을 들으면서 따라하세요.

塾 학원 | 飼う (동물을) 기르다 | 世話を する 돌보다 | プール (pool) 수영장

Answer
1) 朝は 忙しいので、娘に 朝ごはんの 準備を 手伝わせて います。
2) 犬を 飼って いるので、息子に 犬の 世話を させて います。
3) 体に いいので、毎週 息子を プールへ 行かせて います。
4) この 公園は うちから 近いので、娘を いつも ここで 遊ばせて います。

4 다음 보기와 같이 괄호 안의 표현을 사용하여 사역표현으로 대답해 보세요. L23-8

> 보기
>
> この アパートの 部屋を 見たいんですが……。 이 아파트의 방을 보고 싶습니다만….
> (案内します) → じゃ、係の 者に 案内させます。 그럼, 담당자에게 안내하게 하겠습니다.

1) 旅行の スケジュールに ついて 聞きたいんですが……。(説明します) →
2) 新しい 製品の カタログを 送って いただきたいんですが……。
   (あした 届けます) →
3) エアコンの 調子が おかしいんですが……。(調べます) →
4) テレビを 直して もらいたいんですが……。(すぐ 修理に 行きます) →

스스로 해본 후에 음성을 들으면서 따라하세요.

係 담당직원 | スケジュール (schedule) 스케줄 | カタログ (catalouge) 카탈로그 | 届ける 보내다 | すぐ 곧, 바로

Answer
1) じゃ、係の 者に 説明させます。 2) じゃ、係の 者に あした 届けさせます。
3) じゃ、係の 者に 調べさせます。 4) じゃ、係の 者に すぐ 修理に 行かせます。

5 사역표현 중에 허용을 의미하는 표현을 연습해 봅시다. 다음 보기와 같이 말해 보세요. 🎧 L23-9

> **보기** 生徒は　自由に　意見を　言いました・先生
>
> →先生は　生徒に　自由に　意見を　言わせました。　선생님은 학생에게 자유롭게 의견을 말하게 했습니다.

스스로 해본 후에
음성을 들으면서
따라하세요.

1) 息子は　好きな　仕事を　選びます・わたし　→

2) 子どもたちは　自由に　絵を　かきます・先生　→

3) 兄は　やりたい　ことを　やりました・父　→

4) 妹は　外国へ　留学しませんでした・母　→

生徒 학생(특히 중·고교학생) | 選ぶ 고르다 | 絵を　かく 그림을 그리다 | 留学 유학

Answer
1) わたしは　息子に　好きな　仕事を　選ばせます。
2) 先生は　子どもたちに　自由に　絵を　かかせます。
3) 父は　兄に　やりたい　ことを　やらせました。
4) 母は　妹を　外国へ　留学させませんでした。

6 사역표현으로 상대방에게 부탁하는 표현을 연습하는 문제입니다. 다음 보기와 같이 말해 보세요. 🎧 L23-10

> **보기** この　レポートを　読みたいです・ちょっと　コピーします
>
> →この　レポートを　読みたいので、ちょっと　コピーさせて　いただけませんか。
>
> 이 리포트를 읽고 싶습니다만, 좀 복사하게 해 주시겠습니까?

스스로 해본 후에
음성을 들으면서
따라하세요.

1) 荷物を　降ろしたいです・ここに　しばらく　車を　止めます　→

2) 気分が　悪いです・ここで　ちょっと　休みます　→

3) 庭が　とても　きれいです・写真を　1枚　撮ります　→

4) 空港へ　両親を　迎えに　行きたいです・4時に　帰ります　→

降ろす 내리다, 내려놓다 | しばらく 잠시 | 庭 정원 | 迎える 마중하다

Answer
1) 荷物を　降ろしたいので、ここに　しばらく　車を　止めさせて　いただけませんか。
2) 気分が　悪いので、ここで　ちょっと　休ませて　いただけませんか。
3) 庭が　とても　きれいなので、写真を　1枚　撮らせて　いただけませんか。
4) 空港へ　両親を　迎えに　行きたいので、4時に　帰らせて　いただけませんか。

회화랑 친해지기

● 강제사역표현 연습하기

회화 1

A お子さんに　何か　うちの　仕事を　させて　いますか。
자녀분에게 뭔가 집안일을 시키고 있나요?

B ええ。食事の　準備を　手伝わせて　います。
네. 식사준비를 돕게 하고 있어요.

A そうですか。いい　ことですね。
그래요? 좋은 일이네요.

1) 食事の　あとで、お皿を　洗います　2) 毎日　犬の　世話を　します

お皿 그릇, 접시

1) 식사 후에 접시를 닦습니다　2) 매일 개를 돌봅니다

● 허용사역 표현 연습하기

회화 2

A お子さんが　① 高校を　やめ　たいと　言ったら、どう　しますか。
자녀분이 고등학교를 그만두고 싶다고 말하면, 어떻게 하시겠어요?

B そうですね。ほんとうに　② 勉強が　嫌だったら、① やめさせます。
글쎄요…. 정말 공부가 싫다면, 그만두게 하겠어요.

A そうですか。
그렇습니까?

1) ① 音楽を　やります　② 音楽が　好きです　2) ① 留学します　② 勉強したいです

1) ① 음악을 합니다 ② 음악을 좋아합니다　2) ① 유학합니다 ② 공부하고 싶습니다

L23-13

회화 3

● 의뢰 · 부탁하기

A ちょっと　お願いが　あるんですが……。 부탁이 좀 있는데요….

B はい、何ですか。 네, 뭔데요?

A 実は　来週の　金曜日に 실은 다음 주 금요일에

① 友達の　結婚式が　ある　ので、 친구의 결혼식이 있기 때문에,

② 早退させて　いただけませんか。 조퇴해도 될까요?

B わかりました。　いいですよ。 알았어요. 좋습니다.

---

1) ① 国から　姉が　来ます　② 午後から　休みを　取ります
2) ① 入管へ　再入国ビザを　取りに　行きます　② 早退します

早退する 조퇴하다 ｜ 入管 입관, 출입국관리국 ｜ 再入国 재입국

1) ① 고향에서 언니가 옵니다　② 오후부터 휴가를 냅니다　　2) ① 입관에 재입국비자를 받으러 갑니다　② 조퇴합니다

셀로판지를 이용하여 회화 연습을 해 봅시다.

休ませて　いただけませんか
やす

쉬게 해 주지 않겠습니까?

L23-14

밀러 씨가 다음 달에 있을 친구 결혼식을 위해 과장님께 휴가 승락을 받으려고 합니다. 손윗사람에게 정중하게 부탁해야 할 때에는 어떤 표현을 쓸까요? 주의 깊게 살펴봅시다.

ミラー　課長、今　お忙しいですか。
か ちょう　いま　　いそが

中村課長　いいえ、どうぞ。
なかむら か ちょう

ミラー　ちょっと　お願いが　あるんですが……。
ねが

中村課長　何ですか。
なん

ミラー　実は　来月　アメリカに　いる　友達が　結婚するんです。
じつ　　らいげつ　　　　　　　　　ともだち　けっこん

中村課長　そうですか。

ミラー　それで　ちょっと　国へ　帰らせて　いただきたいんですが……。
くに　かえ

中村課長　来月の　いつですか。
らいげつ

ミラー　7日から　10日間ほど　休ませて　いただけませんか。
なの か　　とうか かん　やす

両親に　会うのも　久しぶりなので……。
りょうしん　あ　　　ひさ

中村課長　えーと、来月は　20日に　営業会議が　ありますね。
らいげつ　　はつか　えいぎょうかい ぎ

それまでに　帰れますか。
かえ

ミラー　結婚式は　15日なので、終わったら、すぐ　帰って　来ます。
けっこんしき　　にち　　　お　　　　　　かえ　　き

中村課長　じゃ、かまいませんよ。ゆっくり　楽しんで　来て　ください。
たの　　き

ミラー　ありがとう　ございます。

休(やす)む 쉬다

忙(いそが)しい 바쁘다

来月(らいげつ) 다음 달

アメリカ(America) 미국

友達(ともだち) 친구

結婚(けっこん)する 결혼하다

国(くに) 나라, 고국

帰(かえ)る 돌아가다

両親(りょうしん) 부모님

久(ひさ)しぶり 오래간만

営業会議(えいぎょうかいぎ) 영업회의

終(お)わる 끝나다

かまう 상관하다, 신경쓰다

ゆっくり 느긋하게, 천천히

楽(たの)しむ 즐기다

밀러	: 과장님, 지금 바쁘십니까?
나카무라과장	: 아니요. 얘기하세요.
밀러	: 부탁이 좀 있습니다만….
나카무라과장	: 뭔가요?
밀러	: 실은 다음 달 미국에 있는 친구가 결혼합니다.
나카무라과장	: 그렇습니까?
밀러	: 그래서 좀 고향에 가게 해 주시지 않겠습니까?
나카무라과장	: 다음 달 언제인가요?
밀러	: 7일부터 10일간 정도 쉬게 해 주시겠습니까? 부모님을 만나는 것도 오랜만이어서….
나카무라과장	: 음~, 다음 달은 20일에 영업회의가 있군요. 그때까지 돌아올 수 있습니까?
밀러	: 결혼식은 15일이니까, 끝나면 바로 돌아오겠습니다.
나카무라과장	: 그럼, 상관없습니다. 느긋하게 즐기고 오세요.
밀러	: 감사합니다.

★ 가루타 (カルタ、歌留多(かるた))

　가루타는 일본 전통 카드놀이를 말하는데요. 가루타의 어원은 포르투갈어 Carta(그림이나 문자가 있는 카드)에서 왔다고 합니다. 1543년, 규슈에 표류해 온 포르투갈인에 의해 처음 전해졌고, 에도 시대 후반부터 전국적으로 널리 퍼지기 시작했다고 하네요.

　대표적인 놀이 방법은 100장의 시가 적힌 카드를 두 사람이 각각 25장씩 골라 50장을 늘어놓고 이를 암기합니다. 그리고 낭송자가 시의 서두를 읽으면 그것과 맞는 글귀가 적힌 카드를 집거나 경기선 바깥으로 날려버려 최종적으로 늘어놓은 카드가 먼저 다 없어진 쪽이 승리하게 됩니다.

　전통 놀이인데다 시를 외우는 경기인만큼 지루하고 인기가 없을 것 같지만 순발력과 지략을 요구하여 박진감 넘치고, 전국대회도 있을만큼 아직까지 많은 사랑을 받고 있다고 하네요.

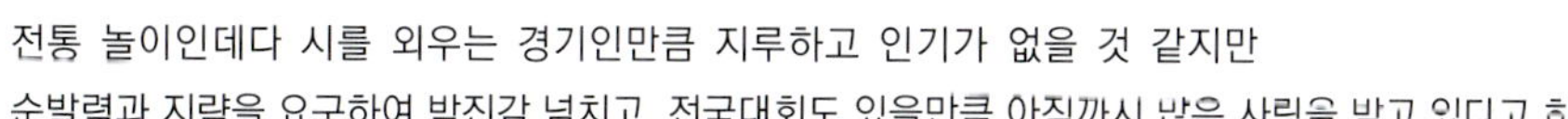

① **お忙しいですか。** 바쁘십니까?

「忙しい」는 '바쁘다'라는 뜻입니다. い형용사에 접두어 「お」를 붙여 「お忙しい」라고
말하면 존경표현으로 상대방을 높이는 표현이 됩니다. 회화에서와 같이 부하직원이 부
장님께 상의를 드리러 가는 장면에서 다짜고짜 「部長、今 忙しいですか」라고 하면 매우 당돌한 느낌
을 줍니다. 표면상으로는 「です」를 붙였기 때문에 문제가 없어 보이지만 손아랫사람이 손윗사람에게 사
용하는 표현으로는 어울리지 않는 표현입니다. 이처럼 일부 형용사·명사에 「お」나 「ご」를 붙여서 존경
어를 만드는 어휘가 있는데 원칙적으로 「お」는 고유일본어에, 「ご」는 한자합성어에 붙습니다. 몇 가지
예를 들면 아래와 같습니다.

	「お」가 붙는 말의 예	「ご」가 붙는 말의 예
명사	お国　お名前　お仕事	ご家族　ご意見　ご旅行
な형용사	お元気　お上手　お暇	ご熱心　ご丁寧　ご親切
い형용사	お忙しい　お若い	

② **久しぶり** 오랜만이다

「ひさしぶり」는 '오래간만'이라는 뜻입니다. 「～ぶり」는 날짜나 기간을 나타내는 말 뒤에 붙어서 '～만'
이라는 의미로 쓰입니다. 예를 들어 아는 사람과 2년 만에 만났다고 하면 「もう 2年ぶりだね(벌써 2
년 만이구나)」라고 말합니다. 여기에 '오래되다'라는 의미를 가진 한자를 붙여 「久しぶり」가 되는 것입
니다. 손윗사람에게 말할 때에는 「お久しぶりです」라고 말합니다.

③ **かまいませんよ。** 상관없어요.

「かまう」는 '관심을 갖다', '신경 쓰다', '상관하다'라는 표현입니다. 「だれも かまって くれないから 寂
しい(아무도 신경 써 주지 않아서 외롭다)」와 같이 긍정형으로 사용되기도 하지만 부정형의 형태로 쓰이는 일
이 훨씬 많은 표현입니다. '～에 구애 없이'라는 뜻으로 동사를 수식할 때에는 「なりふり かまわず 働く
(복장과 태도에 구애없이 일하다)」와 같이 「かまわず」의 형태가 됩니다.

④ **ゆっくり 楽しんで 来て ください。** 푹 쉬다 오세요.

「楽しむ」는 '즐기다'라는 뜻입니다. 여기에 '느긋하다'라는 의미를 가진 「ゆっくり」를 붙이면 '푹 쉬다', '마
음껏 만끽하다'라는 말이 됩니다. 우리말로는 서로 친한 사이에서 자주 '재밌게 놀다와~'라는 말을 많이
하는데, 일본어로는 「楽しんで 来て(ね)」라고 합니다. 「楽しむ」는 '즐기다'라는 원래의 의미를 살려서
「新鮮な おすしを 存分に 楽しむ(신선한 초밥을 마음껏 즐기다)」「海山で スポーツを 楽しむ
(산과 바다에서 스포츠를 즐기다)」와 같은 표현으로 자주 사용됩니다.

1 다음 질문을 듣고 자신의 상황에 비추어 자유롭게 답하세요.

L23-15

1) ____

2) ____

3) ____

2 다음 대화를 듣고 제시문에 맞으면 ○, 틀리면 ×표를 하세요.

L23-16

1) (　　) 　　　　2) (　　) 　　　　3) (　　) 　　　　4) (　　) 　　　　5) (　　)

3 다음 보기와 같이 동사의 ます형을 사역형으로 바꾸어 보세요.

보기 泣きます	泣かせます	4) 運びます		8) います	
1) 急ぎます		5) 休みます		9) 届けます	
2) 話します		6) 走ります		10) します	
3) 待ちます		7) 洗います		11) 来ます	

4 다음 보기와 같이 주어진 단어를 문맥에 맞게 바꾸어 써 넣으세요.

보기
1) お客さんが　来るので、弟（を）　買い物に　（行きます → 行かせます）。
손님이 오므로, 남동생에게 장 보러 가게 했습니다.

2) 荷物が　多いので、弟（に）　荷物を　（持ちます → 持たせます）。
짐이 많아서, 남동생에게 짐을 들게 했습니다.

1) 天気が　いいので、子ども（　　）　公園で　（遊びます →　　　　　　　　）。

2) 部屋が　汚れて　いるので、娘（　　）　（掃除します →　　　　　　　　）。

3) 忙しいので、子ども（　　）　店の　仕事を　（手伝います →　　　　　　　　）。

4) 資料が　足りないので、係の　者（　　）　（持って　来ます →　　　　　　　　）。

⑤ 다음 보기와 같이 ( ) 안에 들어갈 단어를 골라 문장을 완성하세요.

> 보기 疲れたので、ちょっと （休ませて） いただけませんか。 피곤하므로 잠시 쉬게 해 주시겠습니까?

帰ります	止めます	~~休みます~~	使います	置きます

1) ここに 荷物を （　　　　　） いただけませんか。

2) 夕方 病院へ 行きたいんですが、4時ごろ （　　　　　） いただけませんか。

3) 会社に 連絡したいんですが、この 電話を （　　　　　） いただけませんか。

4) すみませんが、ここに 車を （　　　　　） いただけませんか。

⑥ 다음 보기와 같이 문맥에 맞는 표현에 〇표를 하세요.

> 보기 テレビの 調子が おかしいんですが……。 텔레비전의 상태가 이상한데요….
>
> … わかりました。すぐ 店の 者を （ 行かせます 、行って もらいます）。
> 알겠습니다. 바로 가게 사람을 보내겠습니다.

1) この 荷物を 全部 一人で 運んだんですか。

　… いいえ、友達に （手伝わせました、手伝って もらいました）。

2) 道が すぐ わかりましたか。

　… ええ、先生に 車で （連れて 来て いただきました、連れて 来られました）。

3) 難しい 曲なのに、上手に 弾けましたね。

　… 母に 毎日 （教えさせました、教えて もらいました）。

4) この 仕事、わたしに （やらせて いただけませんか、やって いただけませんか）。

　… じゃ、お願いします。

7 다음 본문을 읽고 질문에 답하세요.

馬^{うま}

> 昔^{むかし}から　馬^{うま}は　大切^{たいせつ}な　動物^{どうぶつ}でした。　人^{ひと}は　馬^{うま}に　荷物^{にもつ}や　人^{ひと}を　運^{はこ}ばせました。「駅^{えき}」と　いう　字^じは　もともとは　馬^{うま}を　乗^のり換^かえる　所^{ところ}と　いう　意味^{いみ}でした。馬^{うま}は　人^{ひと}より　ずっと　速^{はや}く　走^{はし}れるので、物^{もの}や　情報^{じょうほう}が　速^{はや}く、広^{ひろ}く　伝^{つた}えられました。
>
> 　しかし、20世紀^{せいき}の　初^{はじ}めに　自動車^{じどうしゃ}が　発明^{はつめい}されて、馬^{うま}の　代^かわりを　するように　なりました。自動車^{じどうしゃ}は　馬^{うま}より　力^{ちから}と　スピードが　あります。今^{いま}　人^{ひと}は　楽^{たの}しみの　ために、馬^{うま}を　競争^{きょうそう}させたり、サーカスで　いろいろな　芸^{げい}を　させたり　して　います。趣味^{しゅみ}で　馬^{うま}に　乗^のる　人^{ひと}も　いますが、車^{くるま}に　乗^のる　人^{ひと}の　ほうが　多^{おお}いです。馬^{うま}を　見^みる　機会^{きかい}は　少^{すく}なく　なりました。でも、走^{はし}る　馬^{うま}の　美^{うつく}しい　姿^{すがた}は　今^{いま}も　人^{ひと}の　心^{こころ}を　とらえます。これからも　ずっと　馬^{うま}は　人^{ひと}に　とって　大切^{たいせつ}な　動物^{どうぶつ}でしょう。

1) どうして　馬^{うま}は　大切^{たいせつ}な　動物^{どうぶつ}でしたか。

　… ____。

2) 自動車^{じどうしゃ}が　馬^{うま}の　代^かわりを　するように　なったのは　なぜですか。

　… ____。

3) 今^{いま}　人^{ひと}は　馬^{うま}に　何^{なに}を　させて　いますか。

　… ____。

24

일본어의 경어

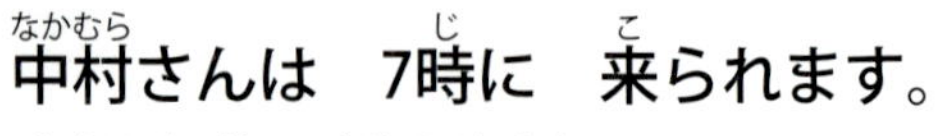

○ **중요단어 파악하기**

中村さんは　7時に　来られます。

나카무라 씨는 7시에 오십니다.

あちらから　お入りください。

저쪽으로 들어오십시오.

社長は　何時に　いらっしゃいますか。

사장님은 몇 시에 오십니까?

1 課長は　　もう　　帰られました。
① ② ③
①과장님은　②벌써　③(집으로) 가셨습니다.

2 社長は　　もう　　お帰りに　なりました。
① ② ③
①사장님은　②이미　③(집으로) 가셨습니다.

3 部長は　　アメリカへ　出張なさいます。
① ② ③
①부장님은　②미국에　③출장가십니다.

4 しばらく　お待ち　ください。
① ②
①잠시만　②기다려 주세요.

1　일본어의 경어

경어란 청자나 화제의 인물에 대해 경의를 표하는 표현입니다. 말하는 사람은 사회적인 관계에 따라서 경어를 구별하여 사용하는데 경어를 사용하는 대표적인 상황은 다음과 같습니다.

❶ 말하는 사람의 연령이나 사회적 지위가 상대보다 아래인 경우, 윗사람에게 경의를 나타낸다.

　예　社長　いらっしゃいますか。 사장님 계십니까?

❷ 초면 등 화자가 청자와 친밀감이 형성되어 있지 않은 상황에는 경어를 사용한다.

　예　こんにちは。お名前は　何と　おっしゃいますか。 안녕하십니까? 성함이 어떻게 되시나요?

❸ 「うち・そと」의 관계. 「うち」란 나와 내가 속한 집단, 「そと」는 나와 내가 속한 집단 이외의 집단을 말하는데, 일본어는 화자가 「うち」에 관해 말할 때에는 「そと」에 속하는 사람에 대해 경어를 사용한다.

2　일본어 경어의 종류

일본어의 경어는 크게 ①존경어 ②겸양어 ③정중어로 나뉩니다. 좀 더 자세히 살펴보면 다음과 같습니다.

❶ 존경어

화자가 청자나 화제의 인물을 높여서 표현함으로써 경의를 나타내는 표현으로 「동사 + れる・られる」 「お + 동사의 ます형에 なります」 「특수 활용을 하는 동사」의 3가지 형식을 가집니다.

	れる・られる　활용 동사	존경어
1그룹	ききます (듣습니다)	きかれます
	いそぎます (서두릅니다)	いそがれます
	よみます (읽습니다)	よまれます
	よびます (부릅니다)	よばれます
	かえります (돌아갑니다)	かえられます
	あいます (만납니다)	あわれます
	まちます (기다립니다)	またれます
	はなします (말합니다)	はなされます
2그룹	かけます (겁니다)	かけられます
	でます (나갑니다)	でられます
	おきます (일어납니다)	おきられます
	おります (내립니다)	おりられます
3그룹	きます (옵니다)	こられます
	します (합니다)	されます

특수 활용 동사	존경어
いきます (갑니다) きます (옵니다) います (있습니다)	いらっしゃいます
たべます (먹습니다) のみます (마십니다)	めしあがります
いいます (말합니다)	おっしゃいます
しって　います (알고 있습니다)	ごぞんじです
みます (봅니다)	ごらんに　なります
します (합니다)	なさいます
くれます (줍니다)	くださいます

❷ 겸양어

화자가 청자나 화제의 인물에 대하여 자기 자신을 낮춤으로써 경의를 나타내는 표현으로 「お(ご)＋ 동사의 ます형 + します」「특수 활용을 하는 동사」의 2가지 형식을 가집니다.

특수 활용 동사	겸양어
いきます (갑니다) きます (옵니다)	まいります
います (있습니다)	おります
たべます (먹습니다) のみます (마십니다) もらいます (받습니다)	いただきます
みます (봅니다)	はいけんします
いいます (말합니다)	もうします
します (합니다)	いたします
ききます (듣습니다) (うちへ)いきます (집에) 갑니다	うかがいます
しって　います (알고 있습니다) しります (압니다)	ぞんじて　おります ぞんじません
あいます (만납니다)	おめに　かかります

❸ 정중어

화자가 청자에게 경의를 표하기 위해 쓰는 정중한 표현으로 「～で　ございます」「よろしいでしょうか」 등의 표현이 이에 해당됩니다.

1 ～(하)십니다

～(ら)れます

💡 「동사의 ない형+(ら)れます」는 우리말로 '～(하)시다'로 해석되며 존경어를 만드는 형식입니다. 이 형태는 가능형과 모양이 같기 때문에 혼동이 될 수도 있지만, 문장을 해석해서 '～(하)시다'의 의미가 자연스러우면 존경어입니다. 또한 존경어일 경우에는 주어가 대개 「社長(しゃちょう)、○○さん、先生(せんせい)」이므로 쉽게 구별할 수 있습니다.

L24-2

음성을 들으면서 따라하세요.

伊藤先生(い とうせんせい)は	さっき	でかけられました。
	あしたは	こられません。

出(で)かける 나가다, 외출하다

이토 선생님은 방금 외출하셨습니다. / 이토 선생님은 내일은 안 오십니다.

2 ～(하)십니다

お～に　なります

💡 「お+동사의 ます형 + になります」는 우리말로 '～(하)시다'라는 의미이며 존경어를 만드는 형식입니다. 3그룹 동사와 ます형이 1음절이 되는 동사(いる, 見(み)る, 着(き)る)는 이 형태를 취하지 않습니다. 또한, 2음절 이상이라고 하더라도 앞서 제시된 특수한 형태가 있는 동사(いる, 食(た)べる, いう)는 이 형태를 취할 수 없습니다.

L24-3

음성을 들으면서 따라하세요.

社長(しゃちょう)は　もう　お	かえり	に　なりました。
	やすみ	

社長(しゃちょう) 사장님
お休(やす)みに　なる
「寝(ね)る」의 존경어, 주무시다

사장님은 이미 (댁으로) 가셨습니다. / 사장님은 벌써 주무십니다.

3

~(하)세요

お ～ください

💡 「お＋동사의 ます형＋ください」는 상대방에게 부탁하거나 권유할 때 사용하는 정중한 표현입니다. 「～て　ください」는 직접적인 명령의 의미이므로 손윗사람이나 고객을 상대하는 입장일 때에는 다소 사용하기가 어색합니다. 이럴 때에는 「お＋동사의 ます형＋ください」 또는 「お＋동사의 ます형＋くださいませんか」를 써서 부드럽고 정중한 느낌으로 표현합니다.

L24-4

음성을 들으면서 따라하세요.

どうぞ　こちらに	お	かけ	ください。
		はいり	

어서 여기에 앉으세요. / 어서 여기로 들어오세요.

かける 앉다
入る 들어가다, 들어오다

~(하)시다

존경어

💡 「いらっしゃる」는 「くる・いく・いる」, 「なさる」는 「する」의 특수 존경어입니다. '워밍업하기'에 표로 제시된 몇 가지 동사는 규칙활용을 하지 않고 특수한 형태의 말이 따로 있습니다. 우리말의 경우 '있다'의 존경어가 '계시다'이고 '먹다'의 존경어가 '잡수시다 · 드시다'이듯, 특수 존경형의 경우 「동사의 ない형＋(ら)れます」 「お＋동사의 ます형＋に　なります」의 형태로 활용하지 않기 때문에 따로 암기해야 합니다.

L24-5

음성을 들으면서 따라하세요.

社長は	もう　会議室へ	いらっしゃいました。
	ゴルフを	なさいます。

사장님은 이미 회의실에 가셨습니다. / 사장님은 골프를 치십니다.

会議室 회의실
ゴルフ(golf) 골프

입에 착 붙게 말하기

1 다음 보기와 같이 「～(ら)れます」 문형을 이용하여 문장을 만들어 보세요. L24-6

> **보기** 社長は　もう　帰りました
> → 社長は　もう　帰られました。사장님은 벌써 (집으로) 돌아가셨습니다.

스스로 해본 후에 음성을 들으면서 따라하세요.

1) 部長は　来週　インドへ　出張します →

2) 課長は　もう　資料を　読みました →

3) 社長は　すばらしい　うちを　建てました →

4) イーさんは　8時ごろ　研究室へ　来ます →

すばらしい 훌륭하다, 멋지다 | うちを　建てる 집을 짓다

Answer
1) 部長は　来週　インドへ　出張されます。
2) 課長は　もう　資料を　読まれました。
3) 社長は　すばらしい　うちを　建てられました。
4) イーさんは　8時ごろ　研究室へ　来られます。

2 보기와 같이 존경 표현을 사용하여 질문하고 대답해 보세요. L24-7

> **보기** きのうの　会議に　出ましたか　(はい)
> Q：きのうの　会議に　出られましたか。어제 회의에 나가셨습니까?
> A：はい、出ました。네, 나갔습니다.

스스로 해본 후에 음성을 들으면서 따라하세요.

1) もう　花見に　行きましたか　(はい) →

2) どのくらい　夏休みを　取りますか　(2週間) →

3) いつ　大阪に　引っ越ししますか　(来週の　日曜日) →

4) お酒を　やめたんですか　(はい) →

Answer
1) もう　花見に　行かれましたか。…はい、行きました。
2) どのくらい　夏休みを　取られますか。…2週間　取ります。
3) いつ　大阪に　引っ越しされますか。…来週の　日曜日にします。
4) お酒を　やめられたんですか。…はい、やめました。

③ 다음 보기와 「お〜に　なります」 문형을 이용하여 문장을 만들어 보세요. L24-8

> 보기
> 先生は　新しい　パソコンを　買いました
> → 先生は　新しい　パソコンを　お買いに　なりました。 선생님은 새로운 컴퓨터를 사셨습니다.

스스로 해본 후에
음성을 들으면서
따라하세요.

1) 部長は　たばこを　吸いません →

2) この　料理は　松本部長の　奥様が　作りました →

3) この　本は　社長が　書きました →

4) 会議の　予定は　いつも　部長が　決めます →

奥様 남의 부인을 높이는 말, 사모님 | 予定 예정 | 決める 정하다

Answer
1) 部長は　たばこを　お吸いに　なりません。
2) この　料理は　松本部長の　奥様が　お作りに　なりました。
3) この　本は　社長が　お書きに　なりました。
4) 会議の　予定は　いつも　部長が　お決めに　なります。

④ 다음 보기와 「お〜に　なります」 문형을 이용하여 문장을 만들어 보세요. L24-9

> 보기
> いつ　佐藤さんに　会いましたか（きのう）
> Q：いつ　佐藤さんに　お会いに　なりましたか。 언제 사토 씨를 만나셨습니까?
> A：きのう　会いました。 어제 만났습니다.

스스로 해본 후에
음성을 들으면서
따라하세요.

1) バス停の　場所が　わかりますか（いいえ）→

2) 疲れましたか（ええ、ちょっと）→

3) 日光では　どんな　所に　泊まりましたか（古い　旅館）→

4) どちらで　お金を　換えますか（空港の　中の　銀行）→

バス停 버스정류장 | 日光 닛코(지역명) | 泊まる 묵다, 숙박하다 | 旅館 여관 | お金を　換える 환전하다

Answer
1) バス停の　場所が　おわかりに　なりますか。 …いいえ、わかりません。
2) お疲れに　なりましたか。 …ええ、ちょっと　疲れました。
3) 日光では　どんな　所に　お泊まりに　なりましたか。 …古い　旅館に　泊まりました。
4) どちらで　お金を　お換えに　なりますか。 …空港の　中の　銀行で　換えます。

셀로판지를 이용하여 말하기 연습을 해 봅시다.

5 경의를 표하며 권유·부탁하는 표현을 연습합시다. 다음 보기와 같이 말해 보세요. L24-10

> 보기 この ボールペンを 使って ください
>
> → この ボールペンを お使い ください。 이 볼펜을 사용하십시오.

스스로 해본 후에 음성을 들으면서 따라하세요.

1) 新しい 住所を 知らせて ください →

2) いい 週末を 過ごして ください →

3) 帰りに 寄って ください →

4) 部屋の 番号は 係の 者に 確かめて ください →

週末 주말 | 寄る 들르다 | 番号 번호 | 確かめる 확인하다

Answer
1) 新しい 住所を お知らせ ください。
2) いい 週末を お過ごし ください。
3) 帰りに お寄り ください。
4) 部屋の 番号は 係の 者に お確かめ ください。

6 다음 보기와 같이 괄호 안의 단어를 사용하여 질문에 대답하세요. L24-11

> 보기 どのくらい 日本に いらっしゃいますか。(3年) 어느 정도 일본에 계십니까?
>
> → 3年 います。 3년 있을 겁니다. / 3년 있습니다.

스스로 해본 후에 음성을 들으면서 따라하세요.

1) どちらへ 旅行に いらっしゃいますか。(北海道) →

2) あの 映画は もう ご覧に なりましたか。(はい) →

3) お酒は 召し上がりますか。(はい、たまに) →

4) お子さんの お名前は 何と おっしゃいますか。(花子) →

Answer
1) 北海道に 行きます。
2) はい、もう 見ました。
3) はい、たまに 飲みます。
4) 花子と 言います。

  다음 보기와 같이 질문에 대해 존경어로 대답해 보세요. L24-12

> 보기
> 田中さんは　もう　来ましたか
> →田中さんは　もう　いらっしゃいましたか。 다나카 씨는 벌써 오셨습니까?

스스로 해본 후에 음성을 들으면서 따라하세요.

1) 松本さんは　どちらに　いますか →

2) 奥様は　何を　飲みますか →

3) 社長は　来週の　忘年会の　ことを　知って　いますか →

4) だれが　あいさつを　しますか →

忘年会 송년회 | あいさつ 인사

Answer
1) 松本さんは　どちらに　いらっしゃいますか。
2) 奥様は　何を　召し上がりますか。
3) 社長は　来週の　忘年会の　ことを　ご存じですか。
4) どなたが　あいさつを　なさいますか。

8 다음 보기와 같이 질문에 대해 괄호 안의 단어를 사용하여 대답하세요. L24-13

> 보기
> 田中さんは　もう　パーティー会場へ　いらっしゃいましたか。（はい）
> 다나카 씨는 벌써 파티회장에 가셨습니까?
> →はい、もう　いらっしゃったと　思います。 네, 벌써 가신 것 같습니다.

스스로 해본 후에 음성을 들으면서 따라하세요.

1) 課長は　お酒を　召し上がりますか。（いいえ）→

2) 部長は　中国語を　お話しに　なりますか。（はい、たぶん）→

3) 先生は　何時ごろ　来られますか。（2時ごろ）→

4) 田中さんは　どちらに　いらっしゃいますか。（3階の　会議室）→

Answer
1) いいえ、召し上がらないと　思います。
2) はい、たぶん　お話しに　なると　思います。
3) 2時ごろ　来られると　思います。
4) 3階の　会議室に　いらっしゃると　思います。

L24-14

● 존경 표현 연습하기

회화 1

A ① 会社を やめられた そうですね。 　　회사를 그만두셨다고 하던데요.

B ええ。 　　네.

A いつ ①おやめに なった んですか。 　　언제 그만두신 겁니까?

B ②2か月 まえに ①やめ ました。 　　2개월 전에 그만두었습니다.

1) ① 新しい 仕事を 始めます ② 先月　 2) ① うちを 建てます ② 去年

1) ① 새로운 일을 시작합니다 ② 지난달　 2) ① 집을 세웁니다 ② 작년

L24-15

● 상대방의 직업 묻기

회화 2

A お仕事は 何を なさって いますか。 　　일은 무엇을 하고 계세요?

B ① 会社員 です。 　　회사원입니다.

② 貿易会社に 勤めて います。 　　무역회사에 근무하고 있습니다.

1) ① 教師 ② 大学で 文学を 教えます

2) ① エンジニア ② 自動車会社で 車の 設計を します

貿易 무역 | 勤める 근무하다, 일하다 | 設計 설계

1) ① 교사 ② 대학에서 문학을 가르칩니다　 2) ① 엔지니어 ② 자동차 회사에서 자동차의 설계를 합니다

● 부탁 · 권유하기

A この　病院は　初めてですか。　　　　　이 병원은 처음이세요?

B はい。　　　　　네.

A じゃ、ここに　ご住所と　お名前を　　　그럼, 여기에 주소와 이름을

お書き　ください。　　　　써 주세요.

1) 保険証を　出します　　2) こちらで　しばらく　待ちます

保険証 보험증

1) 보험증을 꺼냅니다　　2) 여기서 잠시 기다립니다

よろしく　お伝え　ください　　잘 전해 주십시오

L24-17

한스가 열이 높아서 학교에 갈 수 없게 되자, 클라라 씨가 한스의 학교 선생님께 전화를 걸었습니다. 실례가 되지 않도록 경어를 쓴 것을 주의 깊게 살펴봅시다.

先生	はい、ひまわり小学校です。
クララ	おはよう　ございます。5年2組の　ハンス・シュミットの　母ですが、伊藤先生は　いらっしゃいますか。
先生	まだなんですが……。
クララ	では、伊藤先生に　伝えて　いただきたいんですが……。
先生	はい、何でしょうか。
クララ	実は　ハンスが　ゆうべ　熱を　出しまして、けさも　まだ　下がらないんです。
先生	それは　いけませんね。
クララ	それで　きょうは　学校を　休ませますので、先生に　よろしく　お伝え　ください。
先生	わかりました。どうぞ　お大事に。
クララ	失礼いたします。

伝（つた）える 전하다

ひまわり 해바라기

小学校（しょうがっこう） 초등학교

いらっしゃる 「行く・いる・来る」의 존경어

　　　　가시다・계시다・오시다

実（じつ）は 실은

ゆうべ 어젯밤, 어제 저녁

熱（ねつ）を　出（だ）す 열이 나다

けさ 오늘 아침

下（さ）がる 내리다

いけない 안 된다

それで 그래서

お大事（だいじ）に 몸조심하세요

失礼（しつれい）する 실례하다

선생님 : 네, 해바라기 초등학교입니다.
클라라 : 안녕하세요. 5학년 2반의 한스 슈미트의 엄마입니다만, 이토 선생님 계십니까?
선생님 : 아직 출근 전입니다만….
클라라 : 그럼 이토 선생님에게 전해 주셨으면 합니다만….
선생님 : 네, 무슨 일이세요?
클라라 : 실은 한스가 어제 저녁 열이 났는데, 오늘 아침도 아직 열이 내리지 않아서요.
선생님 : 그거 참 안됐네요.
클라라 : 그래서 오늘은 학교를 쉬게 하겠으니, 선생님께 잘 전해 주세요.
선생님 : 알겠습니다. 몸조리 잘하세요.
클라라 : 실례하겠습니다.

① 伝[つた]える 전하다

「伝[つた]える」는 '전하다'라는 뜻으로, 상대방에게 용건이나 의사를 전달할 때 사용합니다. '제 말을 전해 주시겠어요?'라고 전언을 부탁할 때 「～と　伝[つた]えて　くださ い」의 형태로 자주 사용됩니다. 보다 정중한 표현으로는 「～と　お伝[つた]え　いただけませんか」가 있습니다. 이 때 「伝[つた]える」앞에 놓이는 동사는 「明日[あした]　8時[じ]までには　来る　よう（にと）　伝[つた]えて　ください」와 같이 「（う）よう」의 형태를 취하는 경우가 많습니다.

② 熱[ねつ]を　出[だ]す 열이 나다

「熱[ねつ]を　出[だ]す」는 '열이 나다'라는 뜻입니다. 자기 머리를 짚어보고 '열이 난다'라고 할 때에는 「熱[ねつ]が　ある」라고 해야 옳은 표현입니다. 보통 자동사를 써서 「熱[ねつ]が　出[で]る(열이 난다)」라고 하는데, 회화에서는 '(화자의) 아이가 열이 난다'고 표현하는 경우이므로 타동사를 써서 「熱[ねつ]を　出[だ]す」라고 하였습니다. 감기와 관련된 어휘로는 「せきが　出[で]る(기침이 난다)」「めまいが　する(현기증이 난다)」「からだが　だるい(몸이 나른하다)」「寒気[さむけ]が　する(오한이 든다)」 등이 있습니다.

③ それは　いけませんね。 그거 참 안 됐네요.

「いけません」은 '안 된다'라는 뜻입니다. 상대방의 이야기를 듣고 '그것 참 큰일 났네요, 안 됐네요'라고 안타까움을 표현할 때 일본어로는 「それは　大変[たいへん]ですね(그것 참 큰일났네요)」「それは　いけませんね(그거 참 안 됐네요)」 등을 자주 사용합니다. 이미 학습하였지만 일본에서는 상대방과 대화를 할 때 적극적으로 맞장구를 칩니다. 특히 전화 통화와 같이 상대방의 얼굴이 보이지 않을 때에는 맞장구를 치지 않으면 통화가 중단되었는지 의심이 되어 불안해 하는 것이 일본 사람의 심리라고 합니다. 상대방의 대화에 맞추어 「すごいですね(굉장하군요)」 또는 「なるほど(과연 그렇군요)」「まさか(설마요)」「それは　たいへんですね(그것 참 큰일 났네요)」와 같은 표현을 적절히 써 봅시다.

④ お大事[だいじ]に。 몸조리 잘하세요.

「大事[だいじ]」는 '큰일, 대단한 일'이라는 뜻인데 「お大事[だいじ]に」라고 하면 '몸조리 잘 하세요'라는 의미로 몸 상태가 좋지 않거나 병에 걸린 사람을 위로하는 말입니다. 주로 병문안을 갔다가 헤어질 때 사용하는 인사말입니다.
또한 「大事[だいじ]だ」는 な형용사로 '소중하다'라는 뜻입니다. 물건 등을 맡기면서 「大事[だいじ]に　あつかって　ください(소중히 다루어 주세요)」와 같이 말할 수 있습니다. 관련 표현으로 「大事[だいじ]に　する」라고 하면 '소중히 하다'라는 뜻이 됩니다.

① 다음 질문을 듣고 자신의 상황에 비추어 자유롭게 답하세요.

L24-18

1) ____

2) ____

3) ____

4) ____

5) ____

② 다음 대화를 듣고 제시문에 맞으면 ○, 틀리면 ×표를 하세요.

L24-19

1) (　　) 　　　2) (　　) 　　　3) (　　) 　　　4) (　　) 　　　5) (　　)

③ 다음 보기와 같이 대답을 참조하여 괄호 안의 단어를 넣어 문장을 완성하세요.

> 보기
>
> 社長は　何か　スポーツを　（されます）か。 사장님은 뭔가 스포츠를 하십니까?
>
> … ゴルフを　します。 골프를 합니다.

1) 部長の　奥様も　ごいっしょに　ゴルフに　（　　　　　　）か。

　… ええ、たまに　いっしょに　行きます。

2) 先生は　来週の　国際会議で　何に　ついて　（　　　　　　）か。

　… 日本の　将来に　ついて　話します。

3) 課長は　何時ごろ　（　　　　　　）か。

　… 3時ごろ　戻ります。

4) おじい様は　何歳に　（　　　　　　）か。

　… ことし　82歳に　なります。

4 다음 보기와 같이 빈칸에 알맞은 말을 넣으세요.

> 보기 この　本を　書いたのは　だれですか。　이 책을 쓴 사람은 누구입니까?
>
> … わたしの　研究室の　先生が　<u>お書きに　なりました</u>。
>
> 저희 연구실 선생님이 쓰셨습니다.

1) 車を　呼んだのは　だれですか。

　　… 部長が ________________________。

2) この　料理を　作ったのは　だれですか。

　　… 部長の　奥様が ________________________。

3) この　傘を　忘れたのは　だれですか。

　　… 伊藤先生が ________________________。

4) 新しい　製品の　名前を　決めたのは　だれですか。

　　… 社長が ________________________。

5 다음 보기와 같이 괄호 안에 알맞은 말을 넣으세요.

> 보기 先生は　今度の　旅行に　（いらっしゃいます）か。　선생님은 이번 여행에 가십니까?
>
> … いいえ、わたしは　行きません。　아니요, 나는 가지 않습니다.

1) 部長、けさの　テレビの　ニュースを　（　　　　　　　　）か。

… うん、見たよ。

2) 先生、飲み物は　何に　（　　　　　　　　）か。

… ビールに　します。

3) 課長、あの　人を　（　　　　　　　　）か。

… うん、知って　いるよ。

4) 先生の　ご両親は　どらりに　（　　　　　　　　）か。

… 北海道に　います。

6  보기와 같이 빈칸에 알맞은 표현을 써 넣으세요.

> 보기 係の　者に　聞いて　来ますので、ちょっと　お待ち　ください。
> 관계자에게 물어보고 올 테니까, 잠시 기다리십시오.

1) 皆様　お待たせしました。どうぞ　会場に ＿＿＿＿＿＿＿＿＿＿。

2) お国へ　帰られたら、ご家族の　皆様に　よろしく ＿＿＿＿＿＿＿＿＿＿。

3) すみませんが、この　書類に　お名前と　ご住所を ＿＿＿＿＿＿＿＿＿＿。

4) どうぞ　そちらの　いすに ＿＿＿＿＿＿＿＿＿＿。

7  다음 본문을 읽고 내용에 맞으면 ○, 틀리면 ×표를 하세요.

> ──── 子どもに　教えられた　こと ────
>
> 　　きょうの　講師は　大江健三郎さんです。大江さんは　1935年、愛媛県で
> お生まれに　なりました。東京大学を　卒業され、多くの　文学作品を　お書き
> に　なりました。1994年には　ノーベル文学賞を　受賞され、世界的に　有名な
> 作家で　いらっしゃいます。
> 　　ご家族は　奥様と　3人の　お子様が　いらっしゃいます。ご長男の　光さんは
> 障害を　お持ちですが、音楽が　お好きで、作曲を　して　いらっしゃいます。
> 大江さんは　光さんの　音楽活動の　ために、いろいろ　手伝って
> いらっしゃいます。そして、光さんから　教えられた　ことが　た
> くさん　あると　おっしゃって　います。きょうは　「子どもに
> 教えられた　こと」に　ついて　お話を　して　いただきます。
> 　　それでは　大江先生、どうぞ。

1) (　　) 大江さんの　名前は　世界中の　人に　知られて　います。

2) (　　) 大江さんは　すばらしい　本を　書いて、ノーベル賞を　もらいました。

3) (　　) 光さんは　大学で　音楽を　教えて　います。

4) (　　) きょうの　お話は　「子どもと　文学」に　ついてです。

메모하면서 문제를 푸세요.

일본어의 겸양 표현
정중어

● 중요**단어** 파악하기

重そうですね。　お持ちしましょうか。
무거워 보이네요. 들어드릴까요?

お飲み物は　何が　よろしいでしょうか。
마실 것은 무엇이 좋으십니까?

눈도장 콱 찍기 L25-1

1 今月(こんげつ)の ① スケジュールを ② お送(おく)りします ③。

①이번 달의 ②스케줄을 ③보내드리겠습니다.

2 私(わたくし)は ① アメリカから ② 参(まい)りました ③。

①저는 ②미국에서 ③왔습니다.

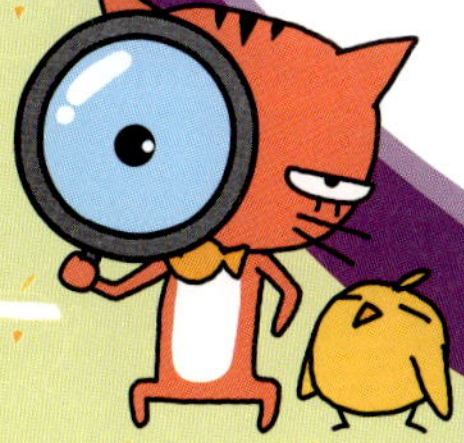

문형 꼭꼭 익히기

1 ~(합)니다

お＋동사의 ます형＋します

「お＋동사의 ます형＋します」는 우리말로 '~하다'로 해석되며 겸양어를 만드는 형식입니다. 겸양어란 말하는 사람이 상대방 또는 화제의 인물에 대해 자기 자신을 낮춤으로써 경의를 표하는 표현입니다. 겸양어는 '손윗사람', 「そと」의 사람' 또는 「そと」의 사람에게 「うち」의 사람에 대해 말할 때' 사용됩니다.

L25-2

私が	かさ	を	お	かし	します。
	ぶちょう			おくり	
	コーヒー			いれ	

제가 우산을 빌려드리겠습니다. / 제가 부장님을 배웅해 드리겠습니다. / 제가 커피를 타 드리겠습니다.

傘 우산
貸す 빌려주다
部長 부장님
送る 보내다, 배웅하다
コーヒーを　いれる 커피를 타다

2 ~(합)니다

ご＋한자 합성어＋します

「ご＋한자 합성어＋します」는 우리말로 '~(합)니다'로 해석되며 겸양어를 만드는 형식입니다. 앞서 배운 「お＋동사의 ます형＋します」와 같은 표현이지만 동사가 아니라 한자 합성어가 들어간 3그룹 동사인 경우에는 접두어로 「ご」를 붙입니다. 단, 예외적으로 「電話します」「約束します」는 「ご」가 아니라 「お」를 붙여 「お電話します」「お約束します」가 됩니다.

L25-3

私が	きょうの　よてい	を	ご	せつめい	します。
	しゅっぱつじかん			れんらく	
	こうじょう			あんない	

제가 오늘 예정을 설명하겠습니다. / 제가 출발 시간을 연락해 드리겠습니다. / 제가 공장을 안내해 드리겠습니다.

予定 예정
説明する 설명하다
出発時間 출발시간
連絡する 연락하다
工場 공장
案内する 안내하다

3

겸양어 1

「おめに　かかる」는 「<ruby>会<rt>あ</rt></ruby>う」의 특수 겸양어입니다. 24과의 '워밍업하기'에 표로 제시된 몇 가지 동사는 「お(ご)～します」의 형태를 취하지 않고 특수한 형태로 활용하기 때문에 이 동사들은 철저히 암기하여 연습해야 합니다. 겸양어1은 말하는 사람의 행위가 듣는 사람 혹은 화제의 인물과 관계가 있는 경우에 사용됩니다. 쉽게 말해서 화자의 행위를 낮추어 경의를 표하는 상대가 존재하는 경우입니다.

L25-4

きのう	先生の　お宅へ	うかがいました。
	先生の　奥様に	おめに　かかりました。
	結婚式の　写真を	はいけんしました。

어제 선생님 댁을 방문했습니다. / 어제 선생님의 부인을 뵈었습니다. / 어제 결혼식 사진을 보았습니다.

お宅 ~댁
伺う 「訪問する」의 겸양어, 방문하다
奥様 부인
お目に　かかる 「会う」의 겸양어, 뵙다
結婚式 결혼식
拝見する 「見る」의 겸양어, 보다

겸양어 2

겸양어 2 는 앞서 제시된 겸양어 1 과 달리 말하는 사람의 행위가 듣는 사람 혹은 화제의 인물과 관계없는 경우입니다. 이와 같은 겸양어 표현에는 자신을 낮춤으로서 경의를 표하는 이른바 겸양어 전용 표현인 「うかがう」나 「<ruby>申<rt>もう</rt></ruby>し<ruby>上<rt>あ</rt></ruby>げる」와 같은 표현으로 바꾸어 쓸 수 없습니다.

예　先日　仕事で　京都へ　（参りました（○）/ うかがいました（×））
　私は　ミラーと　（申します（○）/ 申し上げます（×））

L25-5

私は	ミラーと	もうします。
	アメリカから	まいりました。
	IMCに	つとめて　おります。

저는 밀러라고 합니다. / 저는 미국에서 왔습니다. / 저는 IMC에서 근무하고 있습니다.

申す 「言う」의 겸양어, 아뢰다
参る 「行く・来る」의 겸양어, 가다・오다
勤める 근무하다

입에 착 붙게 말하기

1 다음 보기와 같이 「お+동사의 ます형+します」 문형을 이용하여 문장을 만들어 보세요. L25-6

보기
手伝います → お手伝いしましょうか。 도와드릴까요?

스스로 해본 후에
음성을 들으면서
따라하세요.

1) お茶を　いれます →

2) かばんを　持ちます →

3) ボールペンを　貸します →

4) 駅まで　車で　送ります →

お茶を　いれる 차를 타다 | 貸す 빌려주다

Answer
1) お茶を　おいれしましょうか。
2) かばんを　お持ちしましょうか。
3) ボールペンを　お貸ししましょうか。
4) 駅まで　車で　お送りしましょうか。

2 다음 보기와 같이 「ご+동사의 ます형+します」 문형을 이용하여 문장을 만들어 보세요. L25-7

보기
会社の　中を　案内します → 会社の　中を　ご案内します。 회사 안을 안내하겠습니다.

스스로 해본 후에
음성을 들으면서
따라하세요.

1) 最初に　伊藤先生を　紹介します →

2) お食事は　こちらで　用意します →

3) 予定が　変わった　場合は、すぐ　連絡します →

4) クリスマスパーティーに　招待します →

予定 예정 | 変わる 바뀌다 | 招待 초대

Answer
1) 最初に　伊藤先生を　ご紹介します。
2) お食事は　こちらで　ご用意します。
3) 予定が　変わった　場合は、すぐ　ご連絡します。
4) クリスマスパーティーに　ご招待します。

③ 다음 보기와 같이 겸양 표현을 사용하여 한 문장으로 완성하세요. 🎧 L25-8

> **보기** コーヒーを　いれます・こちらに　掛けます
>
> →コーヒーを　おいれしますので、こちらに　お掛け　ください。
>
> 커피를 타겠으니, 이쪽에 앉으십시오.

1) タクシーを　呼びます・しばらく　待ちます →
2) 写真を　撮ります・庭に　集まります →
3) 午後の　予定を　知らせます・こちらの　部屋に　入ります →
4) 封筒を　渡します・中を　確かめます →

封筒 봉투 | 渡す 건네다, 넘기다 | 確かめる 확인하다

Answer
1) タクシーを　お呼びしますので、しばらく　お待ち　ください。
2) 写真を　お撮りしますので、庭に　お集まり　ください。
3) 午後の　予定を　お知らせしますので、こちらの　部屋に　お入り　ください。
4) 封筒を　お渡ししますので、中を　お確かめ　ください。

④ 다음 보기와 같이 겸양 표현을 사용하여 문장을 바꾸어 말해 보세요. 🎧 L25-9

> **보기** 土曜日に　また　来ます → 土曜日に　また　参ります。　토요일에 다시 오겠습니다.

1) シュミットさんの　お宅で　ドイツ料理を　食べました →
2) さ来月　東京の　郊外に　引っ越しします →
3) 3時ごろ　そちらへ　行きます →
4) 貿易会社に　勤めて　います →

お宅 댁 | さ来月 다다음달 | 郊外 교외 | 貿易会社 무역회사

Answer
1) シュミットさんの　お宅で　ドイツ料理を　いただきました。
2) さ来月　東京の　郊外に　引っ越しいたします。
3) 3時ごろ　そちらへ　参ります。
4) 貿易会社に　勤めて　おります。

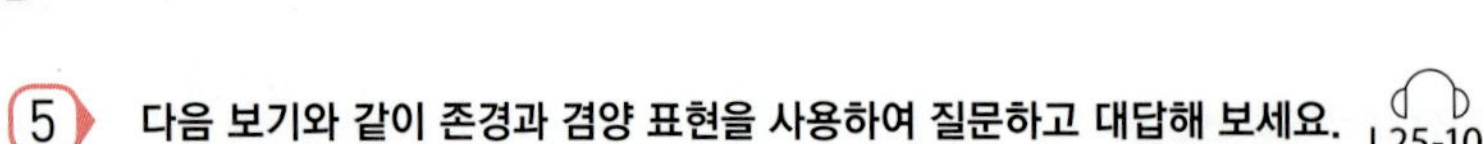

⑤ 다음 보기와 같이 존경과 겸양 표현을 사용하여 질문하고 대답해 보세요. L25-10

> 보기
> 山田さんは　いますか（今　出かけて　います）
> Q：山田さんは　いらっしゃいますか。 야마다 씨는 계십니까?
> A：今　出かけて　おります。 지금 부재중입니다.

스스로 해본 후에 음성을 들으면서 따라하세요.

1) グプタさんは　いつ　アメリカへ　出発しますか（あさって）→

2) 中村課長は　いますか（今　韓国へ　出張して　います）→

3) ミラーさんは　きょう　来ますか（きょうは　来ません）→

4) 松本部長は　何時に　支店へ　行きましたか（11時ごろ）→

あさって 모레 | 支店 지점

Answer
1) グプタさんは　いつ　アメリカへ　出発なさいますか。…あさって　出発いたします。
2) 中村課長は　いらっしゃいますか。…今　韓国へ　出張して　おります。
3) ミラーさんは　きょう　いらっしゃいますか。…きょうは　参りません。
4) 松本部長は　何時に　支店へ　いらっしゃいましたか。…11時ごろ　参りました。

⑥ 허가를 구하는 표현을 연습하는 문제입니다. 다음 보기와 같이 말해 보세요. L25-11

> 보기
> お茶を　飲みます→お茶を　いただいても　よろしいでしょうか。 차를 마셔도 괜찮습니까?

스스로 해본 후에 음성을 들으면서 따라하세요.

1) この　アルバムを　見ます→

2) きょう　3時ごろ　お宅へ　行きます→

3) この　パンフレットを　もらいます→

4) ちょっと　聞きます→

アルバム (album) 앨범 | パンフレット (pamphlet) 팸플릿

Answer
1) この　アルバムを　拝見しても　よろしいでしょうか。
2) きょう　3時ごろ　お宅へ　うかがっても　よろしいでしょうか。
3) この　パンフレットを　いただいても　よろしいでしょうか。
4) ちょっと　伺っても　よろしいでしょうか。

7 다음 질문에 괄호 안의 단어를 사용하여 대답하세요. L25-12

日曜日　どちらへ　いらっしゃいますか。（展覧会）일요일에 어딘가 가십니까?

→ 展覧会に　参ります。전람회에 갑니다.

1) お名前は　何と　おっしゃいますか。（ミラー）→

2) いつ　日本へ　いらっしゃいましたか。（3年まえ）→

3) どのくらい　日本語を　勉強なさいましたか。（半年）→

4) 日本の　首相の　名前を　ご存じですか。（はい）→

展覧会 전람회 ┃ 首相 수상

Answer

1) ミラーと　申します。

2) 3年まえに　参りました。

3) 半年　勉強いたしました。

4) はい、存じて　おります。

L25-13

● 겸양 표현 말하기

회화 1

A ① 重(おも)そうです ね。　　　　무거워 보이네요.

② お持(も)ち しましょうか。　　　들어 드릴까요?

B すみません。お願(ねが)いします。　　죄송합니다. 부탁합니다.

1) ① 忙(いそが)しそうです　② 手伝(てつだ)います　　2) ① 雨(あめ)です　② 傘(かさ)を　貸(か)します

1) ① 바쁜 것 같습니다　② 돕습니다　　2) ① 비가 옵니다　② 우산을 빌려 줍니다

L25-14

● 존경 · 겸양 표현 말하기

회화 2

A ① ベトナム料理(りょうり)を　召(め)し上(あ)がった　　베트남 요리를 드신

ことが　ありますか。　　　　적이 있습니까?

B いいえ、ありません。　　　　아니요, 없습니다.

A では、今度(こんど)　私(わたくし)が　② ご案内(あんない)します。　그럼, 다음에 제가 안내하겠습니다.

1) ① 歌舞伎(かぶき)を　見(み)ます　② 招待(しょうたい)します　　2) ① 松本部長(まつもとぶちょう)に　会(あ)います　② 紹介(しょうかい)します

1) ① 가부키를 봅니다　② 초대합니다　　2) ① 마쓰모토 부장님을 만납니다　② 소개합니다

L25-15

회화 **3**

● 겸양 표현 말하기

A はい、IMC で　ございます。　　　　　네, IMC입니다.

B 田中と　申しますが、ミラーさんは　　다나카라고 합니다만, 밀러 씨

いらっしゃいますか。　　　　　　　　계십니까?

A ミラーは　ただ今　出かけて　　　　밀러는 지금 부재중

おりますが……。　　　　　　　　　　입니다만….

B そうですか。じゃ、また　お電話します。　그렇습니까? 그럼 다시 전화하겠습니다.

1) 金曜日まで　休みを　取ります　　2) ただ今　席を　外します

1) 금요일까지 휴가를 얻습니다　　2) 지금 자리를 비웁니다

心から　感謝いたします
こころ　　　かんしゃ

진심으로 감사합니다

L25-16

밀러가 스피치콘테스트에서 우승하였습니다. 존경어와 겸양어에 주의하며 내용을 파악해 봅시다.

司会者　優勝　おめでとう　ございます。すばらしい　スピーチでした。
しかいしゃ　ゆうしょう

ミラー　ありがとう　ございます。

司会者　緊張なさいましたか。
きんちょう

ミラー　はい、とても　緊張いたしました。
きんちょう

司会者　テレビで　放送される　ことは　ご存じでしたか。
ほうそう　　　　　　ぞん

ミラー　はい。ビデオに　撮って、アメリカの　両親にも　見せたいと
と　　　　　　　りょうしん　み
思って　おります。
おも

司会者　賞金は　何に　お使いに　なりますか。
しょうきん　なん　つか

ミラー　そうですね。わたしは　動物が　好きで、子どもの　ときから
どうぶつ　す　こ
アフリカへ　行くのが　夢でした。
い　　　　ゆめ

司会者　じゃ、アフリカへ　行かれますか。
い

ミラー　はい。アフリカの　自然の　中で　きりんや　象を　見たいと
しぜん　なか　　　　　　ぞう　み
思います。
おも

司会者　子どもの　ころの　夢が　かなうんですね。
こ　　　　　ゆめ

ミラー　はい。あのう、最後に　ひとこと　よろしいでしょうか。
さいご

司会者　どうぞ。

ミラー　この　スピーチ大会に　出る
たいかい　で
ために、いろいろ　ご協力
きょうりょく
くださった　皆様に　心から
みなさま　こころ
感謝いたします。
かんしゃ

心(こころ)から 진심으로

感謝(かんしゃ) 감사

いたす 「する」의 겸양어. 하다

優勝(ゆうしょう) 우승

おめでとう　ございます 축하합니다

緊張(きんちょう) 긴장

テレビ (television) 텔레비전

放送(ほうそう) 방송

ご存(ぞん)じだ 「知(し)る」의 존경어. 알고 계시다

撮(と)る 찍다, 촬영하다

両親(りょうしん) 부모님

見(み)せる 보이다(보여주다)

賞金(しょうきん) 상금

使(つか)う 사용하다

動物(どうぶつ) 동물

夢(ゆめ) 꿈

アフリカ (Africa) 아프리카

自然(しぜん) 자연

きりん 기린

象(ぞう) 코끼리

最後(さいご) 마지막, 최후

ひとこと 한마디

スピーチ大会(たいかい) 스피치대회

協力(きょうりょく) 협력

皆様(みなさま) 여러분

사회자	우승 축하합니다. 멋진 연설이었습니다.
밀러	감사합니다.
사회자	긴장하셨습니까?
밀러	네, 매우 긴장했습니다.
사회자	텔레비전으로 방송된다는 것을 알고 계셨습니까?
밀러	네, 비디오로 찍어서 미국에 계신 부모님께도 보여드리고 싶습니다.
사회자	상금은 무엇에 쓰시겠습니까?
밀러	글쎄요. 저는 동물을 좋아해서, 어릴 때부터 아프리카에 가는 것이 꿈이었습니다.
사회자	그럼, 아프리카에 가시는 겁니까?
밀러	네, 아프리카의 자연 속에서 기린이랑 코끼리를 보고 싶습니다.
사회자	어릴 적 꿈이 이루어지는 것이군요.
밀러	네, 저, 마지막으로 한마디 해도 되겠습니까?
사회자	물론이지요.
밀러	이 스피치대회에 나오기 위해 여러 가지로 협력해 주셨던 여러분께 진심으로 감사드립니다.

① **心<ruby>こころ</ruby>から** 진심으로

「心から」는 '진심으로, 진정으로'라는 뜻입니다. 「心から 感心する(진심으로 감탄하다)」와 같이 부사로써 용언을 수식하는 역할을 합니다. 화자의 뜨거운 열망을 담아 기원하는 표현에도 자주 사용되기 때문에 「必ず 優勝する ことを 心から 祈って います(반드시 우승할 것을 진심으로 기원합니다)」와 같은 예문에 자주 등장합니다.

② **緊張なさる** 긴장하시다

「なさる」는 「する」의 존경 표현으로 '~(하)시다'라는 뜻입니다. 한자 합성어에 「する」를 붙여 3그룹 동사를 만든 말에 「なさる」를 붙이면 손쉽게 존경표현을 만들 수 있습니다. 예를 들면 「心配なさる(걱정하시다)」 「料理なさる(요리하시다)」 「研究なさる(연구하시다)」와 같은 표현들이 있습니다.

③ **ご存じですか。** 알고 계십니까?

「ご存じだ」는 「知って いる」의 존경 표현으로 '알고 계시다'라는 뜻입니다. 우리말로 '~을 압니다'라고 말할 때 「知る」동사를 그대로 쓰지 않고 「知って いる」로 사용하기 때문에 「ご存じて いる」라고 말하여 틀리는 경우가 많습니다. 쓰임에 주의하도록 합시다. 또한 「知る」의 겸양 표현은 「存じて いる」이며 「~を 存じて おります」라고도 말합니다.

④ **夢が かなう** 꿈이 이루어지다

「かなう」는 '(희망대로) 되다·이루어지다'라는 뜻이며 한자로는 「叶う」라고 씁니다. 「夢が 叶う」는 '꿈이 이루어진다'라는 의미입니다. 관련표현으로 「願いが 叶う(바람이 이루어지다)」 「欲望が 叶う(욕망을 이루다)」 등이 있습니다. 「叶う」의 한자를 잘 보면 '입구(口)'에 '숫자 10(十)'으로 되어 있습니다. 소원하는 일, 원하고 열망하는 일을 가슴에 품은 여러분, 뜨거운 마음으로 매일 큰소리로 「十回(10번) 口に して(입에 담아)」 말해 보세요. 반드시 「夢は 叶いますから(꿈이 이루어지니까요)」 みなさんが 日本語の 達人に なりますよう 心から 応援して います!

① 다음 질문을 듣고 자신의 상황에 비추어 자유롭게 답하세요.

L25-17

1) ____

2) ____

3) ____

4) ____

5) ____

② 다음 대화를 듣고 제시문에 맞으면 ○, 틀리면 ×표를 하세요.

L25-18

1) (　　) 　　　　2) (　　) 　　　　3) (　　) 　　　　4) (　　) 　　　　5) (　　)

③ 다음 보기와 같이 주어진 단어를 활용하여 문장을 완성하세요.

> 보기
> 1) お荷物、重そうですね。(お持ちし)ましょう。 짐이 무거워 보이네요. 들어 드릴게요.
>
> 2) あしたは 京都を (ご案内し)ます。 내일은 교토를 안내하겠습니다.

~~案内します~~	送ります	紹介します	取り替えます	~~持ちます~~	連絡します

1) (　　　　　　　　　　)ます。こちらは IMC の　マイク・ミラーさんです。

2) サイズが　合わない　場合は、(　　　　　　　　　　)ます。

3) 車で　空港まで　(　　　　　　　　　　)ます。

4) 課長には　私が　パーティーの　時間と　場所を　(　　　　　　　　　　)ます。

 **4** 다음 보기와 같이 질문에 대해 알맞은 대답을 써 넣으세요.

> 보기　いつ　東京へ　いらっしゃいますか。언제 도쿄에 가십니까?
>
> … 来週　参ります。다음 주에 갑니다.

1) あしたは　お宅に　いらっしゃいますか。

　… はい、＿＿＿＿＿＿＿＿＿＿＿＿＿＿＿＿＿＿＿＿＿＿＿＿＿。

2) シュミットさんが　ドイツへ　帰られたのを　ご存じですか。

　… いいえ、＿＿＿＿＿＿＿＿＿＿＿＿＿＿＿＿＿＿＿＿＿＿＿。

3) 何を　召し上がりますか。

　… サンドイッチを　＿＿＿＿＿＿＿＿＿＿＿＿＿＿＿＿＿＿＿＿。

4) 来週は　どなたが　発表なさいますか。

　… 私が　＿＿＿＿＿＿＿＿＿＿＿＿＿＿＿＿＿＿＿＿＿＿＿＿＿。

5 존경 표현과 겸양 표현이 사용되는 전화상에서, 문맥에 알맞게 빈칸에 알맞은 표현을 써 넣으세요.

A　はい、IMC（CH　で　ございます）。

B　田中と　（　　　　　　　　　　）が、
　　ミラーさんは　（　　　　　　　　　　）か。

A　ミラーは　ただ今　出かけて　（　　　　　　　　　）が……。

B　何時ごろ　（　　　　　　　　　　）か。

A　3時ごろ　戻りますが。

B　じゃ、3時ごろ　もう　一度　（　　　　　　　　　　）。

7  다음 본문을 읽고 내용에 맞으면 ○, 틀리면 ×표를 하세요.

お礼の　手紙

拝啓

　今　ドイツは　いろいろな　花が　咲いて、美しい　季節です。
お元気で　いらっしゃいますか。
　日本では　ほんとうに　お世話に　なり、ありがとう　ございました。
日本での　2年は　とても　速く　過ぎました。日本へ　行った　ばかりの　とき、
わからない　ことや　慣れない　ことが　多くて、皆様に　ご迷惑を　おかけしま
したが、ほんとうに　親切に　して　いただきました。おかげさまで　楽しく　仕
事が　できました。
　ミュンヘンでは　日本での　経験を　生かして、新しい　仕事に　チャレンジし
たいと　思って　おります。
　こちらには　有名な　美術館や　古い　お城が　あります。ぜひ　一度　いらっ
しゃって　ください。森さんが　お好きな　ビールを　ご用意して　お待ちして
おります。
　では、また　お会いできる　日を　楽しみに　して　おります。皆様にも　どう
ぞ　よろしく　お伝え　ください。

敬具

5月30日

カール・シュミット

森　正夫様

1) (　　　) これは　シュミットさんが　日本で　書いた　手紙です。

2) (　　　) シュミットさんは　2年まえに　ドイツへ　帰りました。

3) (　　　) シュミットさんは　これから　ミュンヘンで　仕事を　します。

4) (　　　) シュミットさんは　森さんに　また　会える　日を　楽しみに　して
　　　　　　います。

기말고사

① 다음 괄호 안에 알맞은 조사를 써 넣으세요.

> 보기 火事（ の ） 場合は、すぐ 119番に 連絡して ください。

1) いい におい（　　　） しますね。パン（　　　） 焼いて いるようです。

2) なくした かぎ（　　　） 見つかりました。

3) 天気予報（　　　） よると、あしたは 雨が 降るそうです。

4) 母は 妹（　　　） 塾（　　　） 通わせて います。

5) わたしは 息子（　　　） 犬の 世話（　　　） させました。

6) どうぞ この いす（　　　） お掛け ください。

② 다음 보기와 같이 문맥에 맞게 바꾸어 문장을 완성하세요.

> 보기 会社に （遅れます → 遅れる） 場合は、連絡して ください。

1) 小川さんの お母さんは ことし （80歳です →　　　　　　　）
　　はずです。

2) 彼は あした （暇です →　　　　　　　　） はずです。

3) 妹は 母に 褒められて、（うれしいです →　　　　　　）そうです。

4) 部長の 奥さんは （ダンスの 先生です →　　　　　　）そうです。

5) 電気が 消えて いますね。林さんは （留守です →　　　　　　）
　　ようです。

6) どうも コピー機の 調子が （悪いです →　　　　　　）ようです。

7) この 洗濯機は 古くて、修理するのは （無理です →　　　　　　）
　　ようです。

8) 頭が 痛いので、（早退します →　　　　　　　）て いただけませんか。

9) お名前を お(呼びます → 　　　　　　　)しますので、しばらく
　　お(待ちます → 　　　　　　) ください。

10) ご主人は 何時ごろ お(帰ります → 　　　　　　)に なりますか。

③ 다음 보기와 같이 (　) 안의 제시된 단어를 문장에 맞도록 알맞은 형태로 써 넣으세요.

> 보기
> 1) 故障の 原因は わかりましたか。
> 　…いいえ。今 (調べます → 調べて いる ところ)です。
> 2) いつ 日本へ いらっしゃいましたか。
> 　…先月 (来ます → 来た ばかり)です。

1) いい アパートが 見つかりましたか。

　…いいえ。今 (探します → 　　　　　　　　)です。

2) ちょっと お茶でも 飲みませんか。

　…いいですね。たった今 仕事が (終わります → 　　　　)です。

3) お子さんは いらっしゃいますか。

　…いいえ。2か月まえに、(結婚します → 　　　　　)ですから。

4) 試合は もう 始まりましたか。

　…いいえ。ちょうど 今から (始まります → 　　　　　)です。

5) あの 方は どなたですか。

　…すみません。さっき 名前を (聞きます → 　　　　　)なのに、
　　忘れて しまいました。

6) 7時の バスは もう 出ましたか。

　…ええ。たった今 (出ます → 　　　　　　　)です。

④ 다음 보기와 같이 주어진 단어를 바꾸어 문장을 완성하세요.

> 보기
> 1) 隣の　部屋に　だれか　（います → いるようです）。
>
> 2) （おいしいです → おいしそうです）ね。食べても　いいですか。

1）この　かばんは　（いいです →　　　　　　　）ね。これに　しましょう。

2）お金を　拾いました。きょうは　何か　いい　ことが　（あります
　　→　　　　　　　　）。

3）かぎが　掛かって　いますね。ミラーさんは　どこか　（出かけました
　　→　　　　　　　　）。

4）空が　暗く　なりました。雨が　（降ります →　　　　　　　）。

5）パトカーが　止まって　います。（事故です →　　　　　　　）ね。

⑤  문맥에 맞는 단어에 ○하세요.

> 보기
> 泥棒に　お金を　（とられました、とらせました）。

1）ケーキなら、わたしに　（焼かせて、焼いて）　ください。

2）荷物を　運ぶんですが、ちょっと　（手伝わせて、手伝って）
　　いただけませんか。

3）息子に　駅まで　車で　（送られました、送らせました）。

4）警官に　道を　（教えられました、教えて　もらいました）。

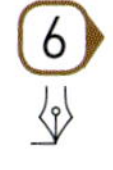

6 다음 보기와 같이 주어진 단어를 활용하여 문장을 완성하세요.

> 보기　私は　ことしの　4月に　日本へ　（参りました）。

参ります　　ご覧に　なります　　いらっしゃいます
召し上がります　　拝見します　　いただきます　　おります

---

1) 日曜日は　うちに　（　　　　　　　　）から、お寄り　ください。

2) もう　一杯　いかがですか。

　　…ありがとう　ございます。もう　たくさん　（　　　　　　　）。

3) 奥様は　お酒を　（　　　　　　　）か。

　　…いいえ、飲みません。

4) ワット先生は　どちらですか。

　　…研究室に　（　　　　　　　）。

5) きのう　社長の　お宅で　息子さんが　かかれた　絵を　（

　　）。

6) 部長、スピーチ大会の　ビデオを　（　　　　　　　）か。

　　…ええ、見ましたよ。

⑦ 보기와 같이 주어진 단어를 골라 적절히 바꿔 문장을 써 넣으세요.

> 보기 1) わたしは　刺身を　（食べる）　ことが　できます。
>
> 2) 学生は　一生懸命　（勉強し）なければ　なりません。

書きます	食べます	買います	勉強します
教えます	来ます		

1) いい　バックですね。

…ええ、誕生日に　母に　（　　　　　　　　）　もらったんです。

2) 楽しみに　して　いたのに、弟に　お菓子を　（　　　　　）ました。

3) いつか　もう　一度　日本へ　（　　　　　　）と　思って　います。

4) さっき　作った　ケーキは　全部　（　　　　　　）　しまいました。

5) あそこに　「立入禁止」と　（　　　　　　）　あります。

6) 漢字を　使って　作文が　（　　　　　　）ように　なりました。

7) 部長の　奥様は　わたしに　日本料理の　作り方を　（　　　　　　　）

くださいました。

8) 何時ごろ　いらっしゃいましたか。

…たった今　（　　　　　　）　ところです。

9) ちょっと　たばこを　（　　　　　　）　来ます。

10) この　ボールペンは　とても　（　　　　　　）やすいです。

11) 和食を　食べた　ことが　ありませんから、一度　（　　　　　　）

みたいです。

12) 日本語は　（　　　　　　）ば　（　　　　　　）ほど　おもしろく

なります。

13) 家を （　　　　　　　　）ために、貯金して　います。

14) 先生は　4時ごろ　ここへ　（　　　　　　）そうです。

15) 部長は　もう　パソコンを　お（　　　　　）に　なりましたか。

16) すみませんが、駅へ　行く　道を　（　　　　　）　いただけませんか。

17) 来週　試験が　ありますから、よく　（　　　　　）　おいて　ください。

18) 妹は　いつも　お菓子を　（　　　　　）ながら　テレビを　見ます。

19) この　洗濯機は　先週　（　　　　　）　ばかりなのに、もう　故障して　しまいました。

20) 荷物が　多いので、娘を　車で　迎えに　（　　　　　）させます。

⑧ 주어진 단어를 문맥에 맞게 바꾸세요.

보기
（暗いです → 暗く）なりましたから、電気を　つけて　ください。

1) わたしは　いつも　（走ります →　　　　　　　）　あとで、ビールを　飲みます。

2) どうして　パーティーに　行かないんですか。
　　…気分が　（悪いです→　　　　　　）んです。

3) 給料も　（高いです →　　　　　　　）し、仕事も　（楽です→　　　　　　）し、ずっと　この　会社で　働く　つもりです。

4) 国際会議は　5月の　（初めごろです →　　　　　　）の　予定です。

5) イーさんは　新年会が　（楽しみです →　　　　　　）と　言って　いました。

6) 空が　暗いですから、午後は　（雨です →　　　　　　）かも　しれません。

7) 野菜は （新しいです →　　　　　　　）ば　（新しいです →

　　　）ほど　いいです。

8) いちばん　（大切です →　　　　　　）のは　きれいな　水と　空気です。

9) この　説明書は　（複雑です →　　　　　　　）、よく　わかりません。

10) （おいしいです →　　　　　　　）か　どうか、食べて　みます。

11) こちらの　かばんは　いかがですか。

　　これは　書類を　入れるのに　（いいです →　　　　　　）

　　… そうですね。

12) この　薬は　（苦いです →　　　　　　）、飲めません。

13) 山田さんは　中国に　住んで　いましたから、中国語が　（上手です

　　→　　　　　　） はずです。

14) 運動会は　（中止です →　　　　　　）ようです。

15) 野菜を　（細かい →　　　　　　） 切って　ください。

16) 結婚したら、必ず　彼女を　（幸せ →　　　　　　） します。

9　의미에 맞는 표현에 〇표 하세요.

보기	この　コーヒーは　濃すぎて、	a. 飲みません。 b. 飲めません。 c. 飲んで　しまいました。

1) 今にも　袋が　{ a. 破れるそうです。　b. 破れそうです。　c. 破れたようです。 }

2) 体の　調子が　悪いので、

きょうは　1日
a. 休んで　くださいませんか。
b. 休んで　いただけませんか。
c. 休ませて　いただけませんか。

3) バリ島へ
a. 行けば、
b. 行ったら、
c. 行くと、
ダンスが　見たいです。

4) 友達が　来るので、

冷蔵庫に　ビールを
a. 入って　います。
b. 入れて　おきます。
c. 入れて　しまいました。

5) 健康の　ために、

できるだけ
a. 無理を　するように　なりました。
b. 無理を　するように　して　います。
c. 無理を　しないように　しています。

6) 子どもの　とき、

よく　父に
a. しかりました。
b. しかられました。
c. しからせました。

7) 重そうですね。

わたしが
a. お持ちに　なります。
b. お持ち　ください。
c. お持ちします。

8) ミラーさんは　いらっしゃいますか。

…ミラーさんは　たった今
a. 帰る　ところです。
b. 帰って　いる　ところです。
c. 帰った　ところです。

9) きのう　速達で　送りましたから、

きょう {
a. 届く　はずです。
b. 届くかも　しれません。
c. 届くそうです。
}

10) きょうは {
a. 用事が　あって、
b. 用事が　あるので、
c. 用事が　あると、
} お先に　失礼します。

11) 火事や　地震の　場合は、{
a. エレベーターを　使わないで　ください。
b. エレベーターを　使いました。
c. エレベーターを　使う　ところです。
}

10 괄호 안에 알맞는 단어를 써 넣으세요.

> 보기
> 荷物を　片づけてから、ちょっと　休憩しませんか。
> → 荷物を　（片づけた）　あとで、ちょっと　休憩しませんか。

1) 母は　タイ語を　話す　ことが　できます。
　　→ 母は　（　　　　　　　　　　　　）。

2) ボランティアの　皆さんに　親切に　して　いただきました。
　　→ ボランティアの　皆さんが　（　　　　　　　　　　　　　）。

3) 先生は　もう　出かけられました。
　　→ 先生は　もう　お（　　　　　　）に　なりました。

4) 電源を　切るのを　忘れないで　ください。
　　→ 電源を　切るのを　（　　　　　　　）　ように　して　ください。

5) 壁に　カレンダーが　掛かって　います。
　　→ 壁に　カレンダーが　（　　　　　　　）　あります。

6) 東京で 仕事を 探す つもりです。
　→東京で 仕事を （　　　　　）と 思って います。

7) この マークは 使っては いけないと いう 意味です。
　→この マークは （　　　　　）と いう 意味です。

8) 日本語の 先生に なりたいんですが、どう したら いいですか。
　→日本語の 先生に なりたいんですが、どう （　　　　　）
　　いいですか。

9) スピーチコンテストに 出る ために、日本語を 練習して います。
　→スピーチコンテストに （　　　　　）ように、日本語を 練習して
　　います。

11　문맥에 맞는 표현에 ○표 하세요.

보기　3日(以上、以下、以内)に 入管へ 行って ください。

1) (たった今、今にも、今から) 電車が 出た ところです。

2) 本を 読んだら、元の 所に (はっきり、よく、きちんと) 並べて
　おいて ください。

3) (ほとんど、ちょうど、ぴったり) 今から 課長に 書類を 届ける
　ところです。

4) (どうも、もしかしたら、たぶん) 部長は 最近 仕事が うまく
　いって いないようです。

5) ニュース(によって、によると、について)、中国で 大きな 地震が
　起きたそうです。

6) (必ず、絶対に、全然) 時間に 遅れないで ください。

7）このごろ　（ずっと、ちゃんと、やっと）　日本の　習慣に　慣れました。

8）（あと、もうすぐ、もっと）　10分ほど　お待ち　ください。

9）週末は　（ちっとも、たいてい、急に）　剣道の　練習に　通って
います。

10）忘年会に　参加できるか　どうか、（ずっと、かなり、できるだけ）
早く　返事を　ください。

 **주어진 접속사를 알맞게 넣어 문장을 완성하세요.**

> 보기 ミラーは　ただ今　席を　外して　おりますが……。
> …（では）、また　あとで　お電話します。

それで　　ところで　　それから　　~~では~~　　それまでに　　そのうえ

1）水曜日は　ちょっと　都合が　悪いんですが……。
…（　　　　　　）　木曜日に　来て　ください。

2）わたしの　彼は　優しくて、まじめです。（　　　　　）　とても
ハンサムです。

3）新しい　部長は　昔　イギリスに　留学して　いたそうですよ。
…ああ、（　　　　　）　英語が　上手なんですね。

4）課長、書類の　コピーが　できました。どうぞ。
…ありがとう。（　　　　　）、今度の　マラソン大会の　申し込みは
もう　しましたか。

5）さ来週　パソコン教室を　開きますので、（　　　　　）　この
説明書を　よく　読んで　おいて　ください。

13 문맥에 맞는 표현에 ○표 하세요.

보기

a. 困（こま）ったなあ。
b. うれしいなあ。
c. よかった。

電子辞書（でんしじしょ）を　持（も）って　来（く）るのを　忘（わす）れました。

2) お先（さき）に　失礼（しつれい）します。

… a. お先（さき）に　どうぞ。
b. お疲（つか）れさまでした。
c. これで　終（お）わります。

2) ちょっと　お願（ねが）いが　あるんですが、

a. ひとこと　よろしいでしょうか。
b. 何（なに）か　ご希望（きぼう）が　ありますか。
c. 今（いま）　いいでしょうか。

… 何（なん）ですか。

2) かばんが　見（み）つかりましたよ。

… a. 楽（たの）しみに　して　います。
b. それは　いいですね。
c. ああ、よかった 。

2) 最近（さいきん）　体（からだ）の　調子（ちょうし）が　よくないんです。

… a. その　ほうが　いいですよ。
b. それは　いけませんね。
c. それは　助（たす）かります。

2) わたしが　する　とおりに、して　ください。

… はい。 a. これで　いいですか。
b. これが　いいですか。
c. これも　いいですか。

6)　a. 失礼ですが、
　　b. かまいませんが、　　荷物を　預かって　おいて
　　c. 申し訳　ありませんが、　いただけませんか。

　…ええ、いいですよ。

7)　a. どちら様でしょうか。
　　b. 何と　申しますか。
　　c. どちらで　ございますか。

　…タワポンと　申します。

8)　鳥の　世話は　子どもに　させて　います。

　…そうですか。
　　　　　　　　a. どうぞ　お大事に。
　　　　　　　　b. いい　ことですね。
　　　　　　　　c. 大変ですね。

점수 환산(문제당 1점) : 합계 득점 ÷ 116 × 100점　　　　점

주요문법정리

- 꼭 알아두어야 할 조사
- 필수 활용형
- 표현이 풍부해지는 부사 표현
- 문장을 잇는 중요 접속사

꼭 알아두어야 할 조사

1. [は] ~은/는

パーティーの　準備に　10人は　必要です。 `17`
파티 준비에 10명은 필요합니다.

2. [も] ~도, ~이나

ビデオを　修理するのに　3週間も　かかりました。
비디오를 수리하는데 3주나 걸렸습니다. `17`

3. [の] ~의, ~의 것

1) 健康の　ために、野菜を　たくさん　食べます。
건강을 위해 야채를 많이 먹습니다. `17`

2) 故障の　場合は、この　番号に　電話して　ください。 고장났을 경우엔 이 번호로 전화 해 주십시오. `20`

3) あの　スーパーは　あしたは　休みの　はずです。 저 슈퍼는 내일 쉬는 날 일텐데요. `21`

4) 小川さんの　話は　ほんとうのようです。 `22`
오가와 씨 이야기는 사실인 모양입니다.

5) グプタさんの　到着は　2時です。 `25`
구푸타 씨는 2시에 도착합니다.

4. [を] ~을/를

部長は　鈴木さんを　3日間　休ませました。 `23`
부장님께서는 스즈키씨에게 3일 간 휴가를 주었습니다.

5. [が] ~이/가, ~을/를

1) 説明が　難しくて、わかりません。 `14`
설명이 어려워서 모르겠습니다.

2) 私が　グプタさんを　迎えに　参ります。 `25`
제가 구푸타 씨를 마중 나가겠습니다.

6. [に] ~에, ~에게서, ~을/를, ~에게, ~하러

A: 1) 事故に　あいました。 사고를 당했습니다. `20`

2) 会社に　勤めます。 회사에 근무합니다. `24`

B: わたしは　コンピューターに　興味が　あります。
저는 컴퓨터에 흥미가 있습니다. `16`

C: この　お皿は　結婚の　お祝いに　部長が

くださいました。 `16`
이 접시는 결혼 선물로 부장님께서 주셨습니다.

D: この　かばんは　軽くて、旅行に　便利です。
이 가방은 가볍고. 여행에 편리합니다. `17`

E: 次の　ミーティングは　さ来週に　します。 `19`
다음 회의는 다음다음주에 하겠습니다.

F: わたしは　娘に　ピアノを　習わせます。 `23`
나는 딸에게 피아노를 가르칩니다. (배우게 합니다.)

7. [で] ~(으)로, ~에서

A: ズボンの　長さは　これで　よろしいでしょう
か。 바지 길이는 이걸로 괜찮으시겠습니까? `19`

B: 地震で　人が　大勢　死にました。 `14`
지진으로 사람이 많이 죽었습니다.

8. [か] ~또는, ~일지, ~는지

1) 台風9号は　東京へ　来るか　どうか、まだ
わかりません。 `15`
태풍 9호가 도쿄로 올지 아닐지. 아직 모릅니다.

2) JL107便は　何時に　到着するか、調べて　くだ
さい。 JL107 편은 몇 시에 도착하는지 알아봐 주세요. `15`

필수 활용형

1. [ます형]

- ます형 + やすいです ～하기 쉽습니다

  この　パソコンは　使いやすいです。　[19]

  이 컴퓨터는 사용하기 쉽습니다.

- ます형 + にくいです ～하지 않습니다

  この　コップは　丈夫で、割れにくいです。　[19]

  이 컵은 튼튼하고, 잘 깨지지 않습니다.

- おます형 + に　なります ～이 됩니다(합니다)

  社長は　もう　お帰りに　なりました。　[24]

  사장님은 이미 퇴근하셨습니다.

- おます형 + ください ～주세요

  しばらく　お待ち　ください。　[24]

  잠시 기다려 주세요.

- おます형 + します ～하겠습니다

  今月の　スケジュールを　お送りします。　[25]

  이번달 스케줄을 보내드리겠습니다.

2. [て형]

- て형 + みます ～(해) 봅니다

  新しい　靴を　はいて　みます。　[15]

  새 신발을 신어 봅니다.

- て형 +いただきます ～(해) 받다

  わたしは　先生に　手紙の　まちがいを　直して　いただきました。　[16]

  저는 선생님께 편지의 틀린 부분을 수정 받았습니다.

- て형 +くださいます ～(해) 주십니다

  部長の　奥さんは　わたしに　お茶を　教えて　くださいました。　[16]

  부장님 사모님께선 저에게 다도를 가르쳐 주셨습니다.

- て형 + やります ～(해) 줍니다

  わたしは　息子に　紙飛行機を　作って　やりました。　[16]

  나는 아들에게 종이 비행기를 만들어 주었습니다.

- て형 + きます ～(해) 옵니다

  ちょっと　切符を　買って　来ます。　[18]

  잠깐 우표 좀 사오겠습니다.

3. [사전형]

- 사전형 + ために、　～위해서 ～

  自分の　店を　持つ　ために、貯金して　います。　[17]

  자기 가게를 차리기 위해, 저금 하고 있습니다.

- 사전형 + のに ～(하)는데

  この　はさみは　花を　切るのに　使います。　[17]

  이 가위는 꽃을 자르는데 씁니다.

4. [た형]

- た형 + ばかりです ～(한) 참입니다

  先月　会社に　入った　ばかりです。　[21]

  저번달에 회사에 들어온 참입니다.

5.

사전형		～하는 참입니다
て형 + いる	ところです	～하는 중입니다
た형		～한 참입니다

  ちょうど　今から　試合が　始まる　ところです。　[21]

  마침 지금부터 시합이 시작하려는 참입니다.

  今　原因を　調べて　いる　ところです。　[21]

  지금, 원인을 찾고 있는 중입니다.

  たった今　バスが　出た　ところです。　[21]

  방금 버스가 떠난 참입니다.

6. [보통형]

- 보통형 + そうです ～(한)다고 합니다

  天気予報に　よると、あしたは　寒く　なるそうです。　[22]

  일기예보에 의하면, 내일은 추워진다고 합니다.

- 동사의 보통형

  い형용사의 보통형

  な형용사의 보통형～だ

  명사의 보통형～だ

  } か、～ ～인지(한지) ～

  会議は　いつ　終わるか、わかりません。　[15]

  회의는 언제 끝날지 모릅니다.

  プレゼントは　何が　いいか、考えて　ください。　[15]

  선물로 어떻게 좋을지, 생각해 주세요.

  非常口は　どこか、確かめて　おきます。　[15]

  비상구가 어딘지 확인해 두겠습니다.

• 동사의 보통형
い형용사의 보통형
な형용사의 보통형
〜だ
명사의 보통형〜だ
⎱ か　どうか、〜인지(한지) 아닌지

忘年会に 出席できるか どうか、返事を ください。 망년회에 출석 가능한지 아닌지, 답장 바랍니다. [15]
都合が いいか どうか、電話で 聞いて みます。 사정이 되는지 안 되는지 전화로 물어보겠습니다. [15]
その 話は ほんとうか どうか、わかりません。 그 이야기는 진짜인지 아닌지 모릅니다. [15]

• 동사의 보통형
い형용사의 보통형
な형용사의 보통형
〜だ → な
명사의 보통형 〜だ → な
⎱ ので、〜 〜이므로 때문에)〜

用事が あるので、お先に 失礼します。 일이 있으므로 먼저 실례하겠습니다. [14]
頭が 痛いので、今晩は 早く 寝ます。 머리가 아프므로 오늘 밤은 빨리 잡니다. [14]
きょうは 誕生日なので、ワインを 買いました。 오늘은 생일이므로 와인을 샀습니다. [14]

• 동사의 보통형
い형용사의 보통형
な형용사의 보통형
〜だ → な
명사의 보통형 〜だ → な
⎱ のに、〜 〜(했)는데(도)

約束を したのに、彼女は 来ませんでした。 약속했는데도 그녀는 오지 않았습니다. [20]
仕事は 忙しいのに、給料は 安いです。 일은 바쁜데 급료는 쌉니다. [20]
夫は 料理が 上手なのに、あまり 作って くれません。 남편은 요리를 잘하는데, 자주 만들어 주지 않습니다. [20]

• 동사의 보통형
い형용사의 보통형
な형용사의 보통형
〜だ → 〜な
명사의 보통형 〜だ → な
⎱ ようです 〜인 것 같습니다

隣の 部屋に だれか いるようです。 [22]
옆 방에 누가 있는 것 같습니다.
部長は ゴルフが 嫌いなようです。 [22]
부장님은 골프가 싫은 것 같습니다.
どうも 事故のようです。 [22]
아무래도 사고가 난 것 같습니다.

7. • 동사의 ます형
い형용사 (〜い)
な형용사 [な]
⎱ そうです 〜일 것 같습니다 (〜해 보입니다)

今にも 雨が 降りそうです。 [18]
당장이라도 비가 내릴 것 같습니다.
この ケーキは おいしそうです。 [18]
이 케이크는 맛있어 보입니다.
あの 人は まじめそうです。 [18]
저 사람은 성실해 보입니다.

• 동사의 ます형
い형용사 (〜い)
な형용사 [な]
⎱ すぎます 너무 〜 (합)입니다

ゆうべ お酒を 飲みすぎました。 [19]
어제 저녁에 술을 너무 많이 마셨습니다.
この 問題は 難しすぎます。 [19]
이 문제는 너무 어렵습니다.
この 方法は 複雑すぎます。 [19]
이 방법은 너무 복잡합니다.

8. • 동사의 て형、
ない형 + なくて、
い형용사 + 〜くて、
な형용사 + で、
명사 + で、
⎱ 〜 〜없어서 〜해서〜

ニュースを 聞いて、びっくりしました。 [14]
뉴스를 듣고 깜짝 놀랐습니다.
家族に 会えなくて、寂しいです。 [14]
가족을 만날 수 없어서 외롭습니다.
土曜日は 都合が 悪くて、行けません。 [14]
토요일은 사정이 있어서 못 갑니다.
話が 複雑で、よく わかりません。 [14]
이야기가 복잡해서 잘 모르겠습니다.

9. ・동사의 사전형
た형
ない형ない　―　ばあい　～경우에는 ～
い형용사　　　　　は、～
な형용사 な
명사の

カードを　なくした　場合は、すぐ　カード
会社に　連絡して　ください。　**20**
카드를 잃어버린 경우에는 바로 카드회사에 연락해 주세요.

コピー機の　調子が　悪い　場合は、この
番号に　電話して　ください。　**20**
복사기 상태가 안 좋을 경우엔 이 번호로 전화 주세요.

領収書が　必要な　場合は、言って　ください。　**20**
영수증이 필요한 경우에는 말해 주세요.

10. ・동사의 사전형
ない형ない
い형용사　　　―　はずです　～것입니다
な형용사な
명사の

荷物は　あした　着く　はずです。　**21**
짐은 내일 도착할 것입니다.

課長は　ドイツ語が　上手な　はずです。　**21**
과장님은 독일어가 유창할 것입니다.

あの　スーパーは　あしたは　休みの　はずです。
저 슈퍼는 내일은 휴무일 것입니다.　**21**

표현이 풍부해지는 부사 표현

1.

・たったいま　방금, 이제 막
たった今　起きた　ところです。　**21**
방금 일어난 참입니다.

・たまに　가끔
映画は　あまり　見ませんが、たまに　テレビ
で　古い　映画を　見ます。　**24**
영화는 별로 안 봅니다만, 가끔 티비로 옛날 영화를 봅니다.

2.

・さいしょに　먼저
最初に　田中先生を　ご紹介します。　**25**
먼저 다나카 선생님을 소개하겠습니다.

・さいごに　마지막으로
最後に　部屋を　出る　人は　電気を　消して
ください。　**25**
마지막으로 방에서 나오는 사람은 전기를 꺼주세요.

3.

・ちゃんと　착실히
ちゃんと　薬を　飲んで　いるのに、かぜが
治りません。　**20**
착실히 약을 먹고 있는데도 감기가 낫지 않습니다.

・ぴったり　딱
この　靴は　足に　ぴったり　合います。　**18**
이 신발은 발에 딱 맞습니다.

・いっしょうけんめい　열심히
自分の　店を　持つ　ために、一生懸命　働き
ます。　자기 가게를 차리기 위해 열심히 일합니다.　**17**

・じゆうに　자유롭게
先生は　生徒に　自由に　意見を　言わせました。
선생님께서는 학생들에게 자유롭게 의견을 말하게 했습니다. **23**

・きゅうに　갑자기, 급한
彼は　急に　用事が　できて、来られないそうで
す。그는 급한 일이 생겨서 못 올 것 같대요.　**20**

4.

・ちっとも　전혀
小川さんの　息子さんが　さくら大学に　合格
したのを　ちっとも　知りませんでした。　**24**
오가와 씨 아들이 사쿠라 대학에 합격한 것을 전혀 몰랐습니다.

5.

・いまにも　당장이라도
今にも　雨が　降りそうです。　**18**
당장이라도 비가 내릴 것 같습니다.

・ちょうど　마침
ちょうど　今から　試合が　始まる　ところです。
마침 지금부터 시합이 시작하려는 참입니다.　**21**

・どうも　아무래도

どうも　事故が　あったようです。　22

아무래도 사고가 있었던 것 같습니다.

문장을 잇는 중요 접속사

1.

・そのうえ　게다가

彼の　年齢も、収入も、趣味も　わたしの
希望に　ぴったりなんです。

そのうえ　名前も　同じなんですよ。　18

그의 연령도, 수입도, 취미도 저의 희망에 딱 맞아요.
게다가 이름도 같아요.

・～て　～하고

ニュースを　聞いて、びっくりしました。　14

뉴스를 듣고 깜짝 놀랐습니다.

・～くて　～해서

土曜日は　都合が　悪くて、行けないんです。　14

토요일은 사정이 있어서 못 갑니다.

・～で　～로 (해서)

あの　映画は　話が　複雑で、よく　わかりま
せんでした。　14

저 영화는 이야기가 복잡해서 이해가 잘 안 됐습니다.

事故で、バスが　遅れたんです。　14

사고로 버스가 늦었어요.

・～ので　～이므로

用事が　あるので、お先に　失礼します。　14

일이 있으므로 먼저 실례하겠습니다.

きょうは　誕生日なので、ワインを　買いまし
た。　오늘은 생일이므로 와인을 샀습니다.　14

2.

・～のに　～(했는)인데도

約束を　したのに、彼女は　来ませんでした。　20

약속했는데도 그녀는 오지 않았습니다.

休みなのに、仕事を　しなければ　なりません。
휴일인데도 일을 하지 않으면 안 됩니다.　20

3.

・～ばあいは　～경우에는

会社を　休む　場合は、電話で　連絡して
ください。　회사를 쉴 경우에는 전화로 연락해 주세요.　20

切符を　なくした　場合は、駅員に　言って
ください。　20

표를 잃어버렸을 경우에는 역무원에게 말씀해 주세요.

領収書が　必要な　場合は、ここに　連絡して
ください。　20

영수증이 필요한 경우에는 이곳으로 연락해 주십시오.

4.

・では　그럼

では、そろそろ　失礼します。　20

그럼 이만 실례하겠습니다.

5.

・ところで　그런데

ハンス君は　いい　成績ですよ。

한스 군은 성적이 좋아요.

…そうですか。ありがとう　ございます。

…그런가요? 감사합니다.

ところで、もうすぐ　運動会ですが、お父さん
も　いらっしゃいますか。　15

그런데, 이제 곧 운동회를 할텐데 아버님도 오시는지요?

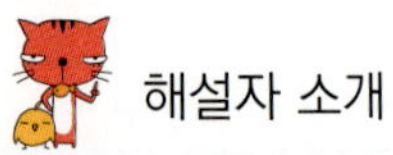 해설자 소개

박지현

일본 문부성 국비유학생

일본 히로시마대학교 교육대학원 석사(언어문화교육연구과 일본어교육전공)

동국대학교 교육대학원 석사(일본어교육전공)

전 시사일본어학원 강사

저서 – 손쉽게 떠먹는 일본어 첫걸음 (시사일본어사) 등

 일러스트

김문수 · 야하타 에미코

말하기집중트레이닝/일본어 제대로 말문트기!!

민나노 독학일본어 공부 초중급코스 2

초판발행	2011년 11월 8일
1판 5쇄	2018년 7월 15일
저자	スリーエーネットワーク
해설	박지현
펴낸이	엄태상
책임 편집	윤영자, 오은정, 조은형, 신명숙, 진현진
제작	조성근, 전태준
마케팅	이승욱, 오원택, 전한나, 왕성석
온라인 마케팅	김마선, 유근혜, 김제이
경영지원	마정인, 김영희, 김예원, 양희운, 박효정
펴낸곳	(주)시사일본어사
주소	서울시 종로구 자하문로 300 시사빌딩
주문 및 교재 문의	1588-1582
팩스	(02)3671-0500
홈페이지	www.sisabooks.com
이메일	sisa_book@naver.com
등록일자	1977년 12월 24일
등록번호	제 300-1977-31호

ⓒ1998 『みんなの日本語』 スリーエーネットワーク

ISBN 978-89-402-0706-2 18730
　　　978-89-402-0702-4 18730 [set]

＊ 이 교재의 내용을 사전 허가없이 전재하거나 복제할 경우 법적인 제재를 받게 됨을 알려 드립니다.

＊ 잘못된 책은 구입하신 서점에서 교환해 드립니다.

＊ 정가는 표지에 표시되어 있습니다.

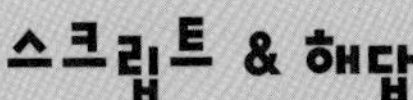

Lesson 14

1.

1) 雨で学校が休みになったことがありますか。

… 例 はい、あります。

비 때문에 학교가 휴교된 적이 있습니까?

… 네. 있습니다.

2) 家族や友達に会えなくて、寂しいとき、どうしますか。

… 例 お酒を飲んだり、歌を歌ったりします。

가족이나 친구들과 못 만나서 외로울 때 어떻게 하나요?

… 술을 마시거나 노래를 부르거나 합니다.

2.

1) 女：あしたの晩、みんなでイタリア料理を食べに行くんですが、ミラーさんもいっしょにいかがですか。

男：すみません。あしたの晩はちょっと都合が悪くて……。

女：そうですか。残念ですね。

男：また今度お願いします。

Q. ミラーさんはイタリア料理を食べに行けません。（○）

여 : 내일 밤, 다같이 이탈리아 요리 먹으러 가는데 밀러 씨도 같이 어떠세요?

남 : 죄송해요. 내일 밤은 좀 사정이 있어서….

여 : 그래요? 아쉽네요.

남 : 다음에 또 초대해주세요.

Q. 밀러 씨는 이탈리아 요리를 먹으러 갈 수 없습니다.

2) 女：あのう、ちょっとお願いがあるんですが……。

男：はい、何ですか。

女：来週の水曜日に国から母が来るので、午後早退してもいいですか。

男：ええ、いいですよ。どうぞ。

Q. 女の人は来週の水曜日会社を休みます。（×）

여 : 저, 부탁 좀 하나 드려도 될까요?

남 : 네. 뭔데요?

여 : 다음주 수요일에 고국에서 어머니가 오시는데 오후에 조퇴해도 될까요?

남 : 네, 그럼요. 그렇게 해요.

Q. 여자는 다음주 수요일 회사를 쉽니다.

3) 男：もしもし、田中です。

女：田中さん、どうしたんですか。もうすぐ会議が始まりますよ。

男：実は事故で今電車が止まっているんです。会議に間に合わないので、先に始めてください。

女：わかりました。

Q. 田中さんが来てから、会議を始めます。（×）

남 : 여보세요, 다나카입니다.

여 : 다나카 씨, 무슨 일 있어요? 이제 곧 회의 시작해요.

남 : 실은 사고로 지금 전차가 멈췄거든요. 회의 시간에 못 맞출 것 같으니 먼저 시작해주세요.

여 : 알겠습니다.

Q. 다나카 씨가 오면, 회의를 시작합니다.

4) 女：日本の生活で何か問題はありませんか。

男：ええ、実は漢字がわからなくて、困っているんです。

女：そうですか。漢字は書けなくてもいいですが、意味がわからなければ、困りますよね。

男：ええ、これから漢字の勉強を始めます。

Q. 男の人は漢字がわかるようになりたいと思っています。（○）

여 : 일본 생활하는데 뭔가 문제는 없었나요?

남 : 네, 실은 한자를 잘 몰라서 힘들어요.

여 : 그렇군요. 한자는 못 쓰는 건 그렇다쳐도 의미를 모르면 힘들죠.

남 : 네, 앞으로 한자 공부를 시작해야겠어요.

Q. 남자는 한자를 잘 알고 싶다고 생각하고 있습니다.

5) 男：待った？

女：30分、遅刻よ。どうしたの？

男：道が込んでいて、車が全然動かなかったんだ。

女：そう。日曜日は車が多いからね。

Q. 男の人は車の事故で、約束の時間に遅れました。（×）

남 : 기다렸어?

여 : 30분, 지각이야. 왜 늦었어?

남 : 길이 막혀서 차가 하나도 안 움직였다니까.

여 : 그래. 일요일에는 차가 많으니까.

Q. 남자는 자동차 사고로 약속 시간에 늦었습니다.

3.

1) 生まれて／うれしいです 태어나서 / 기쁩니다

2) 来なくて／悲しいです 오지 않아서 / 슬픕니다

3) 聞いて／びっくりしました 듣고 / 놀랐습니다

4) できなくて／がっかりしました 못해서 / 실망했습니다

4.

1) 高くて／買えませんでした　비싸서 / 못 샀습니다

2) 複雑で／わかりません　복잡해서 / 모르겠습니다

3) うるさくて／寝られません　시끄러워서서 / 잘 수가 없습니다

4) かぜで／参加できませんでした　감기 때문에 / 참가하지 못했습니다

5.

1) 雪で新幹線が止まりました　눈 때문에 신칸센이 멈췄습니다

2) 台風で木が倒れました　태풍으로 나무가 쓰러졌습니다

3) 火事でデパートが焼けました　화재로 백화점이 불탔습니다

4) 交通事故で人が死にました　교통사고로 사람이 죽었습니다

6.

1) よくない　　　　　2) 受ける

3) 便利な　　　　　　4) 初めてな

7.

1) ×　2) ×　3) ○　4) ○

Lesson 15

1.

1) 今世界に国がいくつあるか知っていますか。
　… 例 190ぐらいだと思います。

현재, 전세계에 나라가 얼마나 있는지 알고 있습니까?
　… 190개 정도라고 생각합니다.

2) 次のオリンピックはどこで行われるか知っていますか。
　… 例 はい、知っています。

다음 올림픽은 어디서 열리는지 알고 있습니까?
　… 네, 알고 있습니다.

3) パーティーですてきな人に会ったら、名前のほかに何を知りたいですか。
　… 例 結婚しているかどうか知りたいです。

파티에서 멋진 사람을 만나면 이름 말고 무엇을 알고 싶습니까?
　… 결혼했는지 아닌지 알고 싶습니다.

4) 月へ行ってみたいですか。
　… 例 はい、行ってみたいです。

달에 가보고 싶습니까?
　… 네, 가보고 싶습니다.

2.

1) 男：サントスさんの写真の展覧会はあしたの10時からです。
　女：はい。
　男：場所は市役所の2階のロビーです。
　女：わかりました。
　Q. 男の人はサントスさんの写真の展覧会がいつどこであるか、女の人に伝えました。(○)

남 : 산토스 씨의 사진 전람회는 내일 10시부터입니다.
여 : 네.
남 : 장소는 시청 2층 로비입니다.
여 : 알겠습니다.
Q. 남자는 산토스 씨의 사진 전람회가 언제 어디서 열리는지 여자에게 전달했습니다.

2) 女：ミラーさん、スキー旅行に参加しますか。
　男：まだ決めていません。
　女：早く決めないと……。申し込みはあさってまでですよ。
　男：ええ、そうですね。
　Q. ミラーさんはスキー旅行に参加するかどうか早く決めなければなりません。(○)

여 : 밀러 씨, 스키 여행에 참가하세요?
남 : 아직 못 정했어요.
여 : 빨리 안 정하시면…. 신청은 모레까지예요.
남 : 네, 그러네요.
Q. 밀러 씨는 스키 여행에 참가할지 안 할지 빨리 정하지 않으면 안 됩니다.

3) 女：ミラーさんは？
　男：さっきパワー電気へ行きましたよ。
　女：何時ごろ帰りますか。
　男：すみません。鈴木さんに聞いてみてください。
　Q. 男の人はミラーさんが何時に帰るか知りません。(○)

여 : 밀러 씨는요?
남 : 아까 파워 전기에 갔어요.
여 : 몇 시 정도에 돌아오죠?
남 : 미안해요. 스즈키 씨한테 물어봐 주세요.
Q. 남자는 밀러 씨가 몇시에 돌아올지 모릅니다.

4) 女：ことしのワインですよ。フランスのワインです。おいしいですよ。どうぞ飲んでみてください。

男：じゃ、ちょっとだけ。
　　うん。おいしい。
　　1本ください。
Q. 男の人はワインを飲んでみて、おいしかった
　　ので、買いました。（○）

여 : 올해 와인이에요. 프랑스 와인이죠. 맛있어요. 한 번 마셔보세요.
남 : 그럼, 조금만요. 음, 맛있네요. 한 병 주세요.
Q. 남자는 와인을 마셔보고 맛있어서 샀습니다.

5) 女：盆踊りを見たことがある？
　　男：ううん。一度見てみたいな。
　　女：来週うちの近くであるから、いっしょに
　　　　行って、踊ってみない？
　　男：うん。やってみようか。
Q. 男の人は盆踊りをしてみます。（○）

여 : 봉오도리 본 적 있어?
남 : 아니, 실제로 한 번 보고 싶다.
여 : 다음 주에 우리 집 근처에서 하는데 같이 가서 한 번 춰보지 않을래?
남 : 응, 한 번 해볼까.
Q. 남자는 봉오도리를 하려고 합니다.

3.

1) 会ったか　　　　　　2) 着くか

3) なるか　　　　　　　4) 生まれる（生まれている）

4.

1) 健康かどうか　　　　2) 必要かどうか

3) おいしいかどうか　　4) ないかどうか

5.

1) 量るか　　　　　　　2) 元気かどうか

3) ないかどうか　　　　4) 持っていないかどうか

6.

1) 行ってみ　　　　　　2) 食べてみて

3) 着てみる　　　　　　4) 入れてみ

7.

1) ○　　2) ×　　3) ○　　4) ○

1.

1) 小学校では誕生日に先生にプレゼントをもらい
ましたか。
　　… 예 いいえ、いただきませんでした。

초등학교에서는 생일에 선생님께 선물을 받았습니까?
… 아니오, 받지 않았습니다.

2) あなたは子どもの誕生日に何をしてあげますか。
　　… 예 誕生日のパーティーをしてやります。

당신은 아이 생일에 무엇을 해 줍니까?
… 생일 파티를 해 줍니다.

3) 第40課はだれに教えてもらいましたか。
　　… 예 小林先生に教えていただきました。

40과는 누구에게 배웠습니까?
… 코바야시 선생님께 배웠습니다.

4) だれが初めて字を教えてくれましたか。
　　… 예 小学校の先生が教えてくださいました。

누가 처음 글씨를 가르쳐주셨습니까?
… 초등학교 선생님께서 가르쳐 주셨습니다.

5) 先生にもう一度説明してもらいたいとき、何と
言いますか。
　　… 예「もう一度説明していただけませんか」と
　　　　言います。

선생님께 다시 한 번 설명을 듣고 싶을 때, 뭐라고 말합니까?
… "다시 한번 설명해 주시겠습니까?"라고 말합니다.

2.

1) 女：タワポンさん、この辞書、買ったんですか。
　　男：いいえ、先生にいただいたんです。とてもい
　　　　い辞書です。
　　女：そうですか。よかったですね。
　　Q. 先生は男の人に辞書をあげました。（○）

여 : 타와퐁 씨, 이 사전, 산 거예요?
남 : 아뇨, 선생님께 받은거예요. 정말 좋은 사전이에요.
여 : 그렇군요. 잘 됐네요.
Q. 선생님은 남자에게 사전을 주었습니다.

2) 女：パワー電気のシュミットさんを知っています
　　　　か。
　　男：ええ。先週ミラーさんが紹介してください

ました。

女：おもしろい方でしょう？

男：ええ。とても元気な方ですね。

Q. 男の人はミラーさんにシュミットさんを紹介しました。（×）

여 : 파워 전기의 슈미트 씨를 아십니까?

남 : 네, 저번주에 밀러 씨께서 소개해 주셨습니다.

여 : 재밌는 분이시죠?

남 : 네, 무척 활기찬 분이세요.

Q. 남자는 밀러 씨에게 슈미트 씨를 소개했습니다.

3) 女：田中さんはお正月にお子さんに何かあげるんですか。

男：ええ、お年玉をやります。

女：お年玉？

男：お金を袋に入れてやるんです。

女：そうですか。中国と同じですね。

Q. お正月に中国の子どもはお金をもらいます。（○）

여 : 다나카 씨는 설날에 아이에게 뭔가 주시나요?

남 : 네, 세뱃돈을 줍니다.

여 : 세뱃돈이요?

남 : 돈을 봉투에 넣어서 줍니다.

여 : 그렇군요. 중국과 똑같네요.

Q. 설날에 중국 아이들은 돈을 받습니다.

4) 女：ワット先生、ちょっとお願いがあるんですが……。

男：はい、何ですか。

女：実は英語で手紙を書いたんですが、ちょっと見ていただけませんか。

男：いいですよ。……ずいぶんまちがいがありますね。

Q. ワットさんは学生の手紙を見てあげました。（○）

여 : 와트 선생님, 부탁이 좀 있는데요.

남 : 네, 뭔데요?

여 : 실은 영어로 편지를 썼는데 좀 봐주시겠어요?

남 : 좋아요. ……틀린 부분이 꽤 있군요.

Q. 와트 씨는 학생의 편지를 봐주었습니다.

5) 男：もう遅いから、うちまで送るよ。

女：ありがとう。

....

女：送ってくれて、どうもありがとう。きょうはとても楽しかったわ。

男：ぼくも。じゃ、また。

Q. 女の人は男の人にうちまで送ってもらいました。（○）

남 : 이미 늦었으니 집까지 바래다줄게.

여 : 고마워.

....

여 : 바래다줘서 정말 고마워. 오늘 정말 즐거웠어.

남 : 나도. 그럼 다음에 봐.

Q. 여자는 남자가 집까지 바래다줬습니다.

3.

1) いただきました   2) やる

3) もらいました   4) くれました

5) くださいました

4.

1) 貸してくださった 빌려주셨다

2) 送っていただきました 보내주셨다

3) 教えてくれた 가르쳐주었다

4) 連れて行ってくださいました 데리고 가 주셨습니다

5.

1) 見てくださいませんか 봐 주시지 않으시겠습니까?

2) 手伝ってくださいませんか 도와주시지 않으시겠습니까?

3) 説明してくださいませんか

         설명해 주시지 않으시겠습니까?

4) かいてくださいませんか 써 주시지 않으시겠습니까?

6.

1) が   2) に   3) を   4) が／を

7.

1) 子どもたちにいじめられていましたから。
아이들에게 괴롭힘 당하고 있었기 때문에.

2) 海の中のお城へ行きました。
바닷속 성에 갔습니다.

3) 300年ぐらいいました。
300년 정도 있었습니다.

4) 300年の時間だと思います。
300년의 시간이라고 생각합니다.

1.

1) 漢字を覚えるために、どんなことをしていますか。
… 例 何回も書いています。

한자를 외우기 위해서 어떤 것을 하고 있습니까?
… 몇번씩 (반복해서) 쓰고 있습니다.

2) 健康のために、何か気をつけていますか。
… 例 野菜を食べるようにしています。

건강을 위해 무엇에 신경쓰고 있습니까?
… 야채를 많이 섭취하도록 하고 있습니다.

3) あなたの国でうちを建てるのにいくらぐらいかか
りますか。
… 例 1千万円ぐらいかかります。

당신 나라에서는 집을 짓는데 얼마 정도 듭니까?
… 천만엔 정도 듭니다.

4) 日本からあなたの国へ手紙を出すのにいくらの切
手が要りますか。
… 例 130円の切手が要ります。

일본에서 당신 나라에 편지를 보내는데 얼마 짜리 우표가 필요합니
까?
… 130엔 짜리 우표가 필요합니다.

5) あなたの国で旅行にいいのはいつですか。
… 例 6月ごろです。

당신 나라에서 여행하기 좋은 건 언제입니까?
… 6월 정도입니다.

2.

1) 女：木村さんはイタリアへ行くんですか。
男：ええ。音楽を勉強するために、行くと言っ
ていました。
女：そうですか。いいですね。
Q. 木村さんはイタリアへ音楽の勉強に行きま
す。(○)

여 : 기무라 씨는 이탈리아에 가는 겁니까?
남 : 네, 음악 공부를 위래 간다고 말했어요.
여 : 그렇군요. 좋네요.
Q. 기무라 씨는 이탈리아에 음악 공부를 하러 갑니다.

2) 女：どうしたんですか。
男：おなかが痛いので、病院へ行きます。
女：タクシーを呼びましょうか。
男：あ、大丈夫です。歩いて行けますから。
Q. 男の人は病院へ行くのにタクシーを使います。

(×)

여 : 왜 그러세요?
남 : 배가 아파서 병원에 가려고요.
여 : 택시 부를까요?
남 : 아, 괜찮아요. 걸어서 갈 수 있어요.
Q. 남자는 병원에 택시를 타고 갑니다.

3) 男：最近、スポーツクラブへ行っている人が多い
ですね。
女：ええ、みんな健康のために、運動しているん
です。
男：渡辺さんも何かしていますか。
女：ええ、毎週2回ぐらいプールで泳いでいます。
Q. 女の人は健康のために、プールへ行っています。

(○)

남 : 최근 스포츠 클럽 다니는 사람이 많네요.
여 : 네, 다들 건강을 위해서 운동하는 거죠.
남 : 와타나베 씨도 뭔가 하고 계시나요?
여 : 네, 매주 2회 정도 수영장에서 수영을 해요.
Q. 여자는 건강을 위해서 수영장에 다닙니다.

4) 女：この箱を捨ててもいいですか。
男：あっ、捨てないでください。使いますから。
女：何に使うんですか。
男：引っ越しのとき、使いたいんです。
Q. 男の人は引っ越しのために、箱を捨てない
で、置いておきます。(○)

여 : 이 상자 버려도 되나요?
남 : 아, 버리지 마세요. 쓸 거니까.
여 : 뭐에 쓸 건데요?
남 : 이사할 때 쓰려고요.
Q. 남자는 이사를 대비해 상자를 버리지 않고 모아두고 있습니다.

5) 女：どんな結婚式をしたい？
男：結婚式にお金を使うのはむだだよ。
女：そうね。
男：式にはあまりお金を使わないで、新しい
生活のために、使おうよ。
Q. お金がないので二人は結婚式をしません。(×)

여 : 어떤 결혼식을 하고 싶어?
남 : 결혼식에 돈 쓰는 건 사치야.
어 : 그렇네.
남 : 식에는 돈 많이 쓰지 말고, 새로운 생활을 위해 쓰자
Q. 돈이 없어서 두 사람은 결혼식을 하지 않습니다.

3.

1) 覚える　　　　　　　　2) なる

3) 平和の　　　　　　　　4) 家族の

4.

1) 時刻表は電車の時間を調べるのに使います。

시간표는 전차 시간을 알아보는데 씁니다.

2) テレホンカードは電話をかけるのに使います。

전화카드는 전화를 거는데 씁니다.

3) ファイルは資料を入れるのに使います。

화일은 자료를 넣는데 씁니다.

4) やかんはお湯を沸かすのに使います。

주전자는 물을 끓이는데 씁니다.

5.

1) 勉強に　　　　　　　　2) 料理に

3) 整理に　　　　　　　　4) 旅行に

6.

1) ために　　　　　　　　2) ように

3) ように　　　　　　　　4) ために

7.

1) ×　　2) ×　　3) ○　　4) ○

Lesson 18

1.

1) あなたの国で日本語を勉強する人はこれから増え

そうですか、減りそうですか。

… 예 増えそうです。

당신 나라에서 일본어를 공부하는 사람은 앞으로 늘 것 같습니까,
줄 것 같습니까?
… 늘 것 같습니다.

2) 日本の円はこれから高くなりそうですか、安くな

りそうですか。

… 예 安くなりそうです。

일본 엔은 앞으로 비싸질 것 같습니까, 싸질 것 같습니까?
… 싸질 것 같습니다.

3) 買って来たシャツのサイズが合わなかったら、

どうしますか。

… 예 買った店で取り替えてもらいます。

사 온 셔츠 사이즈가 맞지 않으면 어떻게 합니까?
… 산 가게에서 교환합니다.

2.

1) 男：やっと暖かくなりましたね。

女：ええ。

男：もうすぐ桜が咲きそうですね。

女：ことしもどこか花見に行きますか。

男：ええ、上野公園へ行こうと思っています。

Q. 今桜が咲いています。（×）

남 : 이제야 따뜻해졌네요.

여 : 네.

남 : 머지 않아 벚꽃이 필 것 같네요.

여 : 올해도 어디로 꽃구경 가나요?

남 : 네, 우에노 공원으로 가려고 생각하고 있어요.

Q. 지금 벚꽃이 피어 있습니다.

2) 女：このごろうれしそうですね。何かあったんで

すか。

男：ええ、子どもが生まれるんです。

女：それはおめでとうございます。いつごろです

か。

男：9月の予定なんです。

Q. 男の人は子どもが生まれるので、うれしそう

です。（○）

여 : 요즘 좋아보이시네요. 무슨 일 있으셨어요?

남 : 네, 곧 아이가 태어나거든요.

여 : 정말 축하드려요. 언제 쯤이죠?

남 : 9월 예정이에요.

Q. 남자는 곧 아이가 태어날 것이라 기뻐보입니다.

3) 女：あ、切手、買わないと……。この辺で売って

いるでしょうか。

男：あ、あの店は？「切手、あります」と書いて

ありますよ。

女：あ、ほんとうですね。じゃ、ちょっと買って

来ます。

Q. 女の人は切手を買いに行きます。（○）

여 : 아, 우표 사야 되는데. 이 근처에 파는데 있으려나요?

남 : 저 가게는요? "우표, 팝니다"라고 써 있는데요?

여 : 어, 정말이네요. 그럼, 금방 사 가지고 올게요.
Q. 여자는 우표를 사러 갑니다.

4) 男：社員旅行に行かないんですか。
　 女：ええ、ちょっと用事があって。
　 男：それは残念ですね。じゃ、お土産買って来ます。
　 女：ありがとうございます。写真もたくさん撮って来てくださいね。
　 Q. 女の人は旅行に行って、写真を撮ります。(×)

남 : 사원여행 안 가세요?
여 : 네, 사정이 좀 있어서.
남 : 그것 참 아쉽게 됐네요. 그럼, 선물을 사올게요.
여 : 고마워요. 사진도 많이 찍어오세요.
Q. 여자는 여행 가서 사진을 찍습니다.

5) 男：雨が降りそうだね。
　 女：ええ。
　 男：傘を持って行こうか。
　 女：ええ、そうしたほうがいいわね。
　 Q. 雨が降っていますから、傘を持って行きます。
　　 (×)

남 : 비 올 것 같은데?
여 : 응.
남 : 우산 가지고 갈까?
여 : 응, 그 편이 좋을 것 같아.
Q. 비가 오고 있으므로 우산을 가지고 나갑니다.

3.
1) 切れ　　　　　　2) なり
3) 遅れ　　　　　　4) 降り

4.
1) おいし　　　　　2) 古
3) 丈夫　　　　　　4) 便利（よさ）

5.
1) 聞いて　　　　　2) 見て
3) 呼んで　　　　　4) いれて

6.
1) ×　　2) ○　　3) ×

1.
1) お酒を飲みすぎて、気分が悪くなったことがありますか。
　… 예 はい、会社の忘年会で飲みすぎました。

술을 너무 많이 마셔서, 속이 이상해진 적이 있습니까?
… 네, 회사 망년회에서 과음했어요.

2) あなたの辞書は使いやすいですか。
　… 예 はい、とても使いやすいです。

당신의 사전은 쓰기 편합니까?
… 네, 매우 쓰기 편합니다.

3) あなたは疲れやすいですか。
　… 예 いいえ、いつも元気です。

당신은 쉽게 지칩니까?
… 아니오, 항상 건강합니다.

4) あなたの国では大学に簡単に入学できますか。
　… 예 いいえ。大学が少ないですから。（試験が難しいですから）

당신 나라에서는 대학 입학이 간단합니까?
… 아니오. 대학이 적어서. (시험이 어려워서)

2.
1) 女：おはようございます。
　 男：おはようございます。どうしたんですか。声が変ですよ。
　 女：きのうカラオケで歌いすぎたんです。
　 Q. 女の人はカラオケで歌をたくさん歌いました。
　　 (○)

여 : 안녕하세요.
남 : 안녕하세요. 무슨 일 있었어요? 목소리가 이상한데요.
여 : 어제 노래방에서 노래를 너무 많이 불렀어요.
Q. 여자는 노래방에서 노래를 많이 불렀습니다.

2) 男：新しいパソコンはどうですか。
　 女：まえのよりずっと使いやすいです。
　 男：そうですか。
　 女：操作も簡単だし、いろいろなことができるんです。
　 Q. 新しいパソコンは簡単で、使いやすいです。
　　 (○)

남 : 새 컴퓨터는 어때요?
여 : 이전 것보다 훨씬 쓰기 편해요.
남 : 그렇군요?
여 : 조작도 간단하고, 여러가지가 가능하거든요.
Q. 새 컴퓨터는 간단하고 쓰기 편합니다.

3) 女：最近かぜをひきやすいんですが、どうしたら
　　　いいでしょうか。
　　男：きちんと食事をしていますか。
　　女：いいえ、忙しくて……。
　　男：それはいけませんね。きちんと食べて、よく
　　　寝たほうがいいですよ。
　　Q. 女の人はよく食べて、よく寝るので、あまり
　　　かぜをひきません。（×）

여 : 요즘 감기에 자주 걸리는데 어떻게 하면 좋을까요?
남 : 밥은 잘 챙겨먹고 있나요?
여 : 아뇨, 바빠서….
남 : 그럼 안 되죠. 잘 챙겨먹고 잘 자는 게 좋아요.
Q. 여자는 잘 먹고 잘 자기 때문에, 감기에 잘 걸리지 않습니다.

4) 男：ごめんください。
　　女：はい。
　　男：隣の田中ですが、テレビの音をもう少し小
　　　さくしてもらえませんか。
　　女：どうもすみません。気がつかなくて。
　　男：お願いします。
　　Q. テレビの音は大きいです。（○）

남 : 실례합니다.
여 : 네.
남 : 옆집 다나카입니다만 티비 소리 좀 줄여주시겠어요?
여 : 죄송합니다. 제가 몰랐네요.
남 : 부탁 좀 드릴게요.
Q. 티비 소리는 큽니다.

5) 男：ごはん、できたよ。
　　女：いただきます。ちょっと、味が薄いわね。
　　男：そう？
　　女：それに、肉はもっと薄く切らないと。
　　男：そうか。今度はもっとうまく作るぞ。
　　Q. 男の人は肉を薄く切りました。（×）

남 : 밥 다 됐어.
여 : 잘 먹겠습니다. 맛이 좀 싱거운데?
남 : 그래?
여 : 그리고 고기는 더 얇게 썰어야지.
남 : 그래? 다음엔 더 맛있게 만들어야지.
Q. 남자는 고기를 얇게 썰었습니다.

3.
1) 入れすぎました　　2) 歌いすぎました
3) 多すぎます　　　　4) 小さすぎます

4.
1) 食べすぎて　　　　2) 買いすぎて
3) 狭すぎて（小さすぎて）
4) 高すぎて

5.
1) 歩き　　　　　　　2) 持ち
3) 破れ　　　　　　　4) 割れ

6.
1) 短く　　　　　　　2) 小さく
3) きれいに　　　　　4) 来週に

7.
1) 熱心に　　　　　　2) 細かく
3) 優しく　　　　　　4) 簡単に

8.
1) お祝いの気持ちがうまく伝えられませんから。
　축하하는 마음이 잘 전해지지 않았으므로.
2) 話の大切な所をメモしておくといいです。
　이야기의 중요한 부분을 메모해두면 좋아요.
3) 易しいことばは覚えやすいし、まちがえにくいか
　らです。
　쉬운 말은 외우기도 쉽고, 잘 안 틀리기 때문입니다.
4) 「別れる」とか、「切れる」とかです。
　"헤어진다"나 "끊어진다" 등입니다.

Lesson 20

1.
1) あなたの国では火事が起きた場合は、何番に電話
　しますか。
　… 예 119番に電話します。

당신 나라에서는 화재가 났을 경우, 몇번에 전화합니까?
… 119번에 전화합니다.

2) 学校や会社を休む場合は、必ず連絡しますか。

… 例 はい、連絡します。

학교나 회사를 쉴 경우, 반드시 연락합니까?
… 네, 연락합니다.

2.

1) 女：1日に2回この白い薬を飲んでください。

男：はい。1日に2回ですね。

女：せきが止まらない場合は、この青いのも飲ん

でください。

男：わかりました。

Q. 男の人は1日に2回青い薬と白い薬を飲みま

す。(×)

여 : 하루에 두 번, 이 흰색 약을 먹어주세요.
남 : 네, 하루에 두번이요.
여 : 기침이 멈추지 않을 경우에는 이 파란색 약도 같이 먹어주세요.
남 : 알겠습니다.
Q. 남자는 하루에 두 번, 파란색 약과 흰색 약을 먹습니다.

2) 女：山田さんは来週のミーティング、出席でき

ますか。

男：出席できるかどうか、まだわからないんで

すが……。

女：そうですか。じゃ、出席できない場合は、

あとで資料を取りに来てください。

男：はい、わかりました。

Q. ミーティングに出席しなくても、資料はもら

えます。(○)

여 : 야마다 씨는 다음주 회의, 출석 가능하세요?
남 : 출석할 수 있을지 없을지, 아직 잘 모르겠는데….
여 : 그러세요? 그럼 출석 못하실 경우에는 나중에 자료 받으러 와
주세요.
남 : 네, 알겠습니다.
Q. 회의에 출석하지 않아도 자료는 받을 수 있습니다.

3) 男：渡辺さん、きょうの午後の会議は中止にな

りましたよ。

女：えーっ。どうしてですか。

男：部長が来られなくなったんです。

女：きのう残業して書類を準備したのに……。

Q. 女の人はきょう会議がなくなって、うれしそ

うです。(×)

남 : 와타나베 씨, 오늘 오후 회의 중지됐어요.
여 : 네? 어째서요?
남 : 부장님이 못 오시게 되었대요.
여 : 어제 잔업해서 서류 준비했는데….
Q. 여자는 오늘 회의가 없어져서 기쁜 것 같습니다.

4) 女：あのう、千円札を入れたのに、お釣りが出な

いんですが。

男：レバーを回しましたか。

女：レバー？どれですか。

男：右の方です。そのレバーを回してみてくださ

い。

女：はい。あ、出ました。

Q. レバーを回さなければ、お釣りが出ません。

(○)

여 : 저, 천 엔짜리를 넣었는데 잔돈이 안 나오는데요.
남 : 레버는 돌리셨나요?
여 : 레버? 어느 거죠?
남 : 오른쪽 거요. 그 레버를 돌려주세요.
여 : 네. 아, 나왔어요.
Q. 레버를 돌리지 않으면 잔돈은 나오지 않습니다.

5) 男：試験、どうだった？

女：うーん、あまり難しくなかった。小川君は？

男：僕は半分しかわからなかったよ。毎晩遅くま

で勉強したのに……。

Q. 男の学生はよく勉強したので、試験は簡単で

した。(×)

남 : 시험, 어땠어?
여 : 음, 별로 안 어려웠어. 오가와 군은?
남 : 나는 반 밖에 모르겠던데. 매일 밤늦게까지 공부했는데…….
Q. 남학생은 열심히 공부했으므로, 시험은 쉬웠습니다.

3.

1) 止める ／ 警察の許可をもらわ
2) 薄い ／ このボタンで調節して
3) 中止の ／ お金を返して
4) 必要な ／ 係に申し込んで

4.

1) 読んでいない　　2) 招待された
3) 4月な　　　　　4) 寒い

5.

1) 会議が始まる 회의가 시작되다

2) 楽しみにしていた 기대하고 있었다

3) たくさん買っておいた 잔뜩 사 두었다

4) 地図を持って行った 지도를 가지고 갔다

6.

1) 예 上手に話せません 유창하게 말하지 못합니다

2) 예 おいしくないです 맛이 없습니다

3) 예 写真を撮りませんでした 사진을 찍지 않았습니다

4) 예 また故障しました 또 고장 났습니다

7.

1) ×　　2) ×　　3) ×　　4) ○

Lesson 21

1.

1) もう46課の問題をやってしまいましたか。

… 예 いいえ、今からするところです。

벌써 46과 문제 다 푼 거예요?
… 아뇨, 지금부터 하려고요.

2) 今何をしていますか。

… 예 日本語の宿題をしているところです。

지금 뭐 하세요?
… 일본어 숙제를 하고 있습니다.

2.

1) 男：困ったなあ。

女：どうしたんですか。

男：パソコンが故障したんです。1週間まえに、買ったばかりなのに……。

女：買った店に連絡して、見てもらったほうがいいですよ。

男：そうですね。すぐ電話してみます。

Q. 男の人のパソコンは新しいですが、今使えません。(○)

남 : 큰일났네.
여 : 무슨 일 있어요?
남 : 컴퓨터가 고장 났어요. 고작 일주일 전에 산 건데…….
여 : 산 가게에 연락해서 봐달라고 하는게 좋겠어요.
남 : 그렇네요. 바로 전화해야겠어요.
Q. 남자의 컴퓨터는 새것이지만, 현재 사용할 수 없습니다.

2) 女：もしもし、ミラーさん？イーです。あのう、きょうの約束なんですが……。

男：ええ。

女：実は、急に用事ができてしまったので、5時に変えていただけませんか。

男：ええ、いいですよ。ちょうど今出かけるところだったので、間に合って、よかったです。

Q. ミラーさんは出かけるとき、イーさんから電話をもらいました。(○)

여 : 여보세요, 밀러 씨? 이입니다. 다름이 아니라 오늘 약속 때문에 그러는데요.
남 : 네.
여 : 실은 급한 용무가 생겨서 5시로 변경할 수 있을까요?
남 : 네, 괜찮아요. 마침 지금 나가려는 참이었는데 늦지 않아 다행이네요.
Q. 밀러 씨는 나갈 때, 이 씨에게 전화를 받았습니다.

3) 男：すみません、会議室のかぎを知りませんか。

女：シュミットさんが持っているはずですよ。会議室を使うと言っていましたから。

男：じゃ、シュミットさんに聞いてみます。

Q. 女の人はシュミットさんがかぎを持っていると思っています。(○)

남 : 죄송한데 회의실 열쇠가 어디 있는지 아시나요?
여 : 슈미트 씨가 가지고 있을 거예요. 회의실을 쓴다고 했었으니까.
남 : 그럼, 슈미트 씨에게 물어봐야겠군요.
Q. 여자는 슈미트 씨가 열쇠를 가지고 있다고 생각하고 있습니다.

4) 女：田中さん、いますか。あしたの資料を渡したいんですが……。

男：田中さんなら、たった今帰ったところですから、まだ近くにいるはずですよ。

女：じゃ、捜してみます。

Q. 田中さんは今うちにいます。(×)

여 : 다나카 씨, 계세요? 내일 필요한 자료 드리러 왔는데…….
남 : 다나카 씨는 방금 돌아가셨으니까 아직 근처에 계실 거예요.
여 : 그럼, 찾아봐야겠네요.
Q. 다나카 씨는 지금 집에 있습니다.

5) 女1：渡辺さん、おいしいケーキがあるんだけど、
　　　　どう？
　　女2：ありがとう。でも、さっきごはんを食べた
　　　　ばかりだから……。
　　女1：じゃ、あとでどうぞ。
　　女2：ええ、ありがとう。
　　Q. 渡辺さんは今からごはんを食べますから、
　　　　ケーキを食べません。（×）

여1 : 와타나베 씨, 맛있는 케이크가 있는데 어때요?
여2 : 고마워요. 그런데 방금 밥 먹어서…….
여1 : 그럼 나중에 드세요.
여2 : 네, 고마워요.
Q. 와타나베 씨는 지금부터 밥을 먹으므로 케이크를 먹지 않습니다.

3.

1) 出かけた　　　　2) 始まる
3) 調べている　　　4) コピーしている

4.

1) 来た　　　　　　2) 買った
3) 生まれた　　　　4) 飲んだ

5.

1) わかる　　　　　2) 医者の
3) 必要な　　　　　4) おいしい

6.

1) ×　　2) ○　　3) ×　　4) ×

Lesson 22

1.

1) 最近のニュースを教えてください。
　　… 例 九州で地震があったそうです。

최근 뉴스를 가르쳐 주세요.
　… 규슈에서 시진이 있었다고 합니다.

2) 友達にご両親はどこに住んでいるか聞いてください。
　　… 例 タイのバンコクに住んでいるそうです。

친구에게 부모님은 어디 사시는지 물어보세요.
　… 태국 방콕에 살고 계신다고 합니다.

2.

1) 女：IMCの漢字のソフトを知っていますか。
　　男：ええ。外国人のためのソフトでしょう？
　　女：とてもいいそうですね。
　　男：わたしも買いたいと思っているんです。
　　Q. 女の人はIMCの漢字のソフトを持っています。
　　　　（×）

여 : IMC의 한자 소프트를 아시나요?
남 : 네. 외국인을 위한 소프트잖아요?
여 : 매우 좋다던데요?
남 : 저도 사고 싶어요.
Q. 여자는 IMC의 한자 소프트를 가지고 있습니다.

2) 女：グプタさんが会社をやめるそうですよ。
　　男：え？　ほんとうですか。どうして？
　　女：アメリカのコンピューターの会社へ行くそう
　　　　です。給料もいいそうですよ。
　　Q. グプタさんは今の会社をやめて、アメリカの
　　　　コンピューターの会社で働きます。（○）

여 : 구푸타 씨가 회사를 그만둔대요.
남 : 네? 정말이에요? 왜죠?
여 : 미국 컴퓨터 회사로 간대요. 급여도 좋다나봐요.
Q. 구푸타씨는 지금 다니는 회사를 그만두고, 미국 컴퓨터 회사에서
　일합니다.

3) 男：どうしたんですか。
　　女：どうも道をまちがえたようです。地図による
　　　　と、ここに銀行があるはずなんですが……。
　　男：そうですね。おかしいですね。
　　Q. 二人は今銀行の近くにいます。（×）

남 : 왜 그래요?
여 : 아무래도 길을 잘못 든 것 같아요. 지도대로라면 여기에 은행이
　　있어야 하는데…….
남 : 그렇네요. 이상하네요.
Q. 두 사람은 현재, 은행 근처에 있습니다.

4) 男：けさのテレビを見ましたか。神戸で地震が
　　　　あったそうです。
　　女：えっ？
　　男：かなり大きかったようですよ。ビルがたくさ
　　　　ん倒れていました。
　　女：えーっ？
　　Q. 女の人はけさ神戸でひどい地震があったのを

知りませんでした。(○)

남 : 오늘 아침 티비 보셨어요? 고베에서 지진이 있었대요.
여 : 네?
남 : 제법 규모가 컸다나봐요. 건물이 많이 무너졌던데요.
여 : 네?
Q. 여자는 오늘 아침 고베에서 큰 지진이 있었다는 것을 몰랐습니다.

5) 女 : 小川さんの息子さん、さくら大学に合格した
　　　そうよ。
　　男 : そりゃあ、よかった。よく勉強していたか
　　　らね。
　　女 : 何かお祝いをしないと……。
　　男 : うん。
　　Q. 小川さんの息子さんがさくら大学に合格した
　　　ので、お祝いをあげます。(○)

여 : 오가와 씨 아들이 사쿠라 대학에 합격했다나봐.
남 : 그거 참 잘됐네. 열심히 공부했었잖아.
여 : 선물이라도 하나 해줘야 할텐데…….
남 : 그래.
Q. 오가와 씨 아들이 사쿠라 대학에 합격했으므로, 선물을 합니다.

3.

1) にぎやかだ　　　　　2) 遅れる
3) 生まれた ／ 男の子だ ／ かわいい

4.

1) よさ ／ 便利じゃない
2) 怖 ／ 優しい人だ
3) 幸せ ／ 困っている

5.

1) いない　　　　　　　2) 来た
3) カレーの　　　　　　4) 古い

6.

1) ようです
2) 元気だ
3) 結婚するそうですね
4) 故障の

7.

1) ×　　2) ○　　3) ○　　4) ○

Lesson 23

1.

1) あなたの国では両親は子どもにどんな手伝いをさ
せますか。
　… 例 食事の準備を手伝わせます。

당신 나라에서는 부모가 아이에게 어떤 것을 시킵니까?
… 식사 준비를 거들게 합니다.

2) あなたは子どもにどんなことを習わせたいですか。
　… 例 ピアノや水泳を習わせたいです。

당신은 아이에게 어떤 것을 가르치고 싶습니까?
… 피아노나 수영을 가르치고 싶습니다.

3) 会社や学校で気分が悪くなって、早く帰りたいと
き、何と言いますか。
　… 例 「気分が悪いので、早退させていただけませ
　　　んか」と言います。

회사나 학교에서 속이 안 좋아져 빨리 돌아가고 싶을 때 뭐라고 말
합니까?
… "속이 안 좋아서 그런데 조퇴해도 되겠습니까?"라고 말합니다.

2.

1) 男 : もしもし、太郎です。ハンス君、お願いしま
　　　す。
　　女 : ああ、太郎君。すみません。今ハンスは
　　　ちょっと出かけています。帰って来たら、
　　　かけさせましょうか。
　　男 : はい、お願いします。
　　Q. ハンス君はあとで太郎君に電話をかけます。
　　　(○)

남 : 여보세요, 타로입니다. 한스 군, 부탁드립니다.
여 : 아, 타로. 미안한데, 지금 한스가 잠깐 나갔는데 돌아오면 전화
　　하라고 할까?
남 : 네, 부탁드립니다.
Q. 한스 군은 나중에 타로 군에게 전화를 합니다.

2) 男 : 飛行機は何時に着きますか。
　　女 : あしたの午後4時半です。
　　男 : じゃ、娘を迎えに行かせますから、ロビー

で待っていてください。

女：すみません。お願いします。

Q. 男の人は女の人を迎えに行きます。（×）

남 : 비행기는 몇 시에 도착하나요?
여 : 내일 오후 4시 반입니다.
남 : 그럼, 딸을 마중 보낼테니 로비에서 기다리고 계세요.
여 : 감사합니다. 잘 부탁드립니다.
Q. 남자는 여자를 마중 나갑니다.

3) 男：このごろ子どもたちを見ませんね。外で遊ば

　　ないんですか。

女：ええ、学校から帰ってから、ピアノとか水泳

　　を習いに行くんです。

男：そうですか。

女：わたしも娘に絵を習わせています。

Q. 女の人の子どもはうちへ帰ってから、絵を習

　　いに行きます。（○）

남 : 요즘 애들이 안 보이네요. 밖에 나와서 안 노나요?
여 : 네, 학교에서 돌아오면 피아노나 수영 학원에 가거든요.
남 : 그래요?
여 : 우리 딸도 그림을 배우고 있어요.
Q. 여자의 아이는 집에 돌아온 후에, 그림을 배우러 갑니다.

4) 女：あのう。

男：何ですか。

女：あした病院へ行かなければならないので、

　　休ませていただけませんか。

男：わかりました。いいですよ。

Q. 女の人はあした会社へ来ないで病院へ行きま

　　す。（○）

여 : 저기.
남 : 뭐죠?
여 : 병원에 가야 되서 그런데 내일 쉴 수 있을까요?
남 : 알겠어요. 그러세요.
Q. 여자는 내일, 회사에 오지 않고 병원에 갑니다.

5) 男の子：お母さん。僕にもやらせて。

女：いいわよ。じゃ、手伝って。

....

男の子：わあ、できた。

女：おいしそうね。

男の子：お母さん、料理はおもしろいね。

Q. 男の子はお母さんといっしょに料理を作りま

　　した。（○）

남자아이 : 엄마, 나도 할래.
여 : 좋아. 그럼 엄마 도와주렴.
....
남자아이 : 와, 다 됐다.
여 : 맛있겠다.
Q. 남자아이는 엄마와 함께 요리를 만들었습니다.

3.

1) 急がせます　　　　2) 話させます
3) 待たせます　　　　4) 運ばせます
5) 休ませます　　　　6) 走らせます
7) 洗わせます　　　　8) いさせます
9) 届けさせます　　　10) させます
11) 来させます

4.

1) を ／ 遊ばせます　2) に ／ 掃除させます
3) に ／ 手伝わせます 4) に ／ 持って来させます

5.

1) 置かせて　　　　　2) 帰らせて
3) 使わせて　　　　　4) 止めさせて

6.

1) 手伝ってもらいました
2) 連れて来ていただきました
3) 教えてもらいました
4) やらせていただけませんか

7.

1) 荷物や人を運ぶのに便利でしたから。
　짐이나 사람을 나르는데 편리하니까요.
2) 馬より力とスピードがありますから。
　말보다 힘이 세고 속력이 빠르니까요.
3) 楽しみのために競走させたり、サーカスで芸を

　させたりしています。

　즐거움을 위해서 경주에 내보내거나 서커스에서 재주를 부리도록
　하고 있습니다.

Lesson 24

1.

1) 今度の日曜日どこかいらっしゃいますか。

　… 例 はい、京都へ行きます。

이번 일요일에 어디 가시나요?
… 네, 교토에 갑니다.

2) きのうお出かけになりましたか。

　… 例 いいえ、出かけませんでした。

어제 외출하셨나요?
… 아니오, 나가지 않았습니다.

3) お酒を召し上がりますか。

　… 例 いいえ、飲みません。

술 드십니까?
… 아니오, 안 마십니다.

4) 日本大使館の電話番号をご存じですか。

　… 例 いいえ、知りません。

일본대사관 전화번호 아시나요?
… 아니오, 모릅니다.

5) 今晩は何をなさいますか。

　… 例 友達に会います。

오늘밤엔 무엇을 하시나요?
… 친구를 만납니다.

2.

1) 女：はい、山田です。

　男：ミラーですが、ご主人はいらっしゃいますか。

　女：いいえ、まだ帰っていませんが。

　男：何時ごろお帰りになりますか。

　女：9時ごろになると思います。

　男：じゃ、またお電話します。

Q. 山田さんのご主人は9時ごろミラーさんに電話をかけます。（×）

여 : 네, 야마다입니다.
남 : 밀러입니다만 남편 분은 집에 계십니까?
여 : 아뇨, 아직 안 들어왔는데요.
남 : 몇시 정도에 들어오십니까?
여 : 9시 정도면 들어올거예요.
남 : 그럼, 다시 전화드리겠습니다.
Q. 야마다 씨의 남편은 9시 정도에 밀러 씨에게 전화를 겁니다.

2) 女：先生、最近の学生は勉強しないと言われていますが、先生はどうお考えになりますか。

　男：わたしはあまり心配していません。熱心な学生もたくさんいますよ。

Q. 先生は最近の学生は勉強しないと思っています。（×）

여 : 선생님, 요즘 학생은 공부 안 한다고들 하는데 선생님은 어떻게 생각하십니까?
남 : 저는 별로 걱정 안 합니다. 열심히 하는 학생도 많이 있거든요.
Q. 선생님은 요즘 학생은 공부를 안 한다고 생각하고 있습니다.

3) 男：どうぞここにお掛けください。

　女：すみません。ありがとうございます。

　男：いいえ。わたしは次の駅で降りますから。

Q. 女の人は座れました。（○）

남 : 여기 앉으시죠.
여 : 죄송해요. 감사합니다.
남 : 아뇨. 전 다음 역에서 내리거든요.
Q. 여자는 앉을 수 있었습니다.

4) 男：あのう、中村課長いらっしゃいますか。

　女：どちら様でしょうか。

　男：パワー電気のシュミットです。3時のお約束なんですが。

　女：わかりました。すぐ連絡しますので、ロビーでお待ちください。

Q. シュミットさんはロビーで中村課長を待ちます。（○）

남 : 저, 나카무라 과장님 계십니까?
여 : 실례지만 어떻게 오셨죠?
남 : 파워 전기의 슈미트입니다. 3시에 뵙기로 약속했습니다만.
여 : 알겠습니다. 바로 연락할테니 로비에서 기다려주세요.
Q. 슈미트 씨는 로비에서 나카무라 과장을 기다립니다.

5) 男：部長はいつ出張から戻られる？

　女：今晩ニューヨークからお帰りになる予定ですけど。

　男：じゃ、あしたは会社に来られるね。

　女：ええ、午後会議がありますから、いらっしゃるはずです。

Q. 部長はあした会社へ来ます。（○）

남 : 부장님 언제 출장에서 돌아오시지?
여 : 오늘 밤 뉴욕에서 돌아오실 예정입니다만.
남 : 그럼, 내일은 회사에 나오시겠네.
여 : 네, 오후에 회의가 있으니까 나오실 겁니다.
Q. 부장은 내일 회사에 나옵니다.

3.

1) 行かれます　　　　2) 話されます

3) 戻られます　　　　4) なられます

4.

1) お呼びになりました

2) お作りになりました

3) お忘れになりました

4) お決めになりました

5.

1) ご覧になりました　2) なさいます

3) ご存じです　　　　4) いらっしゃいます

6.

1) お入りください　　2) お伝えください

3) お書きください

4) お掛けください（お座りください）

7.

1) ○　2) ○　3) ×　4) ×

Lesson 25

1.

1) お名前は何とおっしゃいますか。

　… 例 マイク・ミラーと申します。

성함이 어떻게 되시죠?
… 마이크 밀러라고 합니다.

2) どちらに住んでいらっしゃいますか。

　… 例 東京に住んでおります。

어디에 살고 계시죠?
… 도쿄에 살고 있습니다.

3) 日本語がお上手ですね。どのくらい勉強なさいま

　したか。

　… 例 半年ぐらい勉強いたしました。

일본어를 잘하시네요. 얼마나 공부하셨어요?
… 반년 정도 공부했습니다.

4) 日本の首相の名前をご存じですか。

　… 例 はい、存じております。

일본 총리 이름을 아십니까?
… 네, 알고 있습니다.

5) あしたお宅にいらっしゃいますか。

　… 例 はい、おります。

내일 집에 계시나요?
… 네, 있습니다.

2.

1) 女：お電話、お借りしてもいいですか。

　　男：ええ、どうぞお使いください。こちらです。

　　女：じゃ、ちょっとお借りします。

　Q. 女の人は電話をかけます。（○）

여 : 전화 좀 빌릴 수 있을까요?
남 : 네, 여기 이 전화 쓰세요.
여 : 그럼, 잠깐 실례하겠습니다.
Q. 여자는 전화를 합니다.

2) 男：重そうですね。

　　女：ええ。午後の会議の資料なんです。会議室

　　　　へ持って行くところです。

　　男：お手伝いしましょうか。

　　女：ありがとうございます。

　Q. 男の人は女の人といっしょに資料を運びま

　　　す。（○）

남 : 무거워 보이네요.
여 : 네, 오후 회의 자료예요. 회의실로 옮기는 중이었어요.
남 : 도와드릴까요?
여 : 감사합니다.
Q. 남자는 여자와 함께 자료를 옮깁니다.

3) 男：はい、IMCでございます。

　　女：田中と申しますが、ミラーさんはいらっしゃ

　　　　いますか。

　　男：ミラーはちょっと席を外しておりますが

　　　　……。

　　女：そうですか。

　　男：すぐ戻ると思いますので、戻ったら、お電話

　　　　させましょうか。

　　女：お願いいたします。

　Q. 女の人はあとでもう一度電話をかけます。（×）

남 : 네, IMC입니다.
여 : 다나카라고 합니다만 밀러 씨 계십니까?

남 : 밀러는 잠시 자리를 비웠습니다만…….

여 : 그렇습니까?

남 : 아마 금방 돌아올 겁니다. 돌아오면 전화 드리라고 전해드릴까요?

여 : 부탁드립니다.

Q. 여자는 나중에 한번 더 전화합니다.

4) 男 ： きょうは山本先生に来ていただきました。これから先生が書かれた本についていろいろお話を伺いたいと思います。では、山本先生をご紹介します。

女 ： 山本でございます。

Q. これから女の人が書いた本について話を聞きます。（○）

남 : 오늘은 야마모토 선생님을 모셨습니다. 지금부터 선생님께서 쓰신 책에 대하여 여러 이야기를 들어보고자 합니다. 그럼, 야마모토 선생님을 소개하겠습니다.

여 : 야마모토입니다.

Q. 지금부터 여자가 쓴 책에 대한 이야기를 듣습니다.

5) 女 ： 展覧会で先生の絵、拝見しました。

男 ： ありがとうございます。

女 ： 桜の絵、すばらしいですね。

男 ： わたしもあの絵がいちばん好きなんです。

Q. 女の人は男の人がかいた絵を見に行きました。（○）

여 : 전람회에서 선생님의 작품, 잘 봤습니다.

남 : 감사합니다.

여 : 벚꽃 그림이 정말 대단한데요.

남 : 저도 저 그림이 가장 맘에 들어요.

Q. 여자는 남자가 그린 그림을 보러 갔습니다.

3.

1) ご紹介し   2) お取り替えし

3) お送りし   4) ご連絡し

4.

1) おります   2) 存じませんでした

3) いただきます   4) 発表いたします

5.

申します ／ いらっしゃいます ／ おります ／ お戻りになります（戻られます）／ お電話します

6.

1) ×   2) ×   3) ○   4) ○

1.

1) 졸업은 내년 6월 ((의) → 의) 예정입니다.

2) 운동회에서 다리 (에 → 에) 상처 (를 → 를) 입었습니다.

3) 저 한자는 「고장」 (이라고 → 고) 읽습니다.

4) 이 마크는 물로 씻을수 있다 ((라) → 고)는 의미입니다.

5) 스즈키 씨는 지금 자리 (를 → 를) 비웠습니다.

6) 설명서 ((의) → 의) 대로 테이블을 조립합니다.

7) 망년회 ((의) → 의) 뒤에 2차를 가서, 집에 돌아온 것은 12시였습니다.

8) 밤 11시 (가 → 를) 넘으면 전화하지 않도록 해 주세요.

9) 시합 (에 → 에) 나갈 수 있도록 매일 연습하고 있습니다.

10) 저는 엄마 (에게 → 에게) 만화책(을 → 를) 버림 당했습니다. (의역 : 엄마가 제 만화책을 버렸습니다.)

11) 오사카 (에서 → 에서) 국제회의 (가 → 가) 열립니다.

12) 일본 술 (은 → 은) 쌀 (로 → 로부터) 만들어집니다.

13) 저 교회 (는 → 는) 나무 (로 → 로) 만들어졌습니다.

14) 비행기는 라이트 형제 (에 의해 → 에　의해) 발명되었습니다.

15) 이 소설은 여러 국가의 언어 (로 → 로) 번역되어 있습니다.

16) 석유는 사우디아라비아 등지 (에서 → 로부터) 수입됩니다.

17) 도쿄 사람은 걷는 것 (이 → 이) 빠릅니다.

18) 하야시 씨 (에게 → 에게) 아기가 태어난 것 (을 → 을) 알고 계십니까?

19) 운동으로 땀 (을 → 을) 흘렸기 때문에 샤워를 하고 싶습니다.

20) 화재 (로 → 로) 집이 불타버렸습니다.

2.

1) 빨리 (도착 → 届く) 하도록 속달로 부치겠습니다.

2) 가족이 (걱정하지 않 → 心配しない) 도록 전화합니다.

3) 기르던 고양이가 (없어 → いなく) 져서 찾고 있습니다.

4) 매일 한 시간 (걷 → 歩く) 도록 하고 있습니다.

5) 필요없는 물건은 절대로 (사지 않 → 買わない) 도록 하

고 있습니다.

6) 그림을 (그리는 → かく) 것은 재밌습니다.

7) 편지에 우표를 (붙이는 → はる) 것을 잊어버렸습니다.

8) 어제 근처에서 사고가 (났던 → あった) 것을 알고 계십
니까?

9) 어머니 편지를 (읽고 → 読んで) 안심했습니다.

10) 전기공이 텔레비전 수리를 (오 → 来る) 므로 오후엔 집
에 있습니다.

11) 어디서 지갑을 (잃어버렸 → なくした) 는지, 기억이 나
지 않습니다.

12) 사이즈가 (맞는 → 合う) 지 어떤지 (입어 → 着て) 보겠
습니다.

3.

1) 불이 꺼져 (있습니다 → います).

2) 문을 (열어 → 開けて) 둬 주세요.

3) 나는 여름방학에 미국에 (가려고 → 行こう) 생각하고 있
습니다.

4) 가부키에 대해 알고 싶습니다만, 어떤 책을 (읽으면 → 読
めば) 좋겠습니까?

5) 저기에 (「금연」이라고 → 「禁煙」と) 쓰여져 있습니다.

6) 속이 (안 좋은데 → 悪いので), 조퇴해도 되겠습니까?

4.

1) 나는 혼자서 기모노를 (못 입습니다 → 着られません).

2) 받은 와인은 마셔 (버렸습니다 → しまいました).

3) (가격도 싸지, 맛도 좋 → 値段も安いし、味もいい)
지, 언제나 이 가게에서 먹고 있습니다.

4) 저는 동생에게 컴퓨터의 부숨을 당했습니다. (의역 : 동생
이 내 컴퓨터를 부숴버렸습니다.) → パソコンを壊さ
れました).

5) 전화는 (벨에 의해 발명되었습니다 → ベルによって発
明されました).

6) (아버지가 돌아가신 → 父が亡くなった) 건 3년 전입니다.

5.

1) 선생님께 작문 틀린 부분을 (수정 → 直して) 받았습니다.

2) 부장님 사모님께서 저에게 다도를 (가르쳐 → 教えて) 주
셨습니다.

3) 셔츠 단추가 (떨어질 → とれ) 것 같습니다.

4) 그 책, 한자가 많아서 (어려울 → 難し) 것 같아요.

5) 잠깐 담배 좀 (사 → 買って) 오겠습니다.

6) 밥 양이 너무 (많 → 多) 습니다.

7) 이 컵은 잘 (깨지지 → 割れ) 않으므로 아이들이 (사용하 →
使う)기에 안전하고 좋습니다.

8) 의사가 (되기 → なる) 위해 공부하고 있습니다.

9) 방금 전에 (배웠 → 習った) 는데 벌써 잊어버렸습니다.

10) 남편은 요리를 (잘 하 → 上手な) 는데 안 만들어줍니다.

6.

1) 설탕 양을 (반으로 → 半分に) 해 주세요.

2) 머리를 (빨갛게 → 赤く) 해 보고 싶습니다.

3) 지금부터 논문 작성법을 (자세히 → 詳しく) 설명하겠
습니다.

4) 전기나 물은 (소중히 → 大切に) 사용합니다.

7.

1) 결혼 선물 (로 → に) 부장님께 시계를 받았습니다.

2) 저기서 짐 (을 → を) 맡아줍니다.

3) 가족 (을 → の) 위해서, 큰 집을 사고 싶습니다.

4) 이 스웨터는 저 (에게 → に) 딱 맞습니다.

5) 이 가방은 물건을 넣기 쉬워 여행이나 일 (에 → に) 있어
편리합니다.

6) 시골은 물가 (도 → も) 싸고 공기 (도 → も) 깨끗합니다.

7) 이미 밤이 늦었는데 조용 (히 → に) 해 주시지 않으시겠
습니까?

8) 역에서 걸어서 10분 (이면 → で) 갈 수 있습니다.

9) 오늘 저녁은 스키야키 (로 → に) 합시다.

10) 저는 수도의 역사 (에 → に) 흥미가 있습니다.

11) 다음 주에 보너스 (가 → が) 나옵니다.

12) 이 자동차 수리 (에 → に) 얼마나 걸릴까요?
… 그러네요. 일주일 (은 → は) 걸립니다.
… 네? 일주일 (이나 → も) 걸린다구요?

13) 마라톤을 도중 (에 → で) 포기하고 싶을 때는 담당자
(에게 → に) 이름을 말한 후에 돌아가 주세요.

8.

1) 본 그대로, (가능한 한 → できるだけ) 자세히 말해 주세요.

2) 다나카 씨는 어디 계시죠?

  … 다나카 씨라면 (방금 → さっき) 식당에서 봤는데요.

3) 화재나 지진의 경우, (절대로 → 絶対に) 엘레베이터를 사용하지 말아주십시오.

4) 자기 가게를 차리기 위해서 (열심히 → 一生懸命) 일하고 있습니다.

5) (당장에라도 → 今にも) 비가 내릴 것 같습니다.

6) (제대로 → ちゃんと) 약을 먹고 있는데도 병이 낫지 않습니다.

7) 캠프에 (급하게 → 急に) 갈 수 없게 된 경우에는 담당자에게 전화로 연락해 주세요.

8) 이제야 (겨우 → やっと) 틀리지 않고 가타카나를 쓸 수 있게 되었습니다.

9.

1) 乾きます	2) やせます	3) 下がります
4) 拾います	5) 減ります	6) 失敗します
7) 泣きます	8) 卒業します	9) 薄い
10) 硬い	11) 小さな	12) 複雑
13) 太い	14) 汚い	15) まずい
16) つまらない	17) 祖母	18) 裏
19) 入口	20) うそ	21) おじ
22) 平和	23) 暖房	24) 復習
25) 答え	26) 西	

기말고사

1.

1) 좋은 냄새(가 → が) 나네요. 빵(을 → を) 굽고 있는 것 같아요.

2) 잃어버린 열쇠(를 → が) 찾았습니다.

3) 일기예보(에 → に) 의하면, 내일은 비가 온다고 합니다.

4) 어머니는 여동생(을 → を) 학원(에 → に) 보내고 있습니다.

5) 나는 아들(에게 → に) 강아지 시중(을 → を) 들게 했습니다.

6) 이 의자(에 → に) 앉아 주세요.

2.

1) 오가와 씨 어머니는 올해 (80세일 → 80歳の)것입니다.

2) 그는 내일 (한가할 → 暇な) 것입니다.

3) 여동생은 어머니에게 칭찬 받아 (기쁜 → うれし) 모양입니다.

4) 부장님의 사모님은 (춤 선생님 → ダンスの先生だ)이라고 합니다.

5) 불이 꺼져 있네요. 하야시 씨는 (집에 없는 → 留守の) 것 같습니다.

6) 아무래도 복사기 상태가 (나쁜 → 悪い) 것 같습니다.

7) 이 세탁기는 낡아서 수리하는 것은 (무리인 → 無理な) 것 같습니다.

8) 머리가 아파서 (조퇴해도 → 早退させ) 되겠습니까?

9) 이름을 (부를 → 呼び) 테니, 잠시 (기다려 → 待ち) 주세요.

10) 남편 분은 몇 시 정도에 (돌아 → 帰り)오십니까?

3.

1) 좋은 아파트를 찾았나요? … 아뇨. 지금 (찾고 있는 중 → 探しているところ)이에요.

2) 잠깐 차라도 마실래요? … 좋네요. 마침 지금 일이 (끝난 참 → 終わったところ)이에요.

3) 아이는 있으신가요? … 아뇨. 불과 2개월 전에 (결혼 → 結婚したばかり) 했는걸요.

4) 시합은 벌써 시작했습니까? … 아뇨. 이제 막 (시작하려는 참 → 始まるところ)이에요.

5) 저 분께서는 누구시죠? … 죄송합니다. 방금 성함을 (들었는 → 聞いたばかり)데 잊어버렸습니다.

6) 7시 버스는 이미 떠났나요? … 네. 지금 막 (떠난 참 → 出たところ)이에요.

4.

1) 이 가방이 (좋아 보이네요 → よさそうです). 이걸로 하죠.

2) 돈을 주웠습니다. 왠지 좋은 일이 (있을 것 같습니다 → ありそうです).

3) 문이 잠겨있네요. 밀러 씨는 어딘가 (나간 것 같습니다 → 出かけたようです).

4) 하늘이 어두워졌네요. 비가 (올 것 같습니다 → 降りそ
うです).
5) 경찰차가 서 있습니다. (사고인 것 같습니다 → 事故の
ようです).

5.
1) 케이크라면 제가 (굽게 → 焼かせて) 해주세요.
2) 짐을 옮기는데, 좀 (도와주시지 → 手伝って) 않겠어요?
3) 아들이 역까지 차로 (바래다주었습니다 → 送らせまし
た).
4) 경관이 길을 (알려주었습니다 → 教えてもらいまし
た).

6.
1) 일요일에는 집에 (있으 → おります)므로 들려 주세요.
2) 한 잔 더 어떠세요? … 감사합니다. 많이 (먹었습니다 →
いただきました).
3) 사모님께서도 술을 (마시시겠습니까? → 召し上がりま
すか). … 아뇨, 안 마십니다.
4) 와트 선생님은 어디 계십니까? … 연구실에 (계십니다 →
いらっしゃいます).
5) 어제 사장님 댁에서 아드님께서 그리신 그림을 (보았습니
다 → 拝見しました).
6) 부장님, 스피치 대회 비디오 (보셨습니 → ご覧になり
ました)까? … 네, 봤어요.

7.
1) 좋은 가방이네요. … 네, 생일에 엄마가 (사주신 → 買っ
て) 거예요.
2) 기대하고 있었는데 동생이 과자를 (먹어 버렸 → 食べら
れ)어요.
3) 언젠가 다시 한 번 일본에 (오려고・오고 싶다고 → 来よ
う・来たい) 생각합니다.
4) 아까 만든 케이크는 전부 (먹어 → 食べて)버렸습니다.
5) 저기에 '출입금지'라고 (써져 → 書いて) 있습니다.
6) 한자를 써서 작문을 (쓸 수 → 書ける) 있게 되었습니다.
7) 부장님 사모님께서 저에게 일본 요리 만드는 법을 (가르
쳐 → 教えて) 주셨습니다.
8) 몇 시 정도에 오셨습니까? … 지금 (온 → 来た) 참입니

다.
9) 잠깐 담배 좀 (사 → 買って) 오겠습니다.
10) 이 볼펜은 매우 (쓰기 → 書き) 편합니다.
11) 일식을 먹어본 적이 없어서, 한 번 (먹어 → 食べて)보
고 싶습니다.
12) 일본어는 (공부하 → 勉強すれ)면 (공부할 → 勉強す
る) 수록 재밌어집니다.
13) 집을 (사기 → 買う) 위해 저금하고 있습니다.
14) 선생님께서는 네 시 정도에 여기에 (온다고・오신다고
→ 来る・来られる・いらっしゃる) 합니다.
15) 부장님께서는 벌써 컴퓨터를 (사신 → 買い) 겁니까?
16) 죄송합니다만, 역에 가는 길을 (가르쳐 → 教えて) 주시
지 않으시겠습니까?
17) 다음 주에 시험이 있으니까, 잘 (공부해 → 勉強して)
두세요.
18) 동생은 언제나 과자를 (먹으 → 食べ)며 텔레비전을 봅
니다.
19) 이 세탁기는 저번 주에 (산 → 買った) 건데, 벌써 고장
나버렸어요.
20) 짐이 많아서, 딸에게 자동차로 마중 (나오라고 → 来) 했
습니다.

8.
1) 저는 언제나 (달린 → 走った) 후에 맥주를 마십니다.
2) 어째서 파티에 안 가세요? … 속이 (안 좋아서 → 悪い)
요.
3) 급료도 (높 → 高い)고 일도 (편해 → 楽だ)서, 계속 이 회
사에서 일 할 생각입니다.
4) 국제회의는 5월 (초순 → 初めごろ) 예정입니다.
5) 이 씨는 신년회가 (기대될 → 楽しみだ)지도 모릅니다.
6) 하늘이 어두워졌으니 오후는 (비 → 雨)일지도 모릅니다.
7) 야채는 (신선하 → 新しけれ)면 (신선할 → 新しい) 수
록 좋습니다.
8) 가장 (소중한 → 大切な) 것은 맑은 물과 공기입니다.
9) 이 설명서는 (복잡해서 → 複雑で) 잘 모르겠습니다.
10) (맛있는 → おいしい)지 어떤지 먹어보겠습니다.
11) 이 가방은 어떠세요? … 이건 서류 넣기 (좋아 → よさ)
보이네요.

12) 이 약은 (써서 → 苦<ruby>にが</ruby>くて) 못 먹습니다.

13) 야마다 씨는 중국에 살았었기 때문에 중국어가 (유창할 → 上手<ruby>じょうず</ruby>な) 것입니다.

14) 운동회는 (중지인 → 中止<ruby>ちゅうし</ruby>の) 모양입니다.

15) 야채를 (잘게 → 細<ruby>こま</ruby>かく) 썰어 주세요.

16) 결혼하면 반드시 그녀를 (행복하게 → 幸<ruby>しあわ</ruby>せに)하겠습니다.

9.

1) 당장이라도 봉투가 (b. 찢어질 것 같습니다 → 破<ruby>やぶ</ruby>れそうです).

2) 몸 상태가 나빠서, 오늘 하루 (c. 쉬어도 되겠습니까? → 休<ruby>やす</ruby>ませていただけませんか).

3) 발리에 (b. 가면 → 行<ruby>い</ruby>ったら) 댄스를 보고 싶습니다.

4) 친구가 오므로 냉장고에 맥주를 (b. 넣어 둡니다 → 入<ruby>い</ruby>れておきます).

5) 건강을 위해 가능한 한 (c. 무리하지 않도록 하고 있습니다. → 無理<ruby>むり</ruby>をしないようにしています).

6) 어렸을 때는 자주 아버지께 (b. 혼났습니다 → しかられました).

7) 무거워 보이네요. 제가 (c. 들겠습니다 → お持<ruby>も</ruby>ちします).

8) 밀러 씨 계십니까? … 밀러 씨는 방금 (c. 퇴근하셨습니다 → 帰<ruby>かえ</ruby>ったところです).

9) 어제 속달로 보냈으니, 오늘 (a. 도착할 것입니다 → 届<ruby>とど</ruby>くはずです).

10) 오늘은 (b. 일이 있으므로 → 用事<ruby>ようじ</ruby>があるので) 먼저 실례하겠습니다.

11) 화재나 지진이 났을 경우에는 (a. 엘리베이터를 사용하지 마십시오 → エレベーターを使<ruby>つか</ruby>わないでください).

10.

1) 엄마는 (태국어가 가능합니다 → タイ語<ruby>ご</ruby>が話<ruby>はな</ruby>せます).

2) 자원봉사자 여러분께서 (친절히 대해주셨습니다 → 親切<ruby>しんせつ</ruby>にしてくださいました).

3) 선생님께서는 이미 (나가셨 → 出<ruby>で</ruby>かけ)습니다.

4) 전원을 끄는 것을 (잊지 않 → 忘<ruby>わす</ruby>れない)도록 해 주세요.

5) 벽에 달력이 (걸려 → 掛<ruby>か</ruby>けて) 있습니다.

6) 도쿄에서 일을 (찾으려 → 探<ruby>さが</ruby>そう)고 생각하고 있습니다.

7) 이 마크는 (사용할 수 없다 → 使<ruby>つか</ruby>うな)라는 의미입니다.

8) 일본어 교사가 되고 싶은데 어떻게 (하면 → すれば) 될까요?

9) 스피치 콘테스트에 (나갈 수 → 出<ruby>で</ruby>られる) 있도록 일본어를 연습하고 있습니다.

11.

1) (방금 → たった今<ruby>いま</ruby>) 전차가 떠난 참입니다.

2) 책을 읽었으면 원래 장소에 (똑바로 → きちんと) 넣어 두세요.

3) (때마침 → ちょうど) 지금 과장님께 서류를 전해드리려는 참이에요.

4) (아무래도 → どうも) 부장님께서는 요즘 일이 잘 안 풀리는 모양입니다.

5) 뉴스(에 의하면 → によると) 중국에 큰 지진이 일어났다고 합니다.

6) (절대로 → 絶対<ruby>ぜったい</ruby>に) 시간에 늦지 않게 해 주세요.

7) 이제야 (겨우 → やっと) 일본 풍습에 익숙해졌어요.

8) (앞으로 → あと) 10분 정도 기다려 주세요.

9) 주말에는 (대체로 → たいてい) 검도 연습을 다니고 있습니다.

10) 망년회 참석이 가능한지 아닌지 (가능한 한 → できるだけ) 빨리 대답해 주세요.

12.

1) 수요일은 조금 사정이 있어서……. … (그럼 → それなら) 목요일에 와 주세요.

2) 내 남자친구는 다정하고 성실합니다. (게다가 → そのうえ) 매우 잘 생겼습니다.

3) 새로 온 부장은 예전에 영국에서 유학 했다고 하네요 → 아, (그래서 → それで) 영어가 유창하군요.

4) 과장님, 서류 복사 다 됐습니다. 여기 있습니다. … 고마워요. (그런데 → ところで), 이번 마라톤 대회 신청은 벌써 했나요?

5) 다음다음 주에 컴퓨터 교실을 열 것이므로(그 때까지 → それまでに) 이 설명서를 잘 읽어 두세요.

13.

1) 먼저 실례하겠습니다. … (b. 수고하셨습니다 → お疲れ
さまでした).

2) 부탁이 하나 있는데 → (c. 지금 괜찮으십니까 → 今いい
でしょうか)? … 뭡니까?

3) 가방을 찾았어요. … (c. 아, 다행이다 → ああ、よかっ
た).

4) 요즘 몸 상태가 안 좋아요. … 네. (b. 그럼 못 쓰죠 → そ
れはいけませんね).

5) 제가 하는 대로 해 주세요. → (a. 이렇게 하면 되나요 →
これでいいですか)?

6) (c. 죄송합니다만 → 申し訳ありませんが) 짐을 맡아주
실 수 있겠습니까? … 네, 그러세요.

7) (a. 누구시죠? → どちら様でしょうか). … 타와퐁이라
고 합니다.

8) 새는 아이들에게 돌보게 하고 있어요. … 그래요? (b. 잘
하고 계시네요. → いいことですね).